ZWÖLF ZIMMER FÜR SICH ALLEIN

Zwölf Schriftstellerinnen im Gespräch

Paris Review Interviews

Kampa

Für den Blick hinter die Verlagskulissen:
www.kampaverlag.ch/newsletter

Der Kampa Verlag wird in der Schweiz vom Bundesamt für Kultur
mit einem Strukturbeitrag für die Jahre 2021–2024 unterstützt.

Für die deutschsprachige Ausgabe
Copyright © 2022 by Kampa Verlag AG, Zürich
Satz: Tristan Walkhoefer, Leipzig
Gesetzt aus der Stempel Garamond LT / 220130
Druck und Bindung: GGP Media GmbH, Pößneck
Auch als E-Book erhältlich
ISBN 978 3 311 14024 5

INHALT

Dorothy Parker

MEINE ANTRIEBSFEDER BEIM SCHREIBEN? GELDMANGEL, LIEBES.

Mit Marion Capron (1956)

Dorothy Parker lebte zum Zeitpunkt dieses Interviews in einem Hotel in Midtown Manhattan. Sie teilte ihr kleines Apartment mit einem jungen Pudel, der dafür verantwortlich sei, dass alles etwas »Hogarthesk« wirke, wie Mrs Parker sich zu entschuldigen suchte – Zeitungen lagen auf dem Boden verstreut, da und dort sah man abgenagte Knochen, ja sogar eine Gummipuppe mit klaffend aufgerissener Kehle fehlte nicht; diese Puppe übrigens wurde von Mrs Parker (nicht ohne Anstrengung) immer wieder in eine Zimmerecke geschleudert, nur damit der Pudel sie apportieren konnte. Das Zimmer war spärlich eingerichtet. Die einzige Attraktion war ein großes Hundeporträt, auf dem aber nicht der Pudel zu sehen war, sondern ein Schäferhund, der dem Schriftsteller Philip Wylie gehörte und von dessen Frau gemalt worden war. Der Hund auf dem Bild hatte einen so riesenhaften Körperbau, dass Mrs Parker, die tatsächlich sehr klein ist, daneben fast winzig wirkte. Sie sprach mit sanfter Stimme und schlug oftmals einen entschuldigenden Ton an. In manchen Augenblicken aber, wenn Dinge zur Sprache kamen, die den Kern ihrer Existenz berührten, wurde ihre Stimme fast scharf, und ihre Worte trafen nun mit tödlicher Präzision ins Schwarze. Noch immer funkelte ihr Witz, der sie einst zur legendären

Gestalt am Round Table im Algonquin gemacht hatte; ein satirischer Humor, der keine Rücksicht nahm auf irgendwen und auf verheerende Weise erfinderisch war. Sie schien jederzeit mit einem Bonmot aufwarten zu können. Bei einer Theateraufführung sprach sich die Nachricht vom Tod des zählebigen Calvin Coolidge herum. Mrs Parker flüsterte daraufhin, wie Freunde erzählten: »Wie wollen Sie für diese Behauptung jemals den Beweis antreten?«

Lesern dieses Interviews wird jedoch auffallen, dass Mrs Parker ungern Lobeshymnen auf ihren Humor hörte. »Inzwischen ist es so schlimm«, sagte sie mit einiger Verbitterung, »dass man bereits zu lachen beginnt, ehe ich den Mund aufgemacht habe.« Ähnlich abwehrend verhielt sie sich, wenn man sie als seriöse Autorin bezeichnete. Dorothy Parkers schärfste Kritikerin war Dorothy Parker. Mögen ihre drei Gedichtbände ihr den Ruf einer »Meisterin des leichten Verses« eingebracht haben – ihre Kurzgeschichten sind ernste Sachen. Nicht zuletzt deshalb, weil sich in ihnen ihr eigenes, ein nicht eben unbeschwertes Leben spiegelt. Franklin P. Adams schrieb in einer Einführung zu ihrem Werk: »Niemand vermag mit solcher Ironie zu schreiben, ohne ein tief sitzendes Gefühl für Ungerechtigkeit zu besitzen – für jene Art von Ungerechtigkeit, der diejenigen ausgeliefert sind, die unter der Herrschaft von Dummheit, Arroganz und Heuchelei leiden.«

Sie waren zuerst Mitarbeiterin der *Vogue*, nicht wahr? Wie haben Sie es angestellt, dort genommen zu werden? Und warum die *Vogue*?

Als mein Vater starb, war kein Geld mehr da. Ich musste mir eine Arbeit suchen, und Mr Crowninshield – Gott hab ihn selig – gab mir zwölf Dollar für ein kleines Gedicht und einen Job für zehn Dollar die Woche. Nun ja, ich kam mir vor wie Edith Sitwell. Ich wohnte in einer Pension in der 103. Straße, Ecke Broadway und zahlte acht Dollar die Woche fürs Zimmer, Frühstück und Abendessen inbegriffen. Thorne Smith wohnte auch dort, und noch ein Mann. Abends saßen wir zusammen und redeten. Geld hatten wir keins, aber, Herrgott, wir hatten eine Menge Spaß.

Was mussten Sie bei der *Vogue* tun?

Ich schrieb Bildunterschriften. »Mit diesem kleinen pinken Kleid wirst du dir einen Verehrer angeln« und solche Sachen. Komisch, bei der *Vogue* arbeiteten fast nur unscheinbare Frauen, die waren nicht schick. Das waren lauter nette, anständige Frauen, nettere Frauen habe ich nie mehr getroffen, aber bei so einer Zeitschrift waren sie fehl am Platz. Sie trugen komische kleine Hauben, und die toughen Models, die auf ihren Seiten paradierten, die verwandelten sie in reine Unschuldslämmchen. Heute sind die Redakteurinnen *comme il faut*: elegant und weltläufig; die meisten Models sehen so aus, als hätte Bram Stoker sie sich ausgedacht. Was die Verfasser der Bildunterschriften betrifft – meinen alten Job also –, die empfehlen jetzt Nerzkappen für Golfschläger, fünfundsiebzig Dollar das Stück. »Für den Freund, der alles hat.« Die Zivilisation nähert sich ihrem Untergang, Sie verstehen ...

Warum gingen Sie dann zu *Vanity Fair*?

Mr Crowninshield wollte das so. Mr Sherwood und Mr Benchley waren da (wir nannten uns immer beim Nachnamen). Unser Büro lag genau gegenüber vom Hippodrome. Wenn die Liliputaner rauskamen, erschrak Mr Sherwood fürchterlich. Er war ungefähr zwei Meter groß, und sie schlichen sich von hinten an ihn heran, um ihn zu fragen, wie das Wetter da oben sei. »Begleiten Sie mich auf die Straße«, bat er uns immer, und Mr Benchley und ich ließen unsere Arbeit liegen und gaben ihm Geleitschutz. Ein großer Spaß, das können Sie mir glauben. Mr Benchley und ich abonnierten zwei Bestattungsmagazine, *The Casket* und *Sunnyside*. Halten Sie sich fest! *Sunnyside* hatte eine Rubrik mit Witzen unter der Überschrift »From Grave to Gay« [Vom Grab zur Heiterkeit]. Aus dieser Zeitung schnippelte ich mir eine farbige Abbildung heraus. Darauf war detailliert dargestellt, wie und wo man die Flüssigkeit beim Einbalsamieren einzuführen habe, und dieses Bild hängte ich über meinem Schreibtisch auf, bis Mr Crowninshield mich bat, es doch, wenn irgend möglich, wieder abzuhängen. Mr Crowninshield war ein netter Mensch, aber etwas verloren. Ich muss zugeben, wir haben uns sehr schlecht benommen. Albert Lee, einer der Redakteure, hatte während des Ersten Weltkriegs eine Landkarte aufgehängt und darauf mit Fähnchen den Standort unserer Truppen markiert. Jeden Tag las er die Nachrichten und änderte die Position der Fähnchen. Ich war verheiratet, mein Mann war in Europa, und da ich nichts Besseres zu tun hatte, stand ich jeden Morgen eine halbe Stunde früher auf, schlich in sein Zimmer und versetzte die Fähnchen. Später kam Lee, sah sich seine Karte an, sprach besorgt von »Spionage«, brüllte dann herum und verbrachte den Vormittag damit, die Fähnchen wieder richtig zu positionieren.

Wie lange blieben Sie bei *Vanity Fair*?

Vier Jahre. Ich hatte von P. G. Wodehouse die Theaterkritik übernommen. Dann machte ich drei Stücke fertig, eins davon war *Caesar's Wife* mit Billie Burke, und wurde prompt gefeuert.

Sie machten drei Stücke fertig?

Ich habe sie verrissen. Die Stücke wurden abgesetzt, und die Produzenten, die große Nummern waren – Dillingham, Ziegfeld und Belasco –, fanden das natürlich nicht sehr nett. *Vanity Fair* war ein Magazin ohne Meinung, aber ich hatte Meinungen. Also wurde ich gefeuert. Und Mr Sherwood und Mr Benchley kündigten. Mr Sherwood machte das nichts aus, aber Mr Benchley hatte eine Frau und zwei Kinder. Für mich war das ein gewaltiger Freundschaftsbeweis. Mr Benchley malte ein Plakat – »Almosen für Miss Billie Burke«, und das ließen wir bei unserem Abgang in der Eingangshalle von *Vanity Fair*. Unser Benehmen war wirklich schlecht. Wir machten uns Entlassungsabzeichen wie beim Militär und steckten sie an.

Wo sind Sie drei dann hingegangen?

Mr Sherwood wurde Filmkritiker beim alten *Life*, und Mr Benchley machte dort die Theaterkritik. Er und ich hatten ein winziges Büro; wäre es nur einen Zentimeter kleiner gewesen, es wäre Ehebruch gewesen. Unsere Telegrammadresse war »Parkbench«, aber wir bekamen kein einziges Telegramm. Es ist schon so lange her, von Ihrer Existenz ahnte da noch niemand etwas. Vielleicht gab es auch noch keine Telegrafie …

In den zwanziger Jahren hätten sich die Schriftsteller viel häufiger getroffen, heißt es oft. Die Diskussionen am Round Table im Algonquin zum Beispiel.

Ich war nicht oft dabei, es war zu teuer für mich. Aber die anderen gingen hin. Kaufman zum Beispiel. Ich glaube, der war schon irgendwie lustig. Mr Benchley und Mr Sherwood gingen auch mal hin, wenn sie ein paar Kröten übrig hatten. Franklin P. Adams, dessen Kolumne von all denen gelesen wurde, die selbst Schriftsteller werden wollten, kreuzte da gelegentlich auf. Und Harold Ross, der Herausgeber vom *New Yorker*. Der war von Berufs wegen irre, aber ob er bedeutend war … Seine Unkenntnis zumindest war profund. Bei einem Manuskript von Mr Benchley schrieb er neben den Namen »Andromache« an den Rand: »Wer is'n der?« Und Mr Benchley schrieb zurück: »Finger weg.« Am Round Table gab es nur einen einzigen Mann von Format: Heywood Broun.

Was war an den zwanziger Jahren besonders für Leute wie Sie und Broun? Was hat Sie inspiriert?

Gertrude Stein hat uns sehr geschadet mit ihrem »Ihr seid eine verlorene Generation«. Bei einigen Leuten hat das gezündet, und dann sagten wir alle: »Hurra, wir sind verloren!« Vielleicht fühlten wir uns deshalb mit einem Schlag anders, bar jeder Verantwortung. Aber vergessen Sie nicht, wenn Sie die Leute von damals für Nieten halten – sie waren keine. Fitzgerald und all die anderen, so leichtsinnig sie waren, Trinker noch dazu, die haben die ganze Zeit verdammt hart gearbeitet.

Hat dieses Gefühl, einer »verlorenen Generation« anzugehören, Ihrer eigenen Arbeit geschadet?

Dumm von mir, das der Zeit anzukreiden, aber so war's nun mal. Herrgott, es waren die Zwanziger, und wir mussten einfach smart sein. Außerdem wollte ich clever sein, das ist ja gerade das Schreckliche! Das war nicht sehr klug von mir.

In der Zeit schrieben Sie Gedichte, oder?

Verse. Gedichte kann man das nicht nennen. Damals wandelte jeder in den zarten Spuren von Edna St. Vincent Millay. Ich auch. Nur leider trug ich fürchterliche Latschen. An meinen Versen ist nichts dran. Machen wir uns nichts vor, Herzchen, meine Verse sind schrecklich epigonal, wie alles, was einmal Mode war, heute grässlich ist. Ich habe es dann sein lassen, in dem Wissen, dass es niemals besser werden würde. Aber offenbar hat niemand meine großherzige Geste zur Kenntnis genommen.

Hat Ihre Prosa vom Gedichteschreiben profitiert?

Franklin P. Adams gab mir einmal ein Buch über französische Versformen mitsamt der Empfehlung, ich sollte ihren Aufbau imitieren, um meiner Prosa mehr Präzision zu verleihen. Solche Imitationen beeinflussen die Prosa, und wenn meine Prosa irgendeine Qualität hat, dann Präzision.

Wann haben Sie mit dem Schreiben begonnen?

Ich war eines dieser unausstehlichen Kinder, die Verse schrieben, so fing es an. Ich war Schülerin in einer New Yorker Klosterschule. Klosterschulen machen dasselbe wie normale Schulen, nur merken sie's nicht. Lesen lernt man dort natürlich nicht, das muss man sich selber beibringen. In meinem Kloster hatten wir selbstverständlich ein Lehrbuch – anderthalb Seiten waren Adelaide Anne Procter gewidmet. Aber Dickens lesen? – Ausgeschlossen! Er war zu vulgär. Ich habe ihn trotzdem gelesen, Thackeray auch, und ich bin die einzige Frau, die Ihnen je über den Weg laufen wird, die jedes gedruckte Wort von Charles Reade gelesen hat. Sie wissen schon, der Autor von *Kloster und Herd*. Eine Ausbildung fürs Leben? Da habe ich auf der Klosterschule nur gelernt, dass ein Radiergummi auch Tinte wegmacht, wenn man vorher darauf spuckt. Und ich erinnere mich noch an den Geruch von Wachstuch, den Geruch der Nonnenkleider. Schließlich hat man mich wegen verschiedener Sachen rausgeworfen, unter anderem auch deshalb, weil ich die unbefleckte Empfängnis als Selbstentzündung definierte.

Haben Ihnen diese Jahre Material für Ihre Geschichten geliefert?

All diese Leute, die über ihre Kindheit schreiben! Du lieber Gott, wenn ich über meine schriebe, würden Sie nicht mit mir in einem Raum sitzen.

Was ist Ihre Antriebsfeder beim Schreiben?

Geldmangel, Liebes.

Und außerdem?

Am leichtesten lässt sich über Leute schreiben, die man hasst. Es ist ja auch leichter, ein schlechtes Stück oder ein schlechtes Buch zu rezensieren.

Wie steht's mit *Eine starke Blondine*? Woher nahmen Sie die Idee?

Ich kannte einmal eine Frau, eine Freundin, die ging durch die Hölle. Sagen wir einfach, ich kannte mal eine Frau … Aufgabe des Schriftstellers ist es, zu sagen, was er fühlt und was er sieht. Für junge Damen, die die Phantasie bemühen – die Fräuleins Baldwin, Ferber und Norris –, für die bin ich nicht zu sprechen.

Sind Sie auf Ihre Geschlechtsgenossinnen nicht gut zu sprechen – das heißt, sofern es sich um Schriftstellerinnen handelt?

Als Lieferantinnen mögen sie sprudeln wie Ölquellen, aber nicht als Künstlerinnen. Norris hat gesagt, sie könne nicht schreiben, wenn sie nicht dazu aufgelegt sei. Ferber soll sogar pfeifen, wenn sie vor ihrer Schreibmaschine sitzt. Und dieser arme Kerl Flaubert hat sich drei Tage auf dem Boden herumgewälzt, weil ihm das richtige Wort fehlte. Ich bin eine Feministin, bei Gott, und meinem eigenen Geschlecht gegenüber loyal – bitte denken Sie daran, dass ich schon zu der Zeit, als noch Büffel durch diese Stadt zogen, für die Gleichberechtigung eingetreten bin –, aber damals, als wir uns, unter den Buhrufen der Männer, im Kampf für die Emanzipation an Laternenmasten gekettet haben, mein liebes Kind, da rechneten wir nicht mit *diesen* Autorinnen. Oder mit Clare Boothe Luce, Perle Mesta und Oveta Culp Hobby.

Sie gelten als schlagfertig und witzig. Glauben Sie, dass Ihre Reputation als seriöse Autorin darunter gelitten hat?

Es gefällt mir nicht, als Humoristin bezeichnet zu werden. Ich fühle mich dann schuldig. Mir ist noch nie eine gute toughe Humoristin untergekommen. Ich war selbst nie eine. Dazu hat's nicht gelangt. Man hat mich eine Witzereißerin genannt. Das macht mich traurig. Zwischen Witz und Witzereißen liegen Welten! Witz enthält Wahrheit, Witzereißen ist Hopserei mit Worten. Solange es gut gemacht ist, habe ich nichts dagegen. Aber es gab mal eine Zeit, da wurde jeder Ulk ohne Pointe auf mein Konto gebucht.

Wie ist mit Satire?

Ah, Satire, das ist was ganz anderes. Das ist was für die »Big Boys«. Hätte man mich eine Satirikerin genannt, das hätte mir den Rest gegeben. Echte Satiriker sind für mich die Jungs aus vergangenen Jahrhunderten. Wer sich heute Satiriker nennt, macht ulkige Bemerkungen über aktuelle Themen und hält sich nur für einen Satiriker: Leute wie George S. Kaufman, die nicht den blassesten Schimmer haben, was Satire ist. Weiß der Himmel, ein Schriftsteller muss seine Zeit darstellen und sie kritisieren, aber nicht mit Ulk. Das ist keine Satire. Das ist so langweilig wie die Zeitung von gestern. Gute Satire hat kein Verfallsdatum.

Und was ist mit zeitgenössischen Humoristen? Denken Sie über die ähnlich wie über die Satiriker?

Man erreicht ein gewisses Alter, und dann sind nur noch die müden Schriftsteller witzig. Wenn ich heute meine Verse lese, finde ich sie nicht mehr witzig. Ich bin seit zwanzig Jahren nicht mehr witzig. Aber egal, es gibt keine Humoristen mehr, bis auf Perelman. Man braucht sie nicht mehr. Perelman muss sehr einsam sein.

Warum werden sie nicht mehr gebraucht?

Das ist eine Frage von Angebot und Nachfrage. Wären Humoristen notwendig – wir hätten welche. Diese ganze Armee von neuen Möchtegern-Humoristen zählt nicht. Die sind wie die Möchtegern-Satiriker. Sie schreiben nur über Aktuelles. Nicht wie Thurber und Mr Benchley. Die beiden waren verdammt belesen und – auch wenn ich das Wort verabscheue – kultiviert. Was sie von den anderen unterscheidet? Sie hatten einen eigenen Standpunkt, und den braucht jeder gute Text. Vergleichen Sie mal Paddy Chayefskys Geschreibsel mit der Sprache von Clifford Odets, dessen frühe Stücke nicht nur den scharfen Beobachter verraten, sondern auch einen Standpunkt. Der Schriftsteller muss das Leben ringsum spüren. Carson McCullers ist gut, wenigstens war sie's mal, inzwischen hat sie sich aus dem Leben zurückgezogen und schreibt über Freaks. Ihre Figuren sind grotesk.

Da wir über Chayefsky und McCullers sprechen: Lesen Sie viel von Vertretern Ihrer Generation oder der jetzigen?

Einige Schriftsteller von heute sind, Gott sei Dank, so vernünftig, mit der Zeit Schritt zu halten. Mailers Roman *Die Nackten und die Toten* ist ein großartiges Buch. Und William Styrons *Geborgen im Schoße der Nacht* war für mich ein außerordentliches Erlebnis. Schon der Auftakt bricht gleich jeden Widerstand, und was dann kommt, das lässt einen nicht mehr los. Styron schreibt wie ein Gott. Aber sonst lese ich nur die Alten, bei ihnen finde ich Trost. Je älter man wird, desto weiter geht man zurück. *Jahrmarkt der Eitelkeit* lese ich jedes Jahr etwa ein Dutzend Mal. Ich war eine »Frau« von elf Jahren, als ich das Buch zum ersten Mal in die Finger bekam. Diese aufpeitschenden Worte: »George Osborne lag tot da, eine Kugel im Kopf.« Manchmal lese ich das, was ein vornehmer Freund von mir »Whodidits« nennt. Sherlock Holmes liebe ich. Mein Leben ist so unaufgeräumt, seins so ordentlich. Von den lebenden Romanciers aber halte ich E. M. Forster für den besten, auch wenn ich nicht genau weiß, was damit gesagt ist, aber er ist zumindest ein Halbfinalist, meinen Sie nicht auch? Somerset Maugham erzählte mir mal: »Wir haben hier bei uns einen Romancier, E. M. Forster, aber vermutlich kennen

Sie ihn nicht.« Ich hätte ihn treten können. Er dachte wohl, ich käme aus der Prärie! Ich würde auf allen vieren kriechen, könnte ich Forster nur ein Mal sehen! Er hat etwas geschrieben, was ich niemals vergessen werde: »Ich habe nie zwischen einem Freund oder meinem Vaterland wählen müssen, aber sollte es einmal dahin kommen, werde ich hoffentlich den Mut aufbringen, mein Vaterland zu verraten.« Na, dagegen ist doch der fünfte Verfassungszusatz ein armes Waisenkind!

Darf ich Ihnen ein paar technische Fragen stellen? Wie gehen Sie vor, wenn Sie eine Geschichte schreiben? Machen Sie erst einen Entwurf, den Sie dann korrigieren?

Sechs Monate brauche ich für eine Geschichte. Zunächst durchdenke ich den Einfall, und dann geht's ans Schreiben, Satz für Satz, ohne Entwurf. Auf fünf geschriebene Wörter kommen sieben, die der Korrektur zum Opfer fallen.

Wie finden Sie die Namen für Ihre Figuren?

Telefonbuch und Todesanzeigen.

Benutzen Sie ein Notizbuch?

Habe ich mal versucht, aber ich konnte das verflixte Ding nie wiederfinden! Ich sage mir immer: Morgen fange ich damit an.

Womit schreiben Sie?

Anfangs schrieb ich mit der Hand, aber das habe ich verlernt. Heute schreibe ich Schreibmaschine, Zweifingersystem. Übrigens finde ich Ihre Frage nicht gerade taktvoll.

Ich verstehe von Schreibmaschinen so wenig, dass ich mir einmal eine neue kaufen musste, nur weil ich nicht wusste, wie ich das Farbband der alten wechseln sollte.

Sie schreiben gerade ein Theaterstück, oder?

Ja, zusammen mit Arnaud d'Usseau. Stücke schreibe ich viel lieber als alles andere. Es gibt nichts Spannenderes auf der Welt als eine Premiere. Herrlich, wenn man seinen eigenen Worten lauschen kann. Unser erstes Stück, *The Ladies of the Corridor*, war leider kein Erfolg, aber ich habe das Schreiben sehr genossen, weil die Zusammenarbeit mit Mr d'Usseau so anregend war und weil dieses Stück die einzige Leistung ist, auf die ich richtig stolz bin.

Und Romane? Haben Sie sich je an einem versucht?

Weiß der Himmel, wie gern ich einen schreiben würde. Doch dazu fehlt mir ganz einfach der Mut.

Und Kurzgeschichten? Schreiben Sie noch welche?

Ich sitze gerade an einer, sie ist rein narrativ. Ich glaube, solche Stories sind besser, obwohl ich früher immer die Leute habe reden lassen. Ich habe kein bildliches Vorstellungsvermögen. Ich kann viel besser akustisch auffassen. Aber ich werde mich nicht mehr mit »Er sagte« und »Sie sagte« einlassen, das ist vorbei, Herzchen, ein für alle Mal vorbei. Ich möchte eine Story schreiben, deren Wirkung mit rein narrativen Mitteln erzielt wird. Es wird ein Geschrei wegen der Mietzahlung geben, aber ich werde das machen.

Glauben Sie, dass wirtschaftliche Sicherheit für Schriftsteller von Nutzen ist?

Ja. Niemand profitiert davon, dass er in einer Klause unterm Dach haust, es sei denn, man ist eine Art Keats. Die Leute, die in den zwanziger Jahren gute Sachen schrieben, denen ging es auch gut, sie hatten ein angenehmes, leichtes Leben. Sie schrieben gute Geschichten und Romane – obwohl sie zwei Millionen Dollar Jahreseinkommen hatten statt einer Dachkammer. Was mich angeht, ich hätte gern Geld, und ich wäre gern eine gute Schriftstellerin. Diese beiden Dinge widersprechen sich nicht, ich hoffe, eines Tages den Beweis antreten zu können. Sollte ich aber vor die Alternative gestellt werden, hätte ich lieber nur das Geld. Ich verabscheue fast alle reichen Leute, aber ich glaube, ich habe ein großes Talent zum Reichsein. Im Moment halte ich es allerdings noch mit Maurice Barings Satz: »Willst du wissen, was der Herrgott vom Geld hält, schau dir die Leute an, denen er's gibt.« Dabei weiß ich genau, wie wenig der hilft, wenn die Wölfe an der Tür kratzen, aber es ist ein Trost.

Was halten Sie von einer staatlichen Unterstützung für Künstler?

Wenn ich gerade keinen Penny habe, halte ich natürlich sehr viel davon. Wenn irgendwer in besonderem Ausmaß zum Prestige des Landes beiträgt, dann die Künstler. Ein Land, das Künstler und Schriftsteller haben will – die bei uns ja in unsicheren Verhältnissen leben –, ein solches Land hat die Pflicht, diesen Leuten zu helfen. Allerdings glaube ich nicht, dass einem Künstler mit Almosen gedient ist. Mal hier ein bisschen, mal da ein klein wenig – das bringt nichts. Der Unterschied zwischen dem Staat als Geldgeber und dem individuellen Mäzen besteht darin, dass es im einen Fall um Wohltätigkeit geht, im anderen nicht. Wohltätigkeit ist Mord, das dürfte sich eigentlich herumgesprochen haben.

Ich bin der Meinung: Tut der Staat etwas für seine Künstler, so sollte er ihnen das Gefühl des Dankbarsein-Müssens ersparen, dieses gemeinste und schmierigste aller Gefühle. Sie haben es nicht nötig, die Künstler, dass sie auf die Knie fallen und dem Staat die Füße küssen. Herrgott, für den Staat arbeiten und seinem Arbeitgeber auch noch dankbar sein? Der Staat sollte sein Augenmerk auf das richten, was seine Künstler zu verwirklichen trachten – wie in Frankreich mit der Académie Française. Die Künstler sind Teil ihres Landes, und das Land sollte das anerkennen, damit beide, Künstler und Nation, auf die Ergebnisse einer gemeinsamen Anstrengung stolz sein können. Das ist mein voller Ernst, Liebes.

Wie denken Sie über Hollywood als Mäzen?

Hollywoods Geld ist kein Geld. Es ist gefrorener Schnee, der einem auf der Hand zergeht, und das war's dann. Über Hollywood mag ich nicht sprechen. Für mich war der Aufenthalt dort einfach fürchterlich; ich kann nur mit Schrecken daran zurückdenken. Ich weiß nicht, wie ich das ausgehalten habe. Als ich endlich weg war, konnte ich es nicht mal mehr beim Namen nennen. »Da draußen«, das war mein Synonym. Wissen Sie, was ich mit »da draußen« meine? Einmal lief ich in Beverly Hills die Straße runter und sah einen Cadillac, so lang wie ein Häuserblock, und aus dem Seitenfenster hing ein wundervoller Nerz, der Ärmel eines Nerzmantels, und darin steckte ein Arm, und an dem Arm war eine Hand in einem weißen Wildlederhandschuh, und die Hand hielt einen Bagel – einen angenagten Bagel!

Glauben Sie, dass Hollywood Künstler kaputtmacht?

Nein, nein, nein. Niemand auf der Welt schreibt schlechter, als ihm gegeben ist. Auch wenn sie in Hollywood Schund produzieren – beim Schreiben bleiben sie nicht hinter ihren Fähigkeiten zurück. Sie können's einfach nicht besser. Wenn man schreibt, soll man nie so tun, als unterschreite man sein eigentliches Niveau. Man gibt immer sein Bestes; und wenn man dahinterkommt, dass es nicht besser geht, macht einen diese Erkenntnis fertig. Ich will unbedingt gut schreiben, und doch weiß ich, dass ich's nicht kann, nie gekonnt habe. Aber bis zum letzten Atemzug werde ich diejenigen verehren, die es konnten.

Was ist denn dann das Übel von Hollywood?

Die Leute. Zum Beispiel der Regisseur, der Scott Fitzgerald mit dem Finger vor der Nase herumfuchtelte und jammerte: »Dich bezahlen? Eigentlich müsstest du uns bezahlen!« Das mit Scott war schrecklich. Wenn Sie ihn gesehen hätten, wäre Ihnen schlecht geworden. Als er tot war, ging niemand zu seiner Beerdigung, keine Menschenseele, und kein Mensch hielt es für angebracht, ein paar Blumen zu schicken. Ich sagte: »Armer Hundesohn«, ein Zitat aus dem *Großen Gatsby*, aber alle dachten, das sei mal wieder einer meiner Witze. Dabei war es todernst gemeint. Ein Elend, das mit Scott. Aber es waren nicht nur die Leute, sondern auch die Erniedrigungen, denen das eigene Können ausgesetzt war. Da wurde beispielsweise ein Film gedreht, in dem Mr Benchley eine Rolle übernommen hatte. In diesem Film gab es eine Szene mit Monty Woolley. Der musste durch eine Tür, an deren Oberkante ein Eimer Wasser aufgehängt war. Als Woolley das Zimmer betrat, wurde er natürlich klatschnass, aber er verlor seine Haltung nicht, ging auf Mr Benchley zu und raunte: »Benchley? Der Harvard-Benchley?« – »Jawohl«, murmelte Mr Benchley, um dann seinerseits zu fragen: »Woolley? Der Yale-Woolley?«

Was ist mit Ihren politischen Ansichten? Hatten Ihre Überzeugungen berufliche Konsequenzen für Sie?

Ja, sicher! Auch wenn ich nicht glaube, dass diese Sache mit der »Schwarzen Liste« in den Theatern eine Rolle spielt oder in den Redaktionen der Zeitschriften, für die ich arbeite. Aber in Hollywood. Gewisse Herren lassen dort einen Namen fallen, wie eine Murmel, und der Name benimmt sich wie ein Gummiball, er springt wieder hoch. Das ist dann einer dieser Namen von Leuten, die man in der Gesellschaft jener gesehen hat, die überaus charmant »commies« genannt werden. Man kann doch nicht dreißig Jahre zurückgehen – zu Sacco und Vanzetti! Ich mache da nicht mit. Nun ja, so ist das. Und was bedeutet das für den Film? Wohl kaum etwas Gutes. Sam Goldwyn hat gesagt: »Wie soll ich anständige Filme drehen, wenn meine guten Autoren allesamt im Kittchen sitzen?« Und dann setzte er – der unfehlbare Goldwyn – hinzu: »Nicht, dass Sie mich falsch verstehen. Natürlich gehören die alle aufgehangen.« »Aufgehängt« war Goldwyn nicht geläufig. Mehr ist dazu nicht zu sagen. Nicht Tragödien bringen den Tod, sondern Sauereien. Ich kann Sauereien nicht ausstehen. Und das ist nicht lustig gemeint. Sie wissen ja jetzt, da Sie mich kennen, dass ich keine Witzereißerin bin, nicht wahr, Herzchen?

Aus dem Englischen von Cornelia Künne

Dorothy Parker, The Art of Fiction No. 13,
The Paris Review, 13 / Sommer 1956.

Die deutschen Interview-Titel stammen vom Verlag.

Tania Blixen

ICH BIN DREITAUSEND JAHRE ALT UND HABE MIT SOKRATES ZU ABEND GEGESSEN.

Mit Eugene Walter (1956)

Als vor einigen Jahren in einer geplanten Verfilmung von *Jenseits von Afrika* Greta Garbo die Rolle von Isak Dinesen spielen sollte, war dies in gewisser Weise die ideale Besetzung, ist doch die Schriftstellerin, genau wie die Schauspielerin, ein geheimnisvolles nordisches Wesen. Isak Dinesen ist in Wahrheit die dänische Baronin Karen Blixen-Finecke, Tochter von Wilhelm Dinesen, Autor der vielgelesenen *Jagtbreve*, die Ende des 19. Jahrhunderts erschienen. Baronin Blixen hat unter verschiedenen Namen in zahlreichen Ländern veröffentlicht: im englischsprachigen Raum meist als Isak Dinesen, im deutschsprachigen meist als Tania oder Karen Blixen. Gute Freunde nennen sie Tanne, Tanya oder Tania. Und dann ist da noch jener entzückende Roman, *Rache der Engel*, zu dem sie sich über viele Jahre nicht bekennen wollte, auch wenn jedem halbwegs aufmerksamen Leser klar war, dass sich hinter dem Pseudonym Pierre Andrézel die Baronin verbarg. In literarischen Zirkeln kursierten die wildesten Gerüchte über sie: Sie sei in Wahrheit ein Mann, er sei in Wahrheit eine Frau, »Isak Dinesen« sei in Wahrheit ein Autorenduo von Bruder und Schwester, er lebe in Elsinore, sie lebe vorwiegend in London, sie sei eine Nonne, er sei sehr gastfreundlich und lade junge Schriftsteller zu sich ein, sie lebe zurückgezogen und lasse sich nur selten blicken, sie schreibe auf Französisch, nein, auf Englisch, nein, auf Dänisch, sie sei in Wahrheit … und immer so weiter.

1934 erschien im Verlag Haas & Smith (später von Random House gekauft) ein Buch mit dem Titel *Gothic Tales* [dt. *Sieben phantastische Geschichten*]. Mr Haas nahm es gleich nach der ersten Lektüre an; es wurde ein Bestseller, war beliebt bei Schriftstellern und Malern und hatte wie vorausgesehen eine lange Karriere.

Außerhalb des Kanons der modernen Literatur, wie eine Goldamsel vor einem Käfig von sich mausernden Hänflingen, bietet die Baronin ihren Leserinnen und Lesern den unendlichen Genuss einer erzählten Geschichte: »Und was ist dann passiert? … Also, dann …« Ihr Instinkt als Erzählerin von Geschichten oder Balladen, verbunden mit ihrem unverkennbaren Stil ausschmückender Klarheit, veranlasste Hemingway bei der Annahme des Nobelpreises zu den Worten, eigentlich hätte der Preis an Isak Dinesen gehen müssen.

SZENE EINS

Rom, Frühsommer 1956. Das erste Gespräch findet in einem Straßenlokal auf der Piazza Navona statt – jenes weite Oval, das einst geflutet werden konnte und als Kulisse für Seeschlachten diente. Der Himmel leuchtet in der Abenddämmerung irisgelb; der von Bernini-Figuren umgebene Obelisk wirkt vor diesem Hintergrund blass und schwerelos. Am Cafétisch sitzen Baronin Blixen, ihre Sekretärin und Reisebegleiterin Clara Svendsen und der Interviewer. Die Baronin sieht aus wie eine Figur aus einer ihrer Geschichten. Schlank und von schlichter Eleganz, ganz in Schwarz gekleidet, mit langen schwarzen Handschuhen und einem

schwarzen Pariser Hut, dessen Krempe ihre bemerkenswer-
ten Augen beschattet, die zwischen hell und dunkel changie-
ren. Ihr Gesicht ist schmal und vornehm; Mund und Augen
umspielen ständig wechselnde Andeutungen eines Lächelns.
Ihre Stimme ist angenehm weich, besitzt aber ausreichend
Nachdruck und Timbre, um sofort erkennen zu lassen, dass
es sich um eine Dame mit überaus gewichtigen und zugleich
herrlich frivolen Ansichten handelt. Miss Svendsen ist eine
jugendlich frische Person mit reizendem Lächeln.

Blixen: Ein Interview? O weh … Also gut, ich hab's be-
fürchtet. Hoffentlich keine lange Liste mit Fragen oder ein
Verhör … Ich wurde erst kürzlich interviewt. Schrecklich!

Svendsen: Ja, von einem Mann, der einen Dokumentarfilm
drehte. Es war wie eine Katechismusstunde.

Blixen: Können wir nicht einfach weiterplaudern, und Sie
schreiben auf, was Ihnen gefällt?

Walter: Und dann können Sie das eine oder andere streichen oder neue Dinge hinzufügen.

Blixen: Ja. Ich sollte mich nicht überanstrengen. Ich war
ein Jahr lang krank und habe in einem Sanatorium gewohnt.
Ich dachte wirklich, ich sterbe. Ich bin fest davon ausgegangen, das heißt, ich habe Vorkehrungen getroffen.

Svendsen: Der Arzt in Kopenhagen sagte mir: »Tania Blixen ist sehr clever, aber die cleverste Sache, die sie je gemacht
hat, ist, diese beiden Operationen überlebt zu haben.«

Blixen: Ich hatte sogar vor, eine letzte Ansprache im Radio zu halten. Ich habe in Dänemark über alle möglichen

Dinge im Radio gesprochen. Man scheint mir dort gerne zuzuhören. Ich wollte darüber sprechen, wie einfach es ist zu sterben. Keine morbide Botschaft, ganz bestimmt nicht, sondern eine wirklich frohe Botschaft. Nämlich, dass zu sterben eine große und schöne Erfahrung ist. Aber wissen Sie, ich war zu krank, um das zu tun. Jetzt, nachdem ich so lange krank und im Sanatorium gewesen bin, habe ich das Gefühl, dass ich nicht wirklich zu diesem Leben dazugehöre. Ich schwebe über allem wie eine Möwe. Ich habe das Gefühl, die Welt ist glücklich und großartig und geht immer weiter, aber ich gehöre nicht dazu. Ich bin nach Rom gekommen, um zu versuchen, wieder ein Teil der Welt zu werden. Oh, sehen Sie sich nur den Himmel an!

Walter: Kennen Sie Rom gut? Wann waren Sie zuletzt hier?

Blixen: Vor ein paar Jahren, zu einer Audienz beim Papst. Das erste Mal war ich 1912 als junges Mädchen hier, zu Besuch bei meiner Cousine und besten Freundin, die mit dem dänischen Botschafter in Rom verheiratet war. Wir fuhren jeden Tag durch den Park der Villa Borghese. Damals waren dort all die Schönheiten des Tages mit ihren Kutschen unterwegs, und man hielt zwischendurch an und plauderte. Es war entzückend. Und jetzt sehen Sie sich nur die vielen Autos und Motorräder und den ganzen Lärm und die Hektik an. Aber das ist es, was die Jugend von heute will: Geschwindigkeit ist für sie das Größte. Wenn ich an das Ausreiten mit meinem Pferd denke – ich hatte als Mädchen immer ein Pferd –, habe ich das Gefühl, dass den jungen Leuten heute etwas sehr Wertvolles entgeht. Zu meiner Zeit wuchsen Kinder anders auf. Es gab nur wenig Spielzeug, selbst in den Häusern der Reichen. Modernes mechanisches Spielzeug, das sich von selbst bewegt, war gerade erst aufgekommen. Wir hatten einfaches Spielzeug, das wir selbst zum Leben erwecken mussten. Ich glaube, meine Liebe zu Marionetten rührt daher. Ich habe sogar versucht, Stücke für Marionettentheater zu schreiben. Man konnte natürlich ein Steckenpferd kaufen, aber wir brachen uns lieber im Wald einen Holzstecken ab, den wir in unserer Phantasie in Bukephalos oder Pegasus verwandelten. Anders als heutige Kinder, die von Geburt an damit zufrieden sind, Zuschauer zu sein. Wir waren kreativ. Die jungen Leute heute sind nicht mit den Elementen vertraut oder in direktem Kontakt mit ihnen. Alles ist mechanisch und urban: Kinder wachsen auf, ohne echtes Feuer zu kennen, Quellwasser, Erde. Die jungen Leute wollen mit der Vergangenheit brechen, sie hassen die Vergangenheit, sie wollen nichts davon hören, und zum Teil kann man sie verstehen. Die jüngere Vergangenheit ist für sie eine lange Geschichte von Kriegen, ohne jedes Interesse. Vielleicht ist es das Ende von etwas, von einer bestimmten Art der Zivilisation.

Walter: Aber aus Ablehnung entsteht oft neues Interesse, und man besinnt sich auf die Tradition. Mir macht die Gleichgültigkeit viel mehr Sorgen.

Blixen: Möglicherweise. Ich würde mich den Vorlieben der jungen Leute sogar anschließen. Zum Beispiel liebe ich Jazz. Ich glaube, er ist das einzige Neue in der Musik zu meinen Lebzeiten. Ich stelle Jazz nicht über klassische Musik, aber ich schätze ihn sehr.

Walter: Viele Ihrer Werke scheinen dem letzten Jahrhundert anzugehören. *Die Rache der Engel*, beispielsweise.

Blixen (*lacht*): Oh, das ist mein uneheliches Kind! Während der deutschen Besatzung Dänemarks dachte ich, ich werde verrückt vor Langeweile und Stumpfsinn. Ich wollte mich ablenken, mir irgendwie die Zeit vertreiben, und außerdem hatte ich wenig Geld, also ging ich zu meinem Verleger in Kopenhagen und sagte: »Wie wär's, wollen Sie mir nicht einen Vorschuss für einen Roman zahlen und mir eine Stenographin schicken, der ich den Text diktieren kann?« Sie waren einverstanden, die Stenographin kam, und ich diktierte. Zu Beginn hatte ich nicht die geringste Vorstellung, worum es in der Geschichte gehen würde. Ich improvisierte und fügte jeden Tag ein kleines Stück hinzu. Für die arme Stenographin war es eine sehr verwirrende Erfahrung.

Svendsen: Ja, sie schrieb gewöhnlich Geschäftsbriefe, und wenn sie die Geschichte nach ihren Stenonotizen abtippte, standen da manchmal Zahlen, etwa »die 2 verängstigten Mädchen« oder »seine 1 Liebe«.

Blixen: Eines Tages fing ich mit dem Satz an: »Dann trat Mr Soundso in den Raum«, und die Stenographin rief: »Aber das geht nicht! Er ist gestern in Kapitel siebzehn gestorben.« Nein, *Die Rache der Engel* soll mein Geheimnis bleiben.

Walter: Ich mochte den Roman, und er bekam auch ausgezeichnete Kritiken. Haben viele Leute geahnt, dass Sie die Autorin waren?

Blixen: Einige wenige.

Walter: Und was ist mit den *Wintergeschichten*? Sie sind mitten im Krieg erschienen. Wie haben Sie das Buch nach Amerika schaffen können?

Blixen: Ich ging nach Stockholm – was schon an sich keine einfache Sache war, und noch schwieriger war es, das Manuskript mitzunehmen. Ich ging zur amerikanischen Botschaft und fragte, ob nicht jeden Tag Flüge nach Amerika gingen und sie das Manuskript nicht mitnehmen könnten, aber es hieß, sie würden nur rein politische oder diplomatische Papiere mitnehmen, also ging ich zur britischen Botschaft, und sie fragten, ob ich Referenzen aus England vorlegen könnte, und das konnte ich (ich hatte viele Freunde im Kabinett, darunter Anthony Eden), und nachdem sie das telegraphisch überprüft hatten, waren sie einverstanden, und so gelangte das Manuskript auf den Weg nach Amerika.

Walter: Ich schäme mich für die amerikanische Botschaft. Sie hätten es ganz bestimmt mitnehmen können.

Blixen: Seien Sie nicht so streng mit ihnen. Ich verdanke dem amerikanischen Publikum viel. Wie auch immer, ich legte dem Manuskript einen Brief an meine amerikanischen Verleger bei, in dem ich mitteilte, dass alles in ihren Händen lag und ich keine Möglichkeit hatte, mit ihnen zu kommunizieren. Ich wusste nicht, was aus den *Wintergeschichten* geworden war, bis ich nach Kriegsende plötzlich Dutzende begeisterte Briefe von amerikanischen Soldaten und Seeleuten aus der ganzen Welt bekam. Das Buch war in den *Armed Services Editions* erschienen – kleinformatige Bücher, die in die Tasche jedes Soldaten passten. Ich war sehr gerührt. Sie schickten mir zwei Belegexemplare. Eines gab ich dem König von Dänemark. Er freute sich, dass zumindest eine Stimme aus seinem stillen Land während dieser dunklen Zeit gesprochen hatte.

Walter: Und Sie sind dem amerikanischen Publikum besonders dankbar?

Blixen: Ja, ich werde nie vergessen, dass sie mich sofort aufgenommen haben. Als ich 1931 aus Afrika zurückkam, nachdem ich seit 1914 dort gelebt hatte, hatte ich das ganze Vermögen, das ich bei meiner Hochzeit bekommen hatte, verloren, da die Kaffeeplantage sich nicht rentierte. Ich bat meinen Bruder, mich für zwei Jahre zu unterstützen, während ich *Sieben phantastische Geschichten* schrieb, danach, sagte ich, würde ich für mich selbst aufkommen können. Nachdem ich das Manuskript beendet hatte, ging ich nach England, wo ich eines Tages beim Lunch dem Verleger Huntington begegnete und ihm sagte: »Entschuldigen Sie, ich habe ein Manuskript, das ich Ihnen gerne anbieten möchte.« Er fragte: »Worum handelt es sich?«, und als ich antwortete: »Eine Sammlung von Kurzgeschichten«, warf er die Hände in die Luft und rief: »Nein!«, und ich bettelte: »Wollen Sie es sich nicht wenigstens ansehen?« Und er sagte: »Ein Buch mit Kurzgeschichten einer unbekannten Autorin? Aussichtslos!« Daraufhin schickte ich es nach Amerika, wo Robert Haas es sofort annahm und veröffentlichte, und das amerikanische Publikum mochte das Buch und hat mir seither die Treue gehalten. Nein, vielen Dank, keinen Kaffee mehr. Ich rauche eine Zigarette.

Walter: Verleger sind Dummköpfe, überall auf der Welt. Die ewige Klage der Autoren.

Blixen: Das Lustige daran ist, dass Huntington nach der amerikanischen Veröffentlichung einen Brief an Robert Haas schrieb. Er lobte das Buch und bat um die Adresse des Autors, denn er wollte es in England herausbringen. Er hatte mich als Baronin Blixen kennengelernt, während Mr Haas und ich uns nie persönlich begegnet waren. Huntington brachte mich nicht mit Isak Dinesen in Verbindung. Später hat er das Buch in England veröffentlicht.

Walter: Eine herrliche Geschichte; sie könnte aus einem Ihrer Bücher stammen.

Blixen: Wie angenehm, hier im Freien zu sitzen, aber ich denke, wir müssen los. Sollen wir unser Gespräch am Sonntag fortsetzen? Ich würde mir gerne die etruskische Ausstellung in der Villa Giulia anschauen. Dort können wir uns weiter unterhalten. Oh, sehen Sie nur den Mond!

Walter: Großartig. Ich rufe ein Taxi.

SZENE ZWEI

Ein warmer, regnerischer Sonntagmittag. Die etruskische Sammlung in der Villa Giulia ist wegen des schlechten Wetters nicht überlaufen. Die Baronin Blixen trägt an diesem Tag ein rotbraunes Wollkostüm und einen spitz zulaufenden ockerfarbenen Strohhut, der wieder ihre außergewöhnlichen Augen beschattet. Während sie sich die neu arrangierten etruskischen Figuren, Keramiken und Schmuckstücke ansieht, scheint sie von den übrigen Besuchern genauso weit entfernt wie die Ausstellungsstücke. Sie geht langsam, sehr aufrecht und bleibt immer wieder stehen, um Details, die ihr besonders gefallen, genau zu betrachten.

Blixen: Wie haben die nur dieses Blau hinbekommen, was meinen Sie? Pulverisierter Lapislazuli? Sehen Sie hier, dieses Schwein! Im Norden hat das Schwein eine große mythologische Bedeutung. Es ist eine Art Gehilfe der Sonne. Ich vermute, weil sein gutes Fett uns in der dunkelsten und kältesten Jahreszeit warm hält. Ein sehr intelligentes Tier … Ich liebe alle Tiere. Ich habe in Dänemark einen großen Hund, einen Schäferhund; er ist riesig. Ich gehe mit ihm spazieren. Wenn ich ihn überlebe, werde ich mir einen sehr kleinen Hund zulegen, einen Mops. Obwohl ich nicht weiß, ob man diese Tiere heute noch bekommen kann. Sie waren mal sehr in Mode. Sehen Sie sich die Löwen auf diesem Sarkophag an. Woher kannten die Etrusker Löwen? In Afrika waren Löwen meine Lieblingstiere.

Walter: Sie müssen Afrika von seiner besten Seite gekannt haben. Warum sind Sie wieder gegangen?

Blixen: Als junges Mädchen habe ich nicht im Entferntesten daran gedacht, einmal nach Afrika zu gehen, noch habe ich davon geträumt, eine afrikanische Farm könne der Ort sein, an dem ich vollkommen glücklich wäre. Das beweist, dass Gott eine größere und feinere Einbildungskraft besitzt als wir. Aber während meiner Verlobungszeit mit meinem Cousin Bror Blixen war ein Onkel von uns auf Großwildjagd in Afrika und lobte das Land nach seiner Rückkehr in den höchsten Tönen. Auch Theodore Roosevelt ging damals dort jagen; Ostafrika war in den Nachrichten. Also beschlossen Bror und ich, unser Glück dort zu versuchen, und unsere Verwandten auf beiden Seiten gaben uns Geld für den Kauf der Farm, die im kenianischen Hochland gelegen war, nicht weit von Nairobi entfernt. Vom Tag unserer Ankunft an liebte ich das Land und fühlte mich dort zu Hause, selbst unter lauter unbekannten Blumen, Bäumen und Tieren und den ständig wechselnden Wolken am Himmel über den Ngong-Bergen, anders als alle Wolken, die ich bis dahin gesehen hatte. Ostafrika war damals wahrhaftig ein Paradies, etwas, das die amerikanischen Indianer »glückliche Jagdgründe« nannten. Ich war in meiner Jugend eine begeisterte Jägerin, aber mein größtes Interesse während meiner vielen Jahre in Afrika galt den afrikanischen Ureinwohnern aller Stämme, besonders den Somali und den Massai. Es waren schöne, edle, furchtlose und weise Menschen. Das Leben auf einer Kaffeeplantage war nicht leicht. Mehr als 4000 Hektar Farmland, dazu die Heuschrecken und Dürren ... Wir erkannten zu spät, dass das Tafelland viel zu hoch lag für den erfolgreichen Anbau von Kaffee. Ich glaube, das Leben dort draußen war ähnlich wie im England des 18. Jahrhunderts: Oft fehlte es an Geld, aber es war ein auf vielerlei Weise reiches Leben, mit der bezaubernden Landschaft, Dutzenden Pferden und Hunden und einer großen Dienerschaft.

Walter: Ich nehme an, Sie haben dort ernsthaft angefangen zu schreiben?

Blixen: Nein, ich habe mit dem Schreiben angefangen, bevor ich nach Afrika ging, aber ich wollte nie Schriftstellerin werden. Mit zwanzig habe ich einige Kurzgeschichten in dänischen Literaturzeitschriften veröffentlicht, und die Kritiken ermutigten mich, aber ich habe nicht weitergemacht. Ich weiß nicht, ich glaube, ich hatte intuitiv Angst, in eine Sackgasse zu geraten. In jungen Jahren habe ich außerdem eine Zeit lang Malerei an der Dänischen Königlichen Akademie der Künste studiert. 1910 ging ich dann nach Paris, um bei Simon und Ménard zu studieren, aber (*kichert*) ... aber ich habe nur wenig gearbeitet. Die Wirkung von Paris war zu stark; ich spürte, dass es wichtiger war, sich umzutun und Bilder zu sehen, Paris zu entdecken. In Afrika habe ich ein wenig gemalt, vor allem Porträts der Einheimischen, aber immer, wenn ich mit der Arbeit begonnen hatte, kam jemand und sagte, ein Ochse sei gestorben oder was auch immer, und ich musste hinaus auf die Felder. Später, als ich tief im Innern wusste, dass ich die Farm verkaufen und zurück nach Dänemark gehen sollte, habe ich zu schreiben begonnen. Um mich auf andere Gedanken zu bringen, habe ich angefangen, Geschichten zu schreiben.

Zwei der *Phantastischen Geschichten* sind dort entstanden. Aber davor lernte ich, wie man Geschichten erzählt. Denn, sehen Sie, ich hatte das beste Publikum. Weiße Menschen können einer erzählten Geschichte nicht mehr zuhören. Sie fangen an herumzuzappeln oder werden müde. Aber die Einheimischen sind ausgezeichnete Zuhörer. Ich habe ihnen ständig Geschichten erzählt, jedweder Art. Und allen möglichen Unsinn. Ich fing zum Beispiel an mit: »Es war einmal ein Mann, der hatte einen Elefanten mit zwei Köpfen ...« Sofort wollten sie mehr darüber erfahren. »Oh? Ja, aber, Memsahib, wie hat er ihn gefunden, und womit hat er ihn gefüttert?«, und vieles mehr. Sie liebten solche Erfindungen. Ich begeisterte die Menschen mit Reimen; sie kennen keinen Reim, wissen Sie, haben ihn nie entdeckt. Ich sagte Sachen wie: »Wakamba na kula mamba« (»Der Stamm der Wakamba isst Schlangen«), was sie in Prosa sehr erzürnt hätte, während sie sich über den Reim mächtig amüsierten. Nachher sagten sie: »Bitte, Memsahib, rede wie der Regen«, und da wusste ich, dass es ihnen gefallen hatte, denn Regen war dort draußen etwas sehr Wertvolles. Ah, da kommt Miss Svendsen. Sie ist Katholikin und war heute in der Messe, um einen bestimmten Kardinal predigen zu hören. Jetzt kaufen wir ein paar Postkarten. Ich hoffe, sie haben welche mit den Löwen.

Svendsen: Guten Morgen.

Blixen: Clara, du musst dir diese bezaubernden Löwen ansehen. Danach kaufen wir ein paar Postkarten und gehen essen.

Postkarten werden erstanden, ein Taxi wird gerufen, Schirme werden geöffnet, alle eilen zum Taxi, und wir fahren durch den verregneten Borghese-Park davon.

Die Casina Valadier ist ein elegantes Restaurant im Park, unweit der Piazza del Popolo, mit einer großartigen Aussicht über Rom. Nach einem kurzen Blick von der nassen Terrasse über die regengraue Stadt betreten wir einen Raum mit viel Brokat, dezentem Licht, leuchtenden Teppichen und zahlreichen Bildern.

Blixen: Ich sitze hier, damit ich alles überblicken kann. (*Zündet sich eine Zigarette an.*)

Walter: Hier ist es angenehm, nicht wahr?

Blixen: Ja, sehr angenehm, und ich erkenne es wieder. Ich war 1912 hier. Hin und wieder erinnere ich mich in Rom lebhaft an Orte, die ich damals besucht habe. (*Pause.*) Oh, ich werde verrückt!

Walter: Was ist?

Blixen: Sehen Sie nur, wie schief das Bild dort drüben hängt! (*Zeigt auf ein nachgedunkeltes Porträt auf der anderen Seite des Raums.*)

Walter: Ich werde es gerade hängen. (*Geht hinüber.*)

Blixen: Nein, etwas mehr nach rechts.

Walter: So?

Blixen: Ja, besser. (*Zwei ernste Gentlemen am Tisch unter dem Porträt blicken verwirrt.*)

Svendsen: Ganz wie zu Hause. Der viele Verkehr, und ständig muss ich die Bilder gerade rücken.

Blixen: Ich lebe an der Nordsee, auf halbem Weg zwischen Kopenhagen und Helsingør.

Walter: Vielleicht auf halbem Weg zwischen Schiras und Atlantis?

Blixen: Auf halbem Weg zwischen der Insel aus *Der Sturm* und wo immer ich gerade bin. *(Der Kellner nimmt die Bestellung auf; das Essen wird aufgetragen.)*

Blixen: Ich rauche jetzt eine Zigarette. Macht es Ihnen etwas aus, wenn wir noch eine Weile hierbleiben? Ich hasse es, den Ort zu wechseln, wenn ich mich in einer solchen Kulisse niedergelassen habe. Die Leute sagen immer, ich solle schneller machen oder mich beeilen und dies oder das tun. Auf der Fahrt um das Kap der Guten Hoffnung sah ich einmal Albatrosse, und die Leute sagten: »Warum bleibst du an Deck? Nun komm schon. Es ist Zeit zum Mittagessen.« Und ich sagte: »Verdammtes Mittagessen. Ich kann jeden Tag zu Mittag essen, aber ich werde keine Albatrosse mehr sehen.« Diese Flügelspannweite!

Walter: Erzählen Sie mir von Ihrem Vater.

Blixen: Er war in der französischen Armee, genau wie mein Großvater. Nach dem Deutsch-Französischen Krieg ging er nach Amerika und lebte bei den Prärie-Indianern im weiten Herzen Ihres Landes. Er baute sich eine kleine Hütte und nannte sie Frydenlund (»glückliches Wäldchen«), nach einem Ort in Dänemark, an dem er als junger Mann sehr glücklich gewesen war. Er verkaufte seine

Felle meistens an die Indianer, und von dem Geld kaufte er ihnen Geschenke. Um ihn herum wuchs eine kleine Gemeinde, und heute ist Frydenlund, glaube ich, der Name einer Ortschaft im Staat Wisconsin. Nach der Rückkehr nach Dänemark schrieb er seine Bücher. Sie sehen also, für mich als seine Tochter war es ganz natürlich, nach Afrika zu gehen und dort unter den Einheimischen zu leben und nach meiner Rückkehr darüber zu schreiben. Er schrieb übrigens auch ein Buch über seine Kriegserlebnisse: *Paris under Communen*.

Walter: Und wie kommt es, dass Sie auf Englisch schreiben?

Blixen: Das hat sich ganz natürlich so ergeben. Ich bin zum Teil in England zur Schule gegangen, nachdem ich zu Hause ausschließlich Privatunterricht hatte. Deshalb fehlt mir auch das Wissen von grundlegenden Dingen, die für andere selbstverständlich sind. Aber meine Hauslehrerinnen waren ehrgeizig: Sie brachten mir Fremdsprachen bei, und eine von ihnen ließ mich *The Lady of the Lake* [dt. *Die Dame vom See*] von Sir Walter Scott ins Dänische übersetzen. Nachher in Afrika hatte ich ausschließlich mit Engländern zu tun. Zwanzig Jahre lang habe ich nur Englisch und Suaheli gesprochen. Und ich las die englischen Dichter und Romanciers. Ich mag die älteren Schriftsteller lieber, aber ich erinnere mich noch, als ich zum ersten Mal Huxleys *Eine Gesellschaft auf dem Lande* las. Es war wie der Biss in eine unbekannte, erfrischende Frucht.

Walter: Die meisten Ihrer Geschichten spielen im vergangenen Jahrhundert, nicht wahr? Sie schreiben nie über die moderne Zeit.

Blixen: Das tue ich schon, wenn man bedenkt, wie sehr die Zeit unserer Großeltern, die ja gerade erst vergangen ist, ein Teil von uns ist. Wir nehmen so vieles in uns auf, ohne uns dessen bewusst zu sein. Ich schreibe auch über Figuren, die zusammen die Geschichte ausmachen. Sehen Sie, ich beginne mit dem Aroma der Geschichte. Dann finde ich die Figuren, und sie übernehmen das Weitere. Sie sind für die Ausgestaltung verantwortlich, ich lasse ihnen einfach alle Freiheiten. Im modernen Leben und in der modernen Erzählliteratur herrscht eine gewisse Atmosphäre und vor allem eine innere Entwicklung – im Innern der Figuren – vor, die ist wiederum etwas ganz anderes. Ich habe das Gefühl, die Menschen haben sich im Leben wie in der Kunst in diesem Jahrhundert weiter voneinander entfernt. Einsamkeit ist jetzt das universelle Thema. Ich aber schreibe über Figuren innerhalb einer bestimmten Konstellation und wie sie aufeinander einwirken. Die Beziehung zu anderen ist wichtig für mich, sehen Sie, Freundschaft bedeutet mir sehr viel, und ich habe einige wahrhaft heroische Freundschaften erleben dürfen. Aber die Zeit in meinen Geschichten ist flexibel. Ich beginne vielleicht im 18. Jahrhundert und gehe von dort geradewegs zum Ersten Weltkrieg. Diese Zeiten sind deutlich voneinander getrennt und klar erkennbar. Außerdem spielen viele Romane, die wir, gemessen am Zeitpunkt ihrer Veröffentlichung, für zeitgenössisch halten – denken Sie nur an Dickens oder Faulkner oder Tolstoi oder Turgenjew –, tatsächlich in einer früheren Zeit, etwa eine Generation vorher. Die Gegenwart ist immer in Bewegung, niemandem ist es vergönnt gewesen, sie in Ruhe zu betrachten ... Ich war Malerin, bevor ich Schriftstellerin wurde ... und ein Maler möchte niemals den Gegenstand direkt vor seiner Nase haben; er möchte zurücktreten und eine Landschaft mit halb geschlossenen Lidern studieren.

Walter: Haben Sie Lyrik geschrieben?

Blixen: Als junges Mädchen.

Walter: Was ist Ihre Lieblingsfrucht?

Blixen: Erdbeeren.

Walter: Mögen Sie Affen?

Blixen: Ja, ich liebe sie in der Kunst: auf Gemälden, in Erzählungen, auf Porzellan gemalt. Aber im wirklichen Leben sehen sie irgendwie traurig aus. Sie machen mich nervös. Ich liebe Löwen und Gazellen ... Meinen Sie, ich sehe aus wie ein Affe? *(Die Baronin bezieht sich auf ein früheres Interview, in dem jemand vorschlug, sollte die Erzählung »Der Affe« jemals verfilmt werden, müsse sie die Rolle der Kanonissin spielen, die sich in einen Affen verwandelt.)*

Walter: Natürlich. Aber Sie müssen wissen, es gibt viele verschiedene Arten von Affen. *(Der Interviewer hat einen Abschnitt aus Ivan Sandersons* The Monkey Kingdom *abgeschrieben, den er zum Vergnügen der Baronin vorliest.)*

Walter: »Die biologische Bestimmung des ›Affen‹ ist bislang noch nicht zufriedenstellend abgeschlossen. Darüber hinaus verlangt diese anscheinend simple Frage eine genaue Untersuchung, bevor wir mit unserer Geschichte fortfahren, denn auch wenn wir uns nicht ausschließlich oder vorrangig für Affen interessieren, können wir uns ohne eine Antwort nicht der größeren Galaxie der Lebensformen zuwenden, der sie angehören.«

Blixen (*lacht begeistert*): Aber jede Geschichte verlangt eine genaue Untersuchung der vermeintlich simplen Fragen.

Wir befinden uns jetzt auf der Brüstungsmauer der Burg von Sermoneta, auf einem Hügel inmitten eines Dorfs, etwa anderthalb Stunden südlich von Rom. Wir haben einen Burggraben über eine Zugbrücke überquert und sind eine wacklige Leiter hochgestiegen. Wir haben die Überreste von Fresken aus dem 14. Jahrhundert betrachtet und im Festungsturm Zeichnungen und Kritzeleien auf der Wand gesehen, frisch wie aus der Zeit, als napoleonische Soldaten hier eingekerkert waren. Als wir ins Freie treten, müssen wir die Augen gegen die Sonne abschirmen. Unter uns erstreckt sich die Pontinische Ebene grün und golden bis zum Meer, das gleißend im Nachmittagslicht liegt. In weiter Ferne sind winzige Figuren zu erkennen, die auf den Bohnenfeldern und in den Pfirsichplantagen arbeiten.

Walter: Mich wundert, dass praktisch kein Kritiker in Amerika oder England auf das starke komische Element in Ihren Werken hingewiesen hat. Ich hoffe, wir können ein wenig über die Komik in Ihren Geschichten reden.

Blixen: Oh, ich bin froh, dass Sie das ansprechen! Die Leute fragen mich ständig, was dies oder das in den Geschichten bedeutet – »Was symbolisiert das? Wofür steht es?« Es kostet mich immer einige Mühe, ihnen zu erklären, dass ich alles genauso meine, wie es da steht. Es wäre furchtbar, wenn die Erklärung einer Geschichte außerhalb ihrer selbst läge. Und oft beabsichtige ich einen komischen Effekt, ich liebe

Spaß und Humor. Der Name *Isak* bedeutet »lachen«. Ich denke oft, was wir augenblicklich am dringendsten brauchen, ist ein großer Humorist.

Walter: Welche englischsprachigen Humoristen mögen Sie am liebsten?

Blixen: Nun, Mark Twain zum Beispiel. Aber tatsächlich haben alle Schriftsteller, die ich mag, eine komische Ader. Zumindest in der Erzählliteratur.

Walter: Von welchen erzählenden Schriftstellern fühlen Sie sich angesprochen, wem fühlen Sie sich verbunden?

Blixen: E. T. A. Hoffmann, Hans Andersen, Barbey d'Aurevilly, La Motte Fouqué, Chamisso, Turgenjew, Hemingway, Maupassant, Stendhal, Tschechow, Conrad, Voltaire ...

Svendsen: Melville nicht zu vergessen! Sie nennt mich Babu, nach der Figur aus *Benito Cereno*. Wenn sie nicht Sancho Pansa zu mir sagt.

Walter: Gütiger Himmel, Sie haben sie alle gelesen!

Blixen: In der Tat. Ich bin dreitausend Jahre alt und habe mit Sokrates zu Abend gegessen.

Walter: Wie bitte?

Blixen (*lacht und zündet sich eine Zigarette an*): Weil mir nie jemand sagte, was ich lesen sollte und was nicht, las ich alles, was mir in die Hände fiel. Shakespeare habe ich schon sehr früh entdeckt, und heute denke ich, ohne ihn wäre das Leben wertlos. Eine meiner neuen Geschichten handelt übrigens von einer Schauspielertruppe, die den *Sturm* aufführt. Ich liebe einige der viktorianischen Romanciers, die heute kein Mensch mehr liest: Walter Scott zum Beispiel. Oh, und ich mag Melville sehr, und die *Odyssee*, die nordischen Sagen. Haben Sie die nordischen Sagen gelesen? Und ich liebe Racine.

Walter: Ich erinnere mich an eine Bemerkung über die nordische Mythologie in einer Ihrer *Wintergeschichten*. Ich finde es übrigens sehr interessant, dass Sie Ihre Form im Erzählen von Geschichten gefunden haben.

Blixen: Das hat sich ganz von selbst ergeben. Meine literarisch interessierten Freunde daheim sagen mir immer, der Kern meiner Erzählungen liege nicht in der Idee, sondern in der Handlung. Etwas, das man nacherzählen kann, so wie man *Ali Baba und die vierzig Räuber* nacherzählen kann, aber nicht *Anna Karenina*.

Walter: Es gibt Leute, die Ihre Geschichten »künstlich« finden.

Blixen (*lächelnd*): Künstlich? Natürlich sind sie künstlich. Und zwar mit Absicht, denn das ist das Wesen der Erzählkunst. Und ich habe dem, glaube ich, Rechnung getragen ... oder vielmehr darauf hingewiesen, indem ich meine ersten Erzählungen *Gothic Tales* [dt. *Sieben phantastische Geschichten*] genannt habe. Mit *gothic* meine ich nicht die historische Gotik, sondern die Epoche des Schauerromans, das romantische Zeitalter Byrons, das Zeitalter Horace Walpoles, der Strawberry Hill erbaut hat, das Zeitalter der Neugotik ... Sie kennen doch Walpoles *Das Schloss von Otranto*?

Walter: Ja, sicher. In einer Geschichte ist also die Handlung das Wichtigste, richtig?

Blixen: Ja, das stimmt. Am Anfang steht bei mir ein Kribbeln, eine Art Vorahnung der Geschichte, die ich schreiben werde. Dann kommen die Figuren hinzu und übernehmen das Kommando, sie gestalten die Erzählung. All das läuft auf eine Handlung hinaus. Anderen Schriftstellern mag das unnatürlich erscheinen. Aber eine richtige Geschichte braucht eine Form und eine klare Struktur. Bei einem Gemälde ist der Rahmen von besonderer Bedeutung. Wo hört das Bild auf? Welche Details soll man zeigen? Oder weglassen! Wo verläuft die Linie, die das Bild abschneidet? Die Leute fragen mich immer: »Werden die Figuren in ›Die Sintflut von Norderney‹ am Ende gerettet oder ertrinken sie?« (Sie erinnern sich, sie sind während einer Sturmflut auf einem Dachboden gefangen und erzählen sich in der Nacht, während sie auf Rettung warten, ihre Lebensgeschichten.) Nun, was soll ich sagen? Was kann ich den Leuten antworten? Es liegt außerhalb der Geschichte. Ich weiß es wirklich nicht!

Walter: Verwenden Sie viel Zeit auf die Überarbeitung Ihrer Geschichten?

Blixen: O ja. Es ist die Hölle. Wieder und immer wieder. Und wenn ich denke, ich sei endlich fertig, und Clara das Manuskript für die Einsendung beim Verlag abtippt, schaue ich noch einmal darüber, kriege einen Anfall und schreibe alles noch einmal um.

Svendsen: In einer Geschichte kam eine Nebenfigur namens Mariana die Ratte vor, Wirtin des Gasthofs Läusekamm. Der Verlag erwähnte sie im Klappentext, aber im letzten Fahnenlauf war die Figur aus der Geschichte getilgt. Es muss für einige Verwirrung gesorgt haben.

Walter: Vielen Lesern gibt die Geschichte »Der Affe« Rätsel auf.

Blixen: Ja, inzwischen bin ich es leid, die Fragen der Leute zu dieser Geschichte zu beantworten. Es ist eine phantastische Erzählung, und so sollte sie auch gelesen werden. Die Grundidee lautet: Der Affe soll das Durcheinander auflösen, wenn die Handlung für die menschlichen Charaktere zu kompliziert wird. Aber die Leute sagen: »Was soll das heißen?« Nun, es heißt *genau das* … (*Sie macht eine Pause und lacht leise.*) Es wäre sehr beschämend, wenn ich die Geschichte im Nachhinein besser erklären könnte, als es im Text steht. So wie ich unermüdlich betone, die Geschichte sollte *alles* sein.

Aus dem Englischen von Georg Deggerich

Isak Dinesen, The Art of Fiction No. 14,
The Paris Review, 14 / Herbst 1956.

Joan Didion

DER SCHRIFTSTELLER VERSUCHT IMMER, DEN LESER ZUM ZUHÖRER SEINES TRAUMS ZU MACHEN.

Mit Linda Kuehl (1977)

Normalerweise beschreibt der Interviewer in diesem Abschnitt die Umstände, unter denen das dann folgende Interview stattfand, doch Linda Kuehl starb, kurz nachdem die Aufnahmen transkribiert worden waren. Wir sprachen am 18. und am 24. August 1977 von etwa zehn Uhr morgens bis zum frühen Nachmittag miteinander. Beide Interviews fanden nördlich von Los Angeles statt, im Wohnzimmer des Hauses, das damals meinem Mann und mir gehörte – ein Haus, das am Meer lag und uns inzwischen nicht mehr gehört.

Die Wände des Zimmers waren weiß, der Boden mit glänzendem Terrakotta gefliest. Das gleißende Licht des Meeres, das durch die Fenster fiel, ließ die Ecken des Raumes besonders dunkel erscheinen. Und jeden, der diesen Raum betrat, zog es unweigerlich in diese dunklen Ecken. Im Laufe der Jahre verwandelte sich der Raum derart, dass irgendwann alle bequemen Stühle im Dunkeln standen, weit weg von den Fenstern. Ich erwähne das nur, weil ich noch weiß, wie sehr ich mich damals vor Interviews fürchtete, unter anderem davor, dass man mich für eine Spinnerin halten könnte, die in einem Haus mit 300-Grad-Seesicht wohnt, aber alle Stühle gewissermaßen in einem rußigen Eckchen hinter dem Kamin versteckt.

Lindas Klugheit vertrieb all meine Ängste sofort. Ihr Interesse an den technischen Aspekten des Schreibens und ihre Präzision im Sprechen darüber entspannten mich, ja, ich geriet in einen regelrechten Redefluss, was mir nur selten passiert.

Jetzt, beim Lesen des Transkripts, komme ich mir in meiner damaligen Begeisterung für alles Technische vor wie eine Art Klempnerlehrling, wie ein Cluny Brown der Literatur, aber so war es nun einmal ...

Joan Didion, 1978

Sie haben einmal gesagt, Schreiben sei ein feindseliger Akt. Warum?

Feindselig in der Weise, dass man jemandem seine Sicht der Dinge aufzuzwingen versucht. Es ist ein feindseliger Akt, das Denken eines Menschen in dieser Weise zu manipulieren. Häufig möchte man jemandem seinen Traum oder auch seinen Albtraum erzählen. Allerdings möchte niemand den Traum eines anderen hören, sei er nun schön oder schlimm; niemand möchte sich darauf einlassen. Der Schriftsteller versucht immer, den Leser zum Zuhörer seines Traums zu machen.

Sind Sie sich beim Schreiben des Lesers bewusst? Hören Sie beim Schreiben dem Leser zu, der Ihnen zuhört?

Offensichtlich höre ich einem Leser zu, aber der einzige Leser, den ich höre, bin ich selbst. Ich schreibe immer für mich selbst. Sehr wahrscheinlich begehe ich also einen aggressiven, feindseligen Akt gegen mich selbst.

Die Frage in vielen Ihrer nicht-fiktionalen Texte: »Haben Sie verstanden?«, ist also an Sie selbst gerichtet?

Ja. Als ich mit dem Schreiben anfing, habe ich gelegentlich versucht, für einen anderen Leser als mich selbst zu schreiben. Ich bin immer gescheitert. Jedes Mal bin ich erstarrt.

Wann wussten Sie, dass Sie schreiben wollten?

Ich habe schon als kleines Mädchen Geschichten geschrieben, aber ich wollte nicht Schriftstellerin werden, sondern Schauspielerin. Damals wusste ich noch nicht, dass beides dem gleichen Impuls entspringt. Es geht um Vorspiegelung. Um eine Aufführung. Der einzige Unterschied ist der, dass der Schriftsteller unabhängig ist. Das ging mir schlagartig auf, als eine Freundin, eine Schauspielerin, mit einigen Schriftstellerkollegen vor ein paar Jahren bei uns zum Essen war. Plötzlich wurde mir bewusst, dass sie die einzige Person im Raum war, die ihren Auftritt nicht planen konnte. Sie musste darauf warten, dass jemand anderes sie darum bat. Ein seltsames Leben.

Gab es jemanden, der Ihnen das Schreiben beigebracht hat?

Mark Schorer lehrte in Berkeley, als ich dort studierte, und er unterstützte mich. Ich meine damit nicht, dass er einzelne Sätze oder Passagen mit mir diskutierte – niemand hat die Zeit, die Arbeiten seiner Studenten so genau zu korrigieren. Aber er vermittelte mir ein Gefühl dafür, worum es beim Schreiben geht, wozu es gut ist.

Hat irgendein Autor Sie in besonderer Weise beeinflusst?

Ich sage immer Hemingway, weil er mir gezeigt hat, wie Sätze funktionieren. Als ich fünfzehn oder sechzehn war, tippte ich seine Erzählungen ab, um herauszufinden, wie diese Sätze funktionieren. So brachte ich mir gleichzeitig bei, mit der Maschine zu schreiben. Vor ein paar Jahren, als ich in Berkeley unterrichtete, las ich noch einmal *In einem andern Land*, und sofort waren diese Sätze wieder da. Es sind wirklich perfekte Sätze. Sehr direkt, sanfte Flüsse, klares Wasser über Granit, keine Untiefen.

Sie haben auch Henry James genannt ...

James schrieb ebenfalls perfekte Sätze, allerdings sehr indirekte, sehr komplizierte Sätze. Sätze *mit* Untiefen. Man kann in ihnen ertrinken. Ich würde es nicht wagen, solche Sätze zu schreiben. Ich bin nicht mal sicher, ob ich es wagen würde, James noch einmal zu lesen. Ich liebte seine Romane so sehr, dass sie mich lange Zeit lähmten. Diese unendliche Fülle von Möglichkeiten. Dieser vollkommen durchdachte Stil. Das schüchterte mich so sehr ein, dass ich fürchtete, gar nichts mehr zu Papier zu bringen.

Ich frage mich, ob einige Ihrer nicht-fiktionalen Texte nicht wie ein einziger Satz von Henry James aufgebaut sind.

Das wäre ideal, nicht wahr? Ein ganzer Text – acht, zehn, zwanzig Seiten in einem einzigen Satz. Übrigens sind die Sätze in meinen nicht-fiktionalen Texten viel komplizierter als in meinen Romanen. Viel mehr Nebensätze. Mehr Semikolons. Wenn ich einen Roman schreibe, scheine ich viel weniger Nebensätze zu hören.

Sie haben gesagt, mit dem ersten Satz stehe der gesamte Text. Genau das hat Hemingway auch gesagt. Alles, was er brauchte, war der erste Satz, dann hatte er die ganze Geschichte.

Schwierig am ersten Satz ist, dass man daran hängen bleibt. Alles andere folgt daraus wie von selbst. Und wenn man die ersten beiden Sätze geschrieben hat, sind sämtliche Optionen dahin.

Der erste Satz ist eine Geste, der zweite eine Verpflichtung.

Ja, und der letzte Satz eines Textes ist ein neues Abenteuer. Er sollte einen Text öffnen. Er sollte den Leser dazu bringen, zurückzublättern und noch einmal von vorn anzufangen. So sollte es sein, aber das funktioniert nicht immer. Ich stelle mir das Schreiben immer als einen Hochseilakt vor. In dem Augenblick, da man Wörter zu Papier bringt, schließt man Möglichkeiten aus. Es sei denn, man ist Henry James.

Ich frage mich, ob Ihre Arbeitsmoral – was Sie Ihre »strenge protestantische Ethik« nennen – Ihnen nicht Türen verschließt, Sie daran hindert, sich alle Möglichkeiten offenzuhalten.

Vermutlich ist das ein Teil der Dynamik. Wenn ich ein Buch beginne, strebe ich nach Perfektion, es soll alle erdenklichen Farben, die ganze Welt enthalten. Schon nach zehn Seiten habe ich es vermasselt, habe es beschränkt, festgezurrt und verhunzt. Das ist sehr entmutigend. In diesem Moment hasse ich das Buch. Nach einer Weile finde ich einen Kompromiss: Nun, es ist nicht das ideale Werk, das mir vorschwebte, aber vielleicht – wenn ich dies nur erst einmal zu Ende bringe – gelingt es mir beim nächsten Mal. Vielleicht bekomme ich noch eine Chance.

Gibt es Autorinnen, die Sie in besonderer Weise beeinflusst haben?

Am ehesten als Modelle für einen Lebensentwurf, nicht für eine Schreibweise. Vermutlich haben die Brontës mich in meiner eigenen Vorstellung von Theatralik bestärkt. Irgendetwas an George Eliot hat mich stark angezogen. Ich glaube, sowohl Jane Austen als auch Virginia Woolf passten vom Temperament her nicht zu mir.

Welche Nachteile, so es sie denn gibt, bestehen für weibliche Autoren?

Als ich anfing zu schreiben – Ende der Fünfziger, Anfang der Sechziger –, gab es eine gewisse gesellschaftliche Tradition, in der männliche Romanciers sich bewegen konnten. Säufer mit kaputter Leber, Frauen, Kriege, große Fische, Afrika, Paris, keine zweiten Chancen. Ein Mann, der Romane schrieb, nahm eine bestimmte Rolle in der Welt ein, und dann konnte er alles tun, was er wollte. Eine Romanautorin hatte keine solche Rolle. Frauen, die Romane schrieben, wurden oft als krank betrachtet. Carson McCullers, Jane Bowles. Nicht zu vergessen Flannery O'Connor. Romane von Frauen wurden selbst von ihren Verlegern als »empfindsam« beschrieben. Ich weiß nicht, ob das heute noch zutrifft, aber damals war es zweifellos so, und es gefiel mir nicht. Ich ging damit so um wie mit allem anderen. Ich kümmerte mich nicht weiter darum, reagierte, wie ich glaube, ziemlich schlau. Ich ließ nicht viele Menschen wissen, was ich so tat.

Vorteile?

Die Vorteile sind wohl identisch mit den Nachteilen. Ein gewisser Widerstand ist immer gut. Man bleibt wachsam.

Können Sie am Stil eines Textes erkennen, ob es sich um eine Autorin handelt?

Nun, wenn Stil und Charakter eins sind – wovon ich überzeugt bin –, offenbart der Stil unweigerlich auch das Geschlecht. Ich möchte nicht zwischen Stil und Sensibilität differenzieren. Noch einmal, der Stil eines Autors *ist* seine Sensibilität. Aber die Frage der sexuellen Identität ist überaus kompliziert. Würde ich etwa mit nüchternem Blick etwas von Anaïs Nin lesen, ich würde vermutlich sagen, es sei von einem Mann geschrieben, der wie eine Frau zu schreiben versucht. Genauso würde es mir bei Colette ergehen, und doch werden beide Autorinnen allgemein als dezidiert »feminine« Schriftstellerinnen betrachtet. Ich erkenne das Feminine nicht. Auf der anderen Seite erscheint mir *Sieg* von Joseph Conrad als ein ausgesprochen femininer Roman. Genau wie *Nostromo* oder *Der Geheimagent*.

Fällt es Ihnen leicht, männliche Figuren darzustellen?

Menschen am Fluss ist teilweise aus der Perspektive eines Mannes erzählt. Everett McClelan. Ich kann mich nicht daran erinnern, dass diese Teile schwieriger gewesen wären als die anderen. Dennoch empfanden viele Leute Everett als schemenhaft. Für mich ist er die prägnanteste Figur im ganzen Buch. Ich mochte ihn sehr. Ich mochte Lily und Martha, aber Everett liebte ich.

War *Menschen am Fluss* wirklich Ihr erster Roman? Er wirkt für ein Debüt so vollendet, dass ich das Gefühl hatte, Sie hätten einige frühere Versuche in der Schublade.

Ich habe einige nicht-fiktionale Texte zur Seite gelegt, aber nie einen Roman. Es kann passieren, dass ich vierzig Seiten rauswerfe und vierzig neue Seiten schreibe, aber sie gehören alle zum selben Buch. Ich habe *Menschen am Fluss* nachts über einen Zeitraum von mehreren Jahren geschrieben. Tagsüber arbeitete ich für *Vogue*, und nachts schrieb ich Szenen für einen Roman. Ohne über die Chronologie nachzudenken. Wenn ich eine Szene fertig hatte, klebte ich die Seiten aneinander und hängte sie in langen Streifen an die Wand meines Apartments. Manchmal rührte ich sie ein oder zwei Monate lang nicht an, und dann nahm ich eine Szene von der Wand und überarbeitete sie. Nachdem ich etwa hundertfünfzig Seiten hatte, ging ich damit zu zwölf Verlagen. Alle lehnten ab. Der dreizehnte, Ivan Obolensky, gab mir einen Vorschuss, und mit diesen zweitausend Dollar, oder wie viel auch immer es war, nahm ich eine zweimonatige Auszeit und schrieb die zweite Hälfte des Buchs. Deshalb ist die zweite Hälfte auch besser als die erste. Ich versuchte, auch die erste Hälfte umzuschreiben, aber sie sperrte sich beharrlich. Es war nicht daran zu rütteln. Ich hatte zu viele Jahre in verschiedenen Stimmungen daran gearbeitet. Nicht, dass die zweite Hälfte perfekt wäre. Sie ist runder und flüssiger, aber sie enthält ebenfalls zahlreiche ungelöste Probleme. Ursprünglich sollte *Menschen am Fluss* einer komplizierten Chronologie folgen, in der Vergangenheit und Gegenwart gleichzeitig stattfinden, aber ich war technisch noch nicht so weit. Jeder, der das Manuskript las, sagte, es funktioniere so nicht. Also entwirrte ich. Gegenwart und Rückblenden wechselten einander ab. Sehr schematisch. Ich hatte keine andere Wahl, weil ich nicht wusste, wie ich es hätte anders machen können. Ich war einfach nicht gut genug.

Haben Sie oder der Verleger Jonathan Cape das Komma im englischen Originaltitel *Run River* eingefügt?

Ich glaube, Cape hat das Komma eingefügt, und Obolensky hat es weggelassen, aber mir war das eigentlich egal, weil ich den Titel so oder so nicht mochte. Der Arbeitstitel lautete *In the Night Season*, was Obolensky nicht gefiel. Tatsächlich lautete der Arbeitstitel der ersten Hälfte zunächst *Harvest Home*, was von allen Seiten als unverkäuflich abgelehnt wurde, obwohl es später ein kommerziell sehr erfolgreiches Buch mit genau diesem Titel von Thomas Tryon gab. Aber auch hier war ich viel zu unsicher, sonst hätte ich auf dem Titel bestanden.

Ist das Buch autobiographisch? Ich frage das aus dem einfachen Grund, weil Erstlingsromane oft autobiographisch sind.

Nein, bis auf die Tatsache, dass er in Sacramento spielt. Viele Leute glaubten damals, ich hätte sie und ihre Familien verleumdet, dabei war es eine rein fiktive Geschichte. Das zentrale Ereignis stammte aus einer Kurzmeldung in der *New York Times* über einen Mordprozess in den Carolinas. Jemand stand wegen der Ermordung eines Vorarbeiters auf seiner Farm vor Gericht, das war alles. Ich habe Sacramento als Schauplatz gewählt, weil ich Heimweh hatte. Ich wollte mich an das Wetter und die Flüsse erinnern.

Die Hitze über dem Wasser?

Die Hitze. Ich glaube, damit fing alles an. Die vielen Landschaftsbeschreibungen hätte es nicht gegeben, wenn ich kein Heimweh gehabt hätte. Wenn ich mich nicht hätte erinnern wollen. Der Anstoß war Nostalgie. Kein ungewöhnlicher Impuls für einen Schriftsteller. Das ging mir auf, als ich in Honolulu *Verdammt in alle Ewigkeit* las, kurz nachdem James Jones gestorben war. Mir schwebte genau diese Art von Nostalgie vor, diese Sehnsucht nach einem Ort, die alle anderen erzählerischen Absichten in den Hintergrund drängt. Diese unglaublich ausführlichen Beschreibungen. Als Prewitt von dem Stadtteil, in dem er verwundet wurde, unterwegs zu Almas Haus ist, wird jeder einzelne Straßenname genannt. Jede Straße wird genau beschrieben. Man könnte anhand dieses Abschnitts eine Straßenkarte von Honolulu anfertigen. Keine dieser Beschreibungen hat irgendeine erzählerische Bedeutung. Es ist reines Erinnern. Obsessives Erinnern. Ich verstand genau, woher das kam.

Aber bedingt Nostalgie nicht zugleich die Sprachgewalt von *Menschen am Fluss*?

Der Roman enthält jede Menge Schludrigkeiten. Irrelevantes Zeug. Wörter, die nicht funktionieren. Peinlichkeiten. Szenen, die stärker hätten herausgearbeitet werden müssen, und andere, die weniger dominant hätten sein sollen. Andererseits hat auch *Spiel dein Spiel* zahlreiche Schwachstellen. Ich habe *Wie die Vögel unter dem Himmel* nicht wieder gelesen, aber ich bin sicher, da ist es auch nicht anders.

Wie sind Sie in *Spiel dein Spiel* zu Ihrer Erzählperspektive gelangt? Haben Sie zwischenzeitlich Ihre Entscheidung angezweifelt, den Roman zugleich in der ersten und der dritten Person zu erzählen?

Ursprünglich sollte es ausschließlich einen Ich-Erzähler geben. Aber es gelang mir nicht, das durchzuhalten. Da gibt es Kniffe, die ich noch nicht kannte. Also probierte ich es mit einem sehr eingeschränkten Er-Erzähler, bloß um weiterzukommen. Mit einem »eingeschränkten Er-Erzähler« meine ich einen Erzähler, der eng mit der Sicht eines Charakters verbunden, also nicht allwissend ist. Eines Abends bemerkte ich dann, dass ich zwei Erzähler hatte, einen Ich-Erzähler und einen Er-Erzähler, und dass ich mit beiden weitermachen oder das Buch aufgeben musste. Das machte mir Angst. Im Nachhinein bin ich aber mit dem Ergebnis ganz zufrieden. Die Gegenüberstellung von Ich-Erzähler und Er-Erzähler erwies sich insbesondere zum Ende hin als sehr hilfreich, als ich die ganze Sache beschleunigen wollte. Ich würde es wohl nicht noch einmal so machen, aber in diesem Fall war es eine brauchbare Lösung. Man gelangt an einen Punkt, an dem man mit dem weitermacht, was da ist. Oder man gibt auf.

Wie lange haben Sie insgesamt an *Spiel dein Spiel* geschrieben?

Ich habe über mehrere Jahre Notizen gemacht und kürzere Abschnitte geschrieben, aber das eigentliche Schreiben – sich an die Schreibmaschine zu setzen und jeden Tag zu arbeiten, bis das Buch fertig ist – fand zwischen Januar und November 1969 statt. Danach musste ich es natürlich noch überarbeiten. Ich weiß nie so genau, was ich tue, wenn ich einen Roman schreibe, und die eigentliche Konstruktion zeigt sich erst kurz vor dem Ende. Bevor ich das Manuskript ein zweites Mal redigierte, zeigte ich es John, meinem Mann, und danach schickte ich es an Henry Robbins, meinen Lektor bei Farrar, Straus and Giroux. Der Text war noch lange nicht fertig, und es gab Stellen, die mit »Kapitel einfügen« markiert waren. Henry zeigte sich wenig beunruhigt über meine Arbeitsweise, und er und John und ich setzten uns eines Tages in New York zusammen, eine Stunde vor dem Abendessen, und besprachen, was noch zu tun war. Wir alle wussten, was fehlte. Wir waren uns einig. Danach habe ich das Manuskript noch mal ein paar Wochen lang überarbeitet – ich habe die Dinge zurechtgerückt.

Was genau meinen Sie mit »die Dinge zurechtrücken«?

Ich wusste beispielsweise erst wenige Wochen vor der Fertigstellung, dass BZ eine wichtige Figur in *Spiel dein Spiel* war. Die Stellen, die ich mit »Kapitel einfügen« markiert hatte, waren größtenteils solche, an denen ich BZ übler zusetzte und so das Ende vorbereitete.

Wie dachten Sie über BZs Selbstmord am Schluss?

Erst als ich das Buch fertiggestellt hatte, bemerkte ich, dass es im Grunde das gleiche Ende war wie in *Menschen am Fluss*. Die Frauen lassen die Männer Selbstmord begehen.

Ich habe gelesen, die Idee zu *Spiel dein Spiel* kam Ihnen, als Sie in der Lobby des Riviera Hotel in Las Vegas saßen und ein Mädchen vorbeigehen sahen.

In meiner Vorstellung lebte Maria in New York. Vielleicht als Model. Sie stand kurz vor der Scheidung und litt. Und als ich diese Schauspielerin im Riviera Hotel sah, dachte ich, Maria könnte ebenfalls Schauspielerin sein. In Kalifornien.

Hieß sie von Anfang an Maria Wyeth?

Sie hatte nicht mal einen Namen. Manchmal habe ich bereits fünfzig, sechzig Seiten einer Geschichte geschrieben und bezeichne eine bestimmte Figur immer noch mit »X«. Ich habe keine klare Vorstellung von meinen Figuren, bis sie zu sprechen beginnen. Dann fange ich an, sie zu lieben. Am Ende des Buchs liebe ich sie so sehr, dass ich bei ihnen bleiben möchte. Ich will sie nie wieder gehen lassen.

Reden Ihre Figuren mit Ihnen?

Nach einiger Zeit ... in gewisser Weise. Als ich mit *Wie die Vögel unter dem Himmel* begann, wusste ich von Charlotte nicht mehr, als dass sie beim Reden nervös war und Geschichten ohne Sinn und Zusammenhang erzählte. Eine Art verstörte Stimme. Eines Tages dann schrieb ich die Szene mit der Weihnachtsfeier in der amerikanischen Botschaft und ließ Charlotte all diese bizarren, witzlosen Anekdoten erzählen, während Victor Strasser-Mendana herauszufinden versucht, wer sie ist, was sie in Boca Grande macht, wer ihr Ehemann ist und was er macht. Und plötzlich sagt Charlotte: »Er schmuggelt Waffen. Ich wünschte, es gäbe Kaviar.« Als ich Charlotte das sagen hörte, hatte ich eine sehr klare Vorstellung von ihr. Ich nahm mir noch einmal den Anfang vor und schrieb einige Sachen neu.

Haben Sie vieles umgestellt, und wenn ja, wie? Haben Sie Heftzwecken oder Klebeband benutzt?

Zu Beginn eines Romans schreibe ich viele Passagen, die mich nirgendwohin führen. Ich lege sie dann zur Seite und hefte sie an eine Tafel, mit der Absicht, später darauf zurückzukommen. Ziemlich zu Anfang von *Wie die Vögel unter dem Himmel* schrieb ich darüber, wie Charlotte Douglas Flughäfen besucht, einige Seiten, die mir gefielen, für die ich aber keinen Platz finden konnte. Ich versuchte mehrmals, diesen Teil irgendwo unterzubringen, aber überall störte er den Erzählfluss, überall war er falsch, aber ich war entschlossen, ihn zu verwenden. Zuletzt, glaube ich, setzte ich ihn in die Mitte des Buchs. In der Mitte kommt man manchmal mit so was durch. Die ersten hundert Seiten sind sehr heikel, vor allem die ersten vierzig Seiten. Bis dahin muss das Personal stehen. Das ist tatsächlich der komplizierteste Teil.

Wie die Vögel unter dem Himmel scheint im Entwurf weitaus komplizierter gewesen zu sein als *Spiel dein Spiel*, weil das Buch deutlich mehr Handlung hat.

Wie die Vögel unter dem Himmel hat sehr viel Handlung und obendrein jede Menge Schauplätze und alle möglichen Arten von Wetter. Es sollte sehr dicht gewebt sein, also nahm ich immer mehr hinein und schürte Erwartungen. Beispielsweise versprach ich eine Revolution. Zwanzig Seiten vor Schluss fiel mir auf, dass ich die Revolution schuldig geblieben war. Ich hatte zahllose Fäden verknüpft, aber diesen einen hatte ich übersehen. Also musste ich noch einmal zurückgehen und die Revolution vorbereiten. Diese Revolution einzufügen war, wie einen Ärmel einzusetzen. Verstehen Sie, was ich meine? Nähen Sie? Ich meine, ich musste die Revolution schräg zum Fadenlauf einsetzen und die Falten mit den Fingern glatt streichen.

Einen Roman zu schreiben heißt also, im Prozess des Schreibens genau den Roman zu entdecken, der Ihnen vorschwebt?

Genau. Zu Anfang habe ich überhaupt nichts, keine Menschen, kein Wetter, keine Story. Ich habe lediglich eine technische Vorstellung davon, was ich tun möchte. Manchmal, zum Beispiel, möchte ich einen sehr langen Roman schreiben, achthundert Seiten. Ich möchte einen achthundert Seiten langen Roman schreiben, gerade *weil* ich glaube, ein Roman sollte an einem Stück gelesen werden. Wenn man einen Roman über mehrere Tage oder Wochen liest, gehen die Fäden verloren und der Spannungsbogen reißt. Das Problem besteht also darin, einen Achthundert-Seiten-Roman zu schreiben, in dem sämtliche Fasern so stark sind, dass nichts reißt oder vergessen wird. Ich frage mich, ob García Márquez dies nicht in *Der Herbst des Patriarchen* so gemacht hat. Ich möchte das Buch nicht lesen, weil ich Angst habe, es könnte genau so sein, aber ich habe darin geblättert, und es scheint ohne jeden Absatz auszukommen. *Ein einziger Abschnitt.* Der ganze Roman. Mir gefällt diese Vorstellung.

Haben Sie Schreibrituale?

Das Wichtigste ist, dass ich vor dem Dinner eine Stunde allein mit einem Drink habe, um die Arbeit des Tages durchzusehen. Am späten Nachmittag geht es nicht, weil ich dann noch zu wenig Distanz habe. Der Drink hilft mir. Er schafft Abstand zum Text. Ich verbringe also diese Stunde damit, Dinge herauszunehmen und andere einzufügen. Am nächsten Morgen gehe ich auf Grundlage der Notizen vom Vorabend alles noch einmal durch. Wenn ich ernsthaft arbeite, gehe ich nicht gern aus oder empfange Leute zum Essen, weil mir dann diese Stunde fehlt. Wenn ich diese Stunde nicht habe und am nächsten Morgen mit denselben missratenen Seiten und ohne konkrete Vorstellung anfange, bin ich deprimiert. Außerdem muss ich kurz vor Abschluss eines Buchs mit dem Manuskript in einem Raum schlafen. Deshalb beende ich meine Bücher auch oft in Sacramento. Irgendwie bleiben deine Bücher bei dir, wenn sie nachts neben deinem Bett liegen. In Sacramento kümmert es niemanden, ob ich mich blicken lasse. Ich kann einfach aufstehen und mich an die Maschine setzen.

Was ist der größte Unterschied zwischen dem Schreiben von Romanen und dem Schreiben nicht-fiktionaler Texte?

Bei nicht-fiktionalen Texten findet der Vorgang des Entdeckens nicht beim Schreiben, sondern beim Recherchieren statt. Das macht das Schreiben selbst zu einem zähen Vorgang. Man weiß ja bereits, worum es geht.

Werden Ihnen die Themen für Ihre Reportagen von der Redaktion vorgegeben, oder können Sie frei darüber entscheiden?

Ich suche mir die Themen aus. Sie spiegeln wider, was ich zu einer bestimmten Zeit tun möchte, wo ich sein möchte. Als ich für *Life* arbeitete, habe ich viele Reportagen über Honolulu geschrieben – vermutlich mehr, als *Life* lieb war –, weil ich damals genau dort sein wollte. Gestern Abend habe ich eine Reportage über das California Water Project für *Esquire* beendet. Ich wollte schon immer die Kontrollstation sehen, von der aus das Wasser im ganzen Land verteilt wird, und ich wollte meine Eltern sehen. Beides, die Wasserbehörde und meine Eltern, sind in Sacramento, also fuhr ich dorthin. Ich mache gern Reportagen, weil ich so unter Leute komme, aber ich wollte nie Journalistin oder Reporterin sein. Wenn ich an einer Geschichte arbeiten würde, an der plötzlich alle interessiert wären, und die Reporter von Zeitungen, Magazinen und Fernsehsendern in Scharen eingeflogen kämen, würde ich vermutlich abspringen.

Sie sagten, während Ihrer Zeit bei *Vogue* hätte Allene Talmey Ihnen gezeigt, wie Verben funktionieren.

Jeden Tag ging ich mit acht Zeilen Text, einer Bildunterschrift oder sonst etwas in ihr Büro. Sie saß am Schreibtisch und markierte den Text mit einem Bleistift. Sie konnte sich sehr aufregen über überflüssige Wörter und über Verben, die nicht funktionierten. Nur die *Vogue*-Redaktion hat Zeit für so etwas, niemand sonst. Auch kein Lehrer. Ich habe selbst unterrichtet und es versucht, aber weder ich noch die Studenten hatten die Zeit dafür. In einem achtzeiligen Bildtext musste alles stimmen, jedes Wort, jedes Komma, unabhängig davon, dass es bloß eine Bildunterschrift war.

Sie sagen, dass Ihnen Ihre Privatsphäre wichtig ist. Wie verträgt sich das mit Ihren sehr persönlichen Texten, zum Beispiel mit Ihrer ersten Kolumne in *Life*, in der Sie die Leser darüber informierten, dass Sie sich im Royal Hawaiian Hotel befanden und an Scheidung dachten?

Ich weiß nicht. Ich könnte sagen, ich hätte es nur für mich selbst geschrieben, und hätte damit nicht einmal unrecht, aber die Sache ist doch etwas komplizierter. Ich meine, ich war mir der Tatsache bewusst, dass elf Millionen Menschen das lesen würden. Für mich ist vieles am Schreiben, Auftreten und an anderen Formen, sich der Öffentlichkeit zu präsentieren, rätselhaft. Ich kenne eine Sängerin, die sich vor jedem Auftritt übergeben muss. Trotzdem macht sie weiter.

Woher rührt der Mythos der »Zerbrechlichkeit von Joan Didion«?

Vermutlich, weil ich so zart bin und weil ich nur wenig mit Menschen rede, die ich nicht kenne. Die meisten meiner Sätze verlieren sich im Unbestimmten, brechen irgendwo ab. Es ist mir zur Gewohnheit geworden. Ich bin nicht gut im Umgang mit Leuten. Das Empfinden, immer etwas im Abseits zu stehen, war wohl einer der Gründe, warum ich zu schreiben begonnen habe.

Glauben Sie, einige Ihrer Rezensenten und Leser haben Sie mit Ihren Romanfiguren verwechselt?

Bei *Spiel dein Spiel* gab es eine gewisse Tendenz, den Roman autobiographisch zu lesen, vermutlich, weil ich hier draußen lebte und auf Fotografien so dürr aussah und man sonst nichts über mich wusste. Tatsächlich ist die einzige Gemeinsamkeit zwischen mir und Maria ein bestimmter Tonfall, den ich von ihr übernommen habe – nicht umgekehrt –, während ich an dem Buch schrieb. Ich mag Maria sehr. Maria ist sehr stark, sehr zäh.

Genau in dieser Hinsicht habe ich ein Problem mit dem, was viele Kritiker über Ihre Frauenfiguren gesagt haben. Mir kommen Ihre Frauen ganz und gar nicht zerbrechlich vor.

Haben Sie Diane Johnsons Kritik von *Wie die Vögel unter dem Himmel* in der *New York Review of Books* gelesen? Sie sagt dort, die Frauen seien stark als Figuren eines Liebesromans, also eher romantische Heldinnen als »echte« Frauen in realen Situationen. Vermutlich hat sie recht. Ich glaube, ich schreibe Liebesromane.

Ich möchte Sie zu einigen Dingen befragen, die in Ihren Texten immer wieder auftauchen: Da gibt es zum Beispiel die »schmutzigen Tulpen« auf der Park Avenue, die in einer Kurzgeschichte und in einer Reportage vorkommen. Oder den großen rechteckigen Smaragdring, den Lily in *Menschen am Fluss* trägt und Charlotte in *Wie die Vögel unter dem Himmel*.

Trägt Lily ihn auch? Kann schon sein. Ich wollte immer so einen Ring haben, aber ich würde ihn mir nie kaufen. Smaragdringe sind eigentlich immer enttäuschend, wenn man genauer hinsieht. Das Grün ist nie blau genug. Wäre das Grün blau genug, würde man für den Rest seines Lebens den Smaragd anstarren. Manchmal denke ich an die Smaragde bei Katherine Anne Porter und frage mich, ob sie blau genug sind. Die Rolle des Smaragdrings in *Wie die Vögel unter dem Himmel* war so nicht geplant. Zunächst dachte ich, er würde zu Charlotte passen, doch während des Schreibens wurde er mir plötzlich sehr nützlich und gewann immer mehr an Bedeutung. Am Ende des Romans ist der Smaragd beinahe die eigentliche Geschichte. Ich bin diesem Ring sehr dankbar.

Was ist mit dem Tod eines Elternteils, der als Motiv wiederholt auftaucht?

Sie wissen, dass Ärzte, die mit Kindern zu tun haben, sich von ihnen Geschichten erzählen lassen? Die Geschichten verraten ihnen, wovor die Kinder Angst haben, was sie besorgt und was sie denken. Nun, ein Roman ist ja auch eine Geschichte. Man verarbeitet Dinge, indem man Geschichten erzählt.

Und Abtreibung oder der Verlust eines Kindes?

Der Tod von Kindern bedrückt mich. Der Gedanke ist immer in meinem Kopf. Selbst *ich* weiß das, und gewöhnlich weiß ich nicht, was in meinem Kopf vorgeht. Grundsätzlich möchte ich nicht zu viel darüber nachdenken, warum ich schreibe, was ich schreibe. Wenn ich weiß, was ich mache, will und kann ich es nicht mehr machen. Die Abtreibung in *Spiel dein Spiel* tauchte erst sehr spät beim Schreiben auf. Das Buch brauchte einen Impuls, einen Moment, in dem sich die Dinge für Maria ändern, einen Moment, in dem – und das war sehr, sehr wichtig – Maria für einige Seiten im Zentrum des Geschehens steht. Nicht bloß am Rande auf irgendeiner Party. Und auch nicht bloß, während sie über ihr Schicksal nachdenkt. Es musste ein längerer Abschnitt sein, in dem sie die Hauptfigur ist. Die Abtreibung war eine erzählerische Strategie.

Und in *Menschen am Fluss*?

Da war sie tatsächlich der Vorwand für eine Abschweifung hin zur Landschaftsbeschreibung. Lily hat eine Abtreibung in San Francisco, und anschließend fährt sie mit dem Greyhound nach Hause. Ich denke immer an den Greyhound und nicht an die Abtreibung. Die Busfahrt enthält viele detaillierte Stadtansichten. Ich habe diese Passage in New York geschrieben; man spürt, dass ich Heimweh hatte.

Was ist mit den Freeways, die immer wieder in Ihren Büchern vorkommen?

Ehrlich gesagt fahre ich nur ungern auf Freeways. Sie machen mir Angst. Ich erstarre schon in der Auffahrt, in dem Moment, wenn man Gas geben und sich in den Verkehr einfädeln muss. Manchmal schaffe ich es dennoch auf einen Freeway – meistens aus lauter Scham über meine Furcht –, und es ist ein ganz außergewöhnliches Erlebnis, dem ich noch lange nachhänge. Deswegen gibt es so viele Freeways in meinen Büchern.

Und der leere Raum an der Ecke Sunset Boulevard und La Brea Avenue in Hollywood? Sie erwähnen ihn in einer Reportage und in *Spiel dein Spiel*.

Ich habe nie wirklich darüber nachgedacht, aber es gibt eine Zeile in T.S. Eliots *Vier Quartette*, die mir nicht aus dem Sinn geht: »Am Ruhepunkt der sich drehenden Welt.« Ruhepunkte ziehen mich an. Ich denke, der Äquator ist ein solcher Ruhepunkt. Vermutlich liegt Boca Grande deshalb am Äquator.

Eine erzählerische Strategie.

Nun, die Frage, wie man eine Erzählung ausarbeitet, ist insgesamt sehr geheimnisvoll. Der Prozess ist weit mehr von Zufällen bestimmt, als die meisten Leute, die nichts damit zu tun haben, vermuten würden. Als ich mit *Spiel dein Spiel* angefangen habe, ging Marias Tochter Kate in den Kindergarten. Ich erinnere mich an einen Abschnitt, in dem Kate vom Kindergarten nach Hause kam und Maria zahlreiche Bilder zeigte, Buntstiftzeichnungen in Orange und Blau, und als Maria sie fragte, was sie darstellen sollen, sagte Kate: »Brennende Swimmingpools.« Sie sehen schon, ich hatte einige Schwierigkeiten mit der Darstellung dieses Kindes. Also steckte ich Kate ins Krankenhaus. Man begegnet ihr nicht mehr. Später ist genau das von großer Bedeutung – die Tatsache, dass Kate im Krankenhaus ist, ist ein zentraler Moment in *Spiel dein Spiel* –, aber der eigentliche Grund war der, dass ich mit der Figur des Kindes nicht zurechtkam. Und in *Wie die Vögel unter dem Himmel* zündet Marin eine Bombe im Transamerica Building, weil ich es an dieser Stelle brauchte. Ich brauchte eine Krise in Charlottes Leben. Heute kann ich nicht an das Transamerica Building denken, ohne dabei an Marin und ihre Rohrbombe und ihr Goldarmband zu denken, aber der Einfall selbst kam aus dem Nichts.

Mit welchen Irrtümern, Illusionen und so weiter mussten Sie in Ihrem Leben ringen? In einer Rede vor Universitätsabsolventen sagten Sie einmal, es habe viele davon gegeben.

Sehr viele. Ich war eines dieser Kinder, die die Welt aus der Perspektive dessen wahrnehmen, was sie darüber gelesen haben. Ich begann mit einer literarischen Vorstellung von Erfahrung, und ich weiß bis heute nicht, was alles nicht stimmt. Es mag beispielsweise nicht stimmen, dass Menschen, die zu fliegen versuchen, in Flammen aufgehen und abstürzen. Das mag ganz und gar nicht der Wahrheit entsprechen. Denn Menschen fliegen und landen sicher auf dem Boden. Aber ich kann trotzdem nicht ganz daran glauben. Ich sehe immer noch Ikarus vor mir. Ich scheine über kein Grundgerüst physikalischen Wissens zu verfügen und wenig davon zu verstehen, wie die Dinge tatsächlich funktionieren. Ich habe bloß eine *Vorstellung* davon, wie sie funktionieren, was immer problematisch ist. Wie wir von Henry James wissen.

Sie scheinen Ihr Leben als Tanz auf dem Vulkan zu führen oder zumindest nach der literarischen Vorstellung eines Tanzes auf dem Vulkan.

Auch das ist wiederum eine literarische Vorstellung, die daher rührt, was mich als Kind beschäftigt hat. Ich kann mich erinnern, dass ich den goldenen Mittelweg ablehnte und dachte, auf dunklen Pfaden sei mehr zu lernen. Die dunklen Pfade erschienen mir immer reizvoller. Einmal wollte ich ein ganz unbeschwertes Buch schreiben, etwas Seichtes, in dem es um die Unterhaltungen und Erinnerungen einer Reihe von Leuten in Honolulu geht, die im Großen und Ganzen ein angenehmes Leben führten. Nun, ich arbeite derzeit an diesem Buch, aber es läuft ganz und gar nicht wie geplant. Absolut nicht.

Sie landen immer bei Gefahr und Untergang.

Ich bin in einer gefährlichen Landschaft aufgewachsen. Ich denke, die Menschen sind weit mehr von der Landschaft und vom Wetter beeinflusst, als sie glauben. Sacramento war ein sehr extremer Ort. Die Landschaft war flach, flacher, als die meisten Leute sich das vorstellen können, und ich liebe bis heute flache Horizonte. Das Wetter in Sacramento war genauso extrem wie die Landschaft. Es gab zwei Flüsse, die im Winter über die Ufer traten und im Sommer austrockneten. Im Winter: eisiger Regen und dichter Nebel. Im Sommer: achtunddreißig, vierzig, dreiundvierzig Grad. Solche Extreme beeinflussen die Art, wie man die Welt wahrnimmt. Bei einem Schriftsteller macht sich das unweigerlich bemerkbar. Bei einem Versicherungsmakler nicht.

Aus dem Englischen von Georg Deggerich

Joan Didion, The Art of Fiction No. 71,
The Paris Review, 74 / Herbst & Winter 1978.

Nadine Gordimer

MAN KANN AM TOD EINES KANARIENVOGELS DAS MYSTERIUM DES TODES ERKLÄREN.

Mit Jannika Hurwitt (1979/1980)

Dieses Interview mit Nadine Gordimer entstand in zwei Teilen – im Herbst 1979, als sie auf Lesereise durch Amerika war, um ihren neuen Roman, *Burgers Tochter*, vorzustellen, und im Frühjahr 1980, als sie zum College-Abschluss ihres Sohnes noch einmal hierherkam.

Für unser erstes Treffen hatte uns Viking Press, ihr Verlag, einen Raum zur Verfügung gestellt; es war einer dieser Konferenzräume, den zahlreiche Bücher wohnlich machen, dessen Fensterlosigkeit aber eine gelinde Klaustrophobie auslöst. Der entspannten Unterhaltung zuträglicher war das Hotelzimmer, in dem unser zweites Treffen stattfand. Aber Gordimer macht keine unnötigen Worte, im Reden so wenig wie im Schreiben. Beide Male war sie bereit, sofort loszulegen, kaum hatte ich den Raum betreten, und das Gespräch sofort zu beenden, als die Stunde, die sie für uns reserviert hatte, vorbei war. Dank ihrer Klarheit und Konzentration kommt sie sehr schnell auf den Punkt.

Sie ist eine Frau der leisen Töne, zierlich wie ein Vögelchen, die Geschmeidigkeit und Sanftheit in Auftreten mit scheinbar gezügeltem, hochstrukturiertem Denken kombiniert. Man hat den Eindruck, als hätten sie die mehr als vierzig Jahre des Schreibens geschult, aus Leiden-

71

schaft – und als südafrikanische Schriftstellerin ist sie sich natürlich bewusst, wie viel Leidenschaft sie auf allen Seiten umgibt – Form zu destillieren, ob geschriebene oder gesprochene. Gleichzeitig vermittelte sie das Gefühl, dass ihr die Themen, über die sie schreibt, zutiefst am Herzen liegen: Themen, die jedem ein Anliegen sind, der über das Menschsein, die *conditio humana* schreibt, in ihrem Fall aber zudem in den gesteigerten Kontext des Lebens in Südafrika gestellt sind. Ihre Haltung schien zu sagen: »Ja, es sind wichtige Themen, über die wir reden. Aber lassen Sie uns das Reden hinter uns bringen, damit ich mich wieder meiner eigentlichen Aufgabe zuwenden und darüber schreiben kann.«

Gibt es Jahreszeiten in Südafrika, oder ist es das ganze Jahr über heiß?

Oh nein, wir haben durchaus Jahreszeiten. In Äquatornähe gibt es sehr wenig Unterschied zwischen den Jahreszeiten. Aber am unteren Ende des Kontinents, wo wir sind, und zumal in Johannesburg, wo ich lebe, das ja ziemlich hoch liegt, achtzehnhundert Meter, – da haben wir sehr verschiedene Jahreszeiten. Im Winter schneidende Kälte. Kein Schnee – es ist eher wie Spätherbst oder das frühe Frühjahr bei Ihnen –, es ist sonnig, klar, mit kalten Nächten. Wir haben eine eindeutige Regenzeit. Aber gut ein halbes Jahr lang regnet es überhaupt nicht. Man vergisst, dass es so was wie Regen gibt. Daher ist es ein wunderbares Gefühl, wenn man eines Tages aufwacht und den Regen in der Luft riechen kann. Viele alte Häuser, wie unseres, haben Blechdächer, galvanisiertes Eisen oder Zinn, und bei starkem Regen wird das ungeheuer laut – es ist wie ein Galopp dachabwärts. Das Haus, in dem ich aufgewachsen bin, hatte ein Blechdach, und eine meiner frühesten Erinnerungen ist, wie ich im Bett liege und dem Regen lausche ... und dem Hagel, der auf einem Blechdach natürlich ohrenbetäubend ist.

Wann waren Sie zum ersten Mal außerhalb von Südafrika?

Meine erste Auslandsreise ging nach Rhodesien, wie das damals hieß – das heutige Simbabwe. Für Sie mag das mehr oder weniger dasselbe wie Südafrika sein, aber das stimmt nicht. Simbabwe ist Zentralafrika, subtropisch, fast schon tropisch. Meine erste *echte* Auslandsreise war viel später. Ich hatte schon zwei Bücher veröffentlicht und war dreißig. Ich war in Ägypten, auf dem Weg nach England und später Amerika. Was vielleicht ein guter Übergang war. In London fühlte ich mich zu Hause, aber auf irgendwie unwirkliche Weise – als ich dort ankam, wurde mir klar, dass mein London-Bild ausschließlich aus Büchern stammte. Vor allem von Dickens und Virginia Woolf. Die Schriftsteller, von denen ich dachte, sie hätten mir eindrucksvoll die Eigenheiten des englischen Lebens nahegebracht, Orwell zum Beispiel, riefen nichts in mir hervor, als ich tatsächlich an Ort und Stelle war; es waren keine Schriftsteller mit starkem Gefühl für Orte. Woolf und Dickens offensichtlich schon. Als ich durch Chelsea spazierte, stand für mich außer Zweifel, dass Mrs Dalloway hier zu Hause war. Ich weiß noch, dass ich in einem Hotel in der Nähe der Victoria Station wohnte. Und abends, nachts waren da diese dunklen, rußigen Häuser, die Feuchtigkeit, wenn man sich an eine Mauer lehnte – ganz heruntergekommene Häuser ...

Waren Sie auf dieser ersten Reise auf einen anderen Kontinent genauso unvorbereitet und genauso überwältigt wie Rebecca in Ihrem Roman *Der Ehrengast*?

Nein, meine Mutter, die etwa zwanzig Jahre vorher zuletzt in England gewesen war, bereitete mich vor. Sie versorgte mich mit wollener Unterwäsche und dergleichen; nach meiner Ankunft dort warf ich alles weg. Aber Rebeccas Reise in die Schweiz ... ich glaube, Schriftsteller sollten sich heutzutage vor Beschreibungen von Eindrücken aus der Luft in Acht nehmen. Wie vor den Schilderungen von Bahnreisen in der Literatur um die Mitte des 19. Jahrhunderts. Die Eisenbahn war eine so einschneidende Veränderung im Leben der Leute. Bahnfahrten erzeugten einen Bewusstseinssprung, jedenfalls in Bezug auf die Zeit. Ich kann mir ausmalen, wie es gewesen sein muss – allein die Vorstellung, in einen Zug zu steigen, der gleich durchs Land rasen wird. In der damaligen Literatur wimmelte es von Eisenbahnschilderungen. Aber ich glaube, man darf es als Schriftsteller nicht übertreiben mit dem Gebrauch der Reise als Metapher für kolossale innere Umbrüche. Heutzutage verläuft »die Reise« durch die Luft, und was meinen Sie, wie viele Schriftsteller das Bild benutzen – in meinen eigenen Büchern kommt es vor, in *Der Besitzer* und in *Der Ehrengast*. Und ja, auch in *Burgers Tochter*, als Rosa Burger zum ersten Mal aus Südafrika rauskommt; es war wirklich eine Verlockung, diese Reise zu thematisieren – aber ich habe widerstanden und nur die Landung beschrieben, und auch das nur, weil ich dachte, dieses spezielle Stück Landschaft wird später wichtig.

War Ihre Reise nach England eine Art »back to the roots«?

Nein. Aber sie verschaffte mir ein Verständnis davon, was ich war, und half mir, die letzten Reste Kolonialismus loszuwerden. Das Koloniale an mir war mir nicht bewusst gewesen, und jetzt wurde ich eines Besseren belehrt. Meine

Mutter kam als sechsjähriges Kind von England nach Süd-afrika, aber wenn sie von Leuten erzählte, die nach England gingen, sagte sie gern: »Sie kehren nach Hause zurück.« Nach meiner ersten Auslandsreise war mir klar, dass »zu Hause« ganz bestimmt nicht England ist, sondern aus-schließlich Afrika. Es könnte nirgendwo anders sein.

Was hat denn Ihre Eltern nach Südafrika geführt?

Es war bei beiden dasselbe, sie kamen im Zuge der kolonia-len Expansion. Mein Großvater mütterlicherseits kam in den 1890ern mit ein paar Brüdern. Südafrika war für die Europäer ein Land sehr vieler Möglichkeiten. Und so ging auch er zunächst nach Kimberley, um Diamanten zu schür-fen. Ich glaube nicht, dass er viele gefunden hat – vielleicht ein paar kleine Steine. Von da an war sein Lebensinhalt die Börse. Er wurde das, was wir einen *tickey snatcher* nen-nen. Ein Tickey war eine ganz kleine Münze, wie bei Ih-nen zehn Cent, ein Dime – leider gibt es sie nicht mehr. Sie entsprach drei englischen Pence. Aber »Tickey« klingt nett, finden Sie nicht? Also mein Großvater war einer, der an der Börse Kleinstbeträge ergatterte – er saß den ganzen Tag dort herum, kaufte und verkaufte Aktien und machte dabei schnelles Geld.

Die Geschichte meines Vaters ist keine so glückliche. Er kam in Litauen zur Welt und durchlief das ganze jüdische Pogrom-Syndrom. Er hatte sehr wenig Schulbildung. In seinem Dorf gab es keine höhere Schule für jüdische Kinder. Sein Vater war Expedient, eine Art Speditionskaufmann. Sie waren zwölf Kinder. Sicher war die Familie sehr arm. Die Mutter war Näherin. Es galt als ausgemacht, dass mein Vater mit zwölf, spätestens dreizehn aus dem Haus geht – *irgendwohin*, nach Amerika oder sonst wo –, das frühe 20. Jahrhundert war ja die Zeit der großen Auswanderun-

gen. Seine Geschichte war also der Ellis-Island-Klassiker –
dreizehn Jahre alt, kein Wort Englisch, im Frachtraum
eines Schiffs unterwegs, nur dass es ihn nicht nach Amerika, sondern bis nach Afrika brachte –, es muss wirklich
aberwitzig gewesen sein. Er war nämlich kein Abenteurer,
überhaupt keine starke Persönlichkeit, sondern im Grunde
seines Wesens schüchtern. Er ist mir bis heute ein Rätsel.
Ich vermute, dass er sich bei seinem Anfangsabenteuer völlig verausgabt hat, dass dieser unfassbare Kraftakt eigentlich zu viel für ihn war und dass er dann, als er endlich eine
Nische gefunden hatte, in der er existieren konnte, einfach
nicht mehr den Schneid hatte, eine starke Persönlichkeit zu
entwickeln. Es war so, als wäre er irgendwo *stecken geblieben*, mein Vater.

Was hat er gemacht, als er nach Afrika kam?

Was viele arme Juden taten – sie wurden Schuster oder
Schneider oder Uhrmacher. Uhrmacher hatte er gelernt.
Eine kleine Tasche mit seinem Handwerkszeug war alles,
was er hatte. Er ging nach Transvaal, zu den Goldfeldern,
klapperte mit seinem kleinen Koffer die Minen ab und
fragte bei den Bergleuten nach reparaturbedürftigen Uhren.
Die sammelte er ein, und in dem kleinen Zimmer, das er
irgendwo hatte, saß er dann und reparierte. Später kaufte er
sich ein Fahrrad, mit dem er die Minen abfuhr. Aber um die
Zeit, als ich auf der Bildfläche erschien, hatte er schon einen
kleinen Juwelierladen und war kein Uhrmacher mehr –
sondern beschäftigte einen. Und zwar seinen Schwager
aus Russland, den er eigens dafür hatte kommen lassen. Inzwischen war mein Vater der Tycoon der Familie. Er holte
neun Schwestern aus Litauen – der arme Mann, sparte Geld
zusammen, um eine nach der anderen nach Südafrika zu
holen. Dabei hasste er sie alle, wie ich später erfuhr – nie-

76

mals gab es so was wie ein Familientreffen. Warum er sie so hasste, weiß ich nicht.

Wo war denn dieser Juwelierladen?

In Springs, einem Städtchen fünfzig Kilometer östlich von Johannesburg. Ich bin in einer kleinen Goldgräberstadt mit damals rund zwanzigtausend Einwohnern aufgewachsen.

Wie waren die Schulen dort?

Tja, ich bin eigentlich sehr wenig zur Schule gegangen. Ich hatte eine äußerst seltsame Kindheit. Wir waren zu zweit – ich habe eine ältere Schwester, und ich war die Kleine, das verwöhnte Nesthäkchen. Dabei war ich schrecklich – vorlaut, angeberisch, ein furchtbares Kind. Was vielleicht daran lag, dass ich jede Menge Energie hatte, aber kein Ventil dafür. Ich wollte Tänzerin werden – Tanzen war meine Leidenschaft, vom ungefähr vierten Lebensjahr an, bis ich zehn war. Ich war völlig versessen aufs Tanzen. Und ich erinnere mich deutlich, was für eine Lust es war, was für eine Befreiung, den Körper auf diese Weise einzusetzen. Für mich stand außer Frage, dass ich Tänzerin werden musste, und wahrscheinlich wäre ich es auch geworden. Aber mit zehn Jahren fiel ich eines Tages plötzlich in eine tiefe Ohnmacht, und weil ich bis dahin ein zwar mageres, aber auch gesundes Kind gewesen war, schenkte erst niemand der Sache viel Beachtung. Dann aber passierte es noch mal, und ich wurde zum Hausarzt gebracht, der ein Herzrasen feststellte. Der schnelle Puls war noch niemandem aufgefallen; ich glaube, er hing einfach mit meiner allgemeinen Erregbarkeit und Lebhaftigkeit zusammen. Nun aber wurde eine vergrößerte Schilddrüse erkannt, was den Herzschlag beschleunigt und für Hyperaktivität verantwortlich ist.

Heute weiß ich, dass das keine schlimme Krankheit ist, sondern sehr weit verbreitet – meistens tritt sie in der Pubertät auf. Aber meine Mutter war äußerst beunruhigt. Man hätte den schnellen Puls einfach ignorieren sollen. Meine Mutter hingegen war überzeugt, dass ich es »am Herzen« hätte. Sie ging sofort zur Klosterschule, die ich besuchte, und sagte zu den Nonnen: »Für dieses Kind ist fortan jede Art von Leibeserziehung strengstens verboten, es darf nicht Tennis spielen, es darf nicht mal schwimmen.« Mit zehn Jahren, wissen Sie, diskutiert man nicht mit der Mutter – sie sagt einem, dass man krank ist, und man glaubt es. Wenn ich die Treppe hinaufwollte, sagte sie: »Mach bloß langsam, *denk an dein Herz.*« Die wirkliche Tragödie war natürlich, dass mir jetzt auch das Tanzen verboten war. Es hörte einfach auf, von einem Tag auf den anderen, und das war ein entsetzlicher Verlust für mich.

Erst in den letzten zehn Jahren war ich in der Lage, das alles zu verarbeiten. Mit zwanzig, als mir klar wurde, was meine Mutter mir angetan hatte, war ich derart verbittert – das ist ja verbreitet, viele von uns sind ihren Eltern böse, aber ich hatte *wirklich* einen Grund. Mit dreißig begann ich zu verstehen, warum sie es getan hatte, und hatte Mitgefühl. Als sie 1976 starb, waren wir versöhnt. Aber es war eine ganz außergewöhnliche Geschichte.

Kurz und gut, meine Mutter war unglücklich verheiratet. Es war eine furchtbare Ehe. Ich vermute, dass sie hin und wieder in andere Männer verliebt war, aber es wäre ihr im Leben nicht eingefallen, eine Affäre zu haben. Weil ihre Ehe unglücklich war, konzentrierte sie sich auf die Kinder. Die Person, zu der sie sich hauptsächlich hingezogen fühlte, war unser Hausarzt. Das war ganz offensichtlich. Ich bin sicher, dass es *ziemlich* unbewusst war, aber sie hatte nun mal diese »empfindliche« Tochter, deretwegen sie ständig den Doktor rufen musste – damals machten die Ärzte Hausbesuche, und dann gab es immer Tee und Gebäck und lange Unterhaltungen –, und dieser Umstand sorgte dafür, dass meine »Krankheit« diesen Verlauf nahm. Wahrscheinlich wurde ich sowieso fälschlicherweise behandelt – die Medizin jedenfalls, die mich hätte gesund machen sollen, machte mich nicht gesund, die Symptome blieben. Natürlich begann ich mich ungeheuer wichtig zu fühlen. Inzwischen las ich alle möglichen Bücher, die mich zu der Überzeugung brachten, dass mich mein Leiden recht interessant machte. Ich wuchs mit der Legende auf, dass ich es am Herzen hätte und äußerst empfindlich sei.

Als ich elf war, nahm mich meine Mutter ganz aus der Schule – ich weiß nicht, wie sie das hingekriegt hat. Ein Jahr lang hatte ich überhaupt keinen Unterricht. Aber ich las ungeheuer viel. Und ich zog mich zurück, wurde sehr introvertiert. Meine Mutter hat mein Temperament komplett verändert. Nach diesem Jahr besorgte sie mir eine Privatlehrerin für drei Stunden am Tag. Vormittags um zehn brachte sie mich zu ihr, um eins holte sie mich wieder ab. Die Einsamkeit war enorm – einem Kind so etwas anzutun ist schrecklich. Da saß ich bei dieser Frau, ganz allein, und arbeitete vor mich hin und bekam ein Glas Milch – die Frau war sehr nett, aber ich hatte überhaupt keinen Kontakt mit Gleichaltrigen. Von elf bis sechzehn war ich tagein, tagaus mit älteren Leuten zusammen, mit Leuten aus der Generation meiner Mutter. Sie schleppte mich mit zu Teegesellschaften – ich führte einfach dasselbe Leben wie sie. Sie nahmen mich auch mit, wenn sie und mein Vater abends ins Restaurant gingen. Es führte dazu, dass ich irgendwann mit anderen Kindern eigentlich kaum noch reden konnte. Ich war eine alte Frau in Klein.

Wie stand Ihre Schwester in der Zeit zu Ihnen?

Meine Schwester ist vier Jahre älter als ich. Sie zog bald von zu Hause aus, um zu studieren; wir hatten im Grunde wenig miteinander zu tun. Mit fünfzehn oder sechzehn hörte ich mit dem Privatunterricht wieder auf. Und das war's, das war meine ganze Schulbildung.

Als ich ein- oder zweiundzwanzig war und schon einige Texte veröffentlicht hatte, wollte ich mich etwas weiterbilden, und zwar an der Uni. Aber ohne Schulabschluss konnte ich mich nicht formell immatrikulieren und nur die eine oder andere Lehrveranstaltung an der Witwatersrand-Uni besuchen – der Name ist übrigens Afrikaans und bedeutet »Bergrücken mit weißem Wasser«, gemeint ist der Höhenzug um Johannesburg. Jedenfalls damals wurde ein »Studium generale« angeboten – das war gleich nach dem Krieg, und es gab viele Veteranen, die ihre Ausbildung hatten unterbrechen müssen. Für mich war das sehr angenehm, lauter verschiedene Altersstufen, auch Gleichaltrige. Vor ein paar Jahren habe ich an derselben Uni einen Abschlussvortrag gehalten.

Zählen Sie zu den Schriftstellern, denen immer wieder Ehrendoktorate angetragen werden?

In Südafrika nehme ich sie nicht an. Eines habe ich angenommen, das war Anfang dieses Jahres und wurde mir von der Universität von Leuven verliehen, in Belgien. Das erwies sich als ziemlich aufsehenerregend, denn der Mann, der mit mir zusammen ausgezeichnet wurde, Monsignor Óscar Romero, wurde wenig später in El Salvador ermordet. In Leuven hatte er eine wunderbare Rede gehalten. Er war ein unglaublich beeindruckender Mann. Die Studenten applaudierten ihm gut acht Minuten lang, stehend. Und ein paar Wochen später lag er in einer Kirche auf dem Boden und war tot.

Wie lang waren Sie an der Uni?

Ein Jahr. Es war das erste Mal in meinem Leben, dass ich mit Schwarzen in Kontakt kam, und das war mehr oder minder der Beginn meines politischen Bewusstseins. Von meinen Eltern herumgekarrt zu werden hatte vielleicht auch sein Gutes gehabt, denn während die Erwachsenen Gin Rommé oder irgendwas spielten, wanderte ich durchs Haus der Gastgeber und suchte nach Lesestoff. Ich entdeckte sie alle, von Henry Miller bis Upton Sinclair. Sinclairs *Der Dschungel* bewirkte, dass ich politisch zu denken anfing: Ich dachte, du lieber Gott, diese Menschen, die in den Schlachthöfen und Konservenfabriken ausgebeutet werden – ihnen geht's genauso wie den Schwarzen hier. Und überhaupt die Vorstellung, dass Leute nach Amerika kamen, kein Wort Englisch konnten, in Ausbeuterfabriken schuften mussten … ich brachte das nicht mit meinem Vater in Zusammenhang, denn der war inzwischen bürgerlich geworden, aber mit den Schwarzen. Wieder – was für ein Paradox, dass Südafrika das *angestammte Land* der Schwarzen war, aber sie wurden dienstverpflichtet, als wären sie eingewanderte Bergarbeiter. Ich begriff die Analogie. Und damit begann ich auch über meine Position in Bezug auf die Schwarzen nachzudenken. Und obwohl ich völlig ahnungslos war – ich war zwölf oder dreizehn und führte dieses sonderbare Bücherleben –, obwohl ich völlig ahnungslos war, fing ich an, über das alles nachzudenken, vielleicht bevor ich wirklich reif dafür war. Erst an der Uni, als ich mit anderen zusammenkam, die schrieben oder malten, lernte ich Schwarze als unseresgleichen kennen. Auf umfassende, inklusive, nicht rassistische Weise kam ich mit Menschen zusammen, die in der Welt der Ideen lebten, und das war die Welt, die mich mehr als alles interessierte.

In der Stadt, in der ich lebte, gab es überhaupt keine geistige Nahrung dieser Art. Ich bin oft ganz verwundert, wenn ich mir vorstelle, wie die Leute dort leben und was für ein beklemmendes Leben das sein muss, denn Menschen *müssen* in der Welt der Ideen leben. Diese Dimension der menschlichen Psyche ist immens wichtig. Sie war da, aber die Leute hatten keinen Zugang zu ihr. Gespräche bestanden aus Trivialitäten. Bei den Frauen waren es Haushaltsangelegenheiten, Probleme mit den Kindern. Die Männer redeten über Golf oder Geschäfte oder Pferderennen oder irgendein praktisches Thema. Niemand sprach je, nicht mal annäherungsweise, über die großen Fragen – Leben und Tod. Die existenzielle Seite des Lebens wurde vollständig und rigoros ausgeklammert. Ich näherte mich ihr natürlich über die Bücher. Und dachte selbst darüber nach. Das war etwas so Geheimes wie beispielsweise das Liebesleben meiner Eltern. Vollkommen privat. Und das war es deshalb, weil ich das Gefühl hatte, dass es niemanden gab, wirklich *niemanden*, mit dem ich darüber hätte sprechen können. Aber dann, als ich mich an der Universität bewegte, änderte sich mein Leben mit einem Schlag. Aus Europa – es war unmittelbar nach dem Krieg – kam der Existenzialismus, und bei uns in Südafrika bestand ein großes Interesse an linken Bewegungen und am Schwarzen Nationalismus. Zu der Zeit waren die Kommunistische Partei und diverse andere linke Gruppierungen nicht verboten. Es gab also alle möglichen marxistischen Diskussionsgruppen. Für mich tat sich auf einmal eine ganze Welt der Ideen und Überzeugungen auf, von deren Existenz ich schlicht nie gehört hatte. Ich hatte nur davon gelesen. Und natürlich gab es Leute, die mit Schwarzen verkehrten. Über Schriftsteller, Künstler, Schauspieler kam auch ich in Kontakt mit Schwarzen.

Wie ging es nach diesem Jahr an der Uni weiter? Haben Sie begonnen, sich politisch zu betätigen?

Nein, wissen Sie, ich schrieb damals – sehr viel. Ich war ungeheuer konzentriert aufs Schreiben. Politik interessierte mich nicht sonderlich. Mein Umgang mit dem Status als, notgedrungen, Angehörige der rassistischen weißen Minderheit inmitten von Schwarzen war, das sehe ich heute, ein humanistischer, ein individualistischer. Ich hatte das Gefühl, ich müsste persönlich nichts weiter tun, als die Barriere der Hautfarbe zu ignorieren, mich darüber hinwegzusetzen. Mit anderen Worten, meine persönliche Einstellung gegenüber Schwarzen schien mir Aktion genug. Dass das so gut wie nichts bedeutete, begriff ich erst viel später.

Haben Sie damals noch zu Hause gewohnt?

Ja. In dieser Hinsicht war ich wirklich extrem spät dran. Allerdings müssen Sie bedenken, in was für eine Art Abhängigkeit ich im kritischen Alter von zehn hineinmanövriert worden war. Wenn andere Kinder im Sommer ins Feriencamp gingen, hieß es: »Nadine kann nicht campen, sie hat's *am Herzen*! Wenn die anderen wandern gehen, kann sie nicht mit. Sie muss bei der Mama bleiben.« So etwas verdirbt ein Kind, es wird zum Spaßvogel, um die Erwachsenen zu unterhalten. Besonders im Alter von fünfzehn und sechzehn. Erwachsene finden einen entzückend. Man flirtet mit Ehemännern statt mit Gleichaltrigen. Es ist etwas sehr Verfälschendes. Ich konnte ganz gut imitieren. Vielleicht war es der Keim zu einem Gespür für Dialoge? Jedenfalls machte ich auf Partys Leute nach. Die Erwachsenen saßen in der Runde, betranken sich mit Cocktails, und Nadine sprang herum und imitierte Leute, die sie kannten. Auf die Idee, dass ich dasselbe mit ihnen machen würde, sobald sie mir den Rücken zukehrten, kamen sie nicht.

Jedenfalls wohnte ich nach wie vor zu Hause, als ich die Uni besuchte, und fuhr mit dem Pendlerzug nach Johannesburg. Dann heiratete meine Schwester und wohnte nun in Johannesburg, sodass ich bei ihr übernachten konnte, wenn ich keine Lust hatte heimzufahren. Für mich war es wunderbar, eine Basis bei ihr zu haben. Aber ich hatte noch immer nicht den Schneid, von zu Hause auszuziehen, die Goldgräberstadt Springs zu verlassen, keine Ahnung, warum. Und ich verdiente weiß Gott nicht genug mit dem Schreiben, um davon leben zu können. Ich tat, was heutzutage kein junger Mensch mehr tut, ich lag meinem Vater auf der Tasche. Andererseits waren meine Bedürfnisse wirklich bescheiden. Ich wäre nie auf die Idee gekommen, etwa ein Auto haben zu wollen – heute haben die jungen Leute alle irgendeine Schrottkiste –, das war einfach nichts, wovon ich geträumt hätte. Ich wollte immer nur Bücher kaufen. Das konnte ich mir dank meinen gelegentlichen Texten immerhin leisten, und natürlich war ich die eifrigste Bibliotheksbesucherin, was heutzutage wohl auch nicht mehr so üblich ist. Wenn ich mit angehenden Schriftstellern rede und frage: »Haben Sie dies oder jenes gelesen?«, und sie antworten mir: »Ähm, nein, aber Bücher sind ja so teuer …«, dann sage ich: »Um Gottes willen – die Zentralbibliothek ist eine wunderbare Einrichtung. Nutzen Sie sie, um Himmels willen! Sie werden nie schreiben können, wenn Sie nicht lesen!«

Vielleicht hat Ihre isolierte Kindheit Ihre Berufswahl unterstützt – Sie hatten ja ungeheuer viel Zeit zum Lesen, so einsam, wie Sie zweifellos waren.

Ja ... ich wäre wohl auf jeden Fall Schriftstellerin geworden. Ich habe schon ein bisschen geschrieben, bevor ich »krank« wurde. Ich wollte nicht nur Tänzerin werden, sondern auch Journalistin. Wissen Sie, was mich auf die Idee gebracht hat? Der Roman *Scoop* von Evelyn Waugh, den ich mit etwa elf las. Wer den gelesen hatte, wollte nichts anderes werden als Journalist! Ich war absolut hingerissen. Ich las schon sehr viel, klar, aber natürlich unterschiedslos alles. Ich schlenderte in der Bibliothek herum und ließ mich von einem Buch zum nächsten führen. Ich glaube, das ist die beste Methode. Ein Student aus Oxford, der eine Abschlussarbeit über meine Bücher schreibt, hat mich neulich in Johannesburg besucht. Ich tat etwas, das ich noch nie getan habe, ich sagte: »Schauen Sie her, hier sind Kisten mit all meinen Papieren, machen Sie damit, was Sie wollen.« Er gefiel mir sehr, er war so intelligent und lebendig. Wir trafen uns immer mittags, tauchten beide aus unserer Arbeit auf, jeder aus seiner, und aßen miteinander. Einmal zog er plötzlich ein Kinderschulheft hervor, und darin war eine Liste, die ich mit zwölf Jahren etwa über ein halbes Jahr geführt hatte – ein Verzeichnis sämtlicher Bücher, die ich gelesen hatte, und dazu hatte ich kleine Kritiken verfasst. Es gab eine Kritik von *Vom Winde verweht*. Und darunter meine »Kritik« von Samuel Pepys' *Tagebuch*. Dabei las ich zu der Zeit noch Kinderbücher, ich verschlang sie, und es bestand für mich überhaupt kein Unterschied zwischen den Kinderbüchern und *Vom Winde verweht* oder Pepys' *Tagebuch*.

Haben Sie vor Ihrem ersten Buch Kurzgeschichten im *New Yorker* veröffentlicht?

Nein. Ich habe 1949 in Südafrika ein Buch mit Kurzgeschichten herausgebracht. Mit den Geschichten im *New*

Yorker muss ich mit sechsundzwanzig angefangen haben. Eine Geschichte erschien im *New Yorker*, und ein paar kamen in Zeitschriften wie *Virginia Quarterly Review*, in der *Yale Review* – das waren die Blätter, denen junge Schriftsteller in den fünfziger Jahren traditionell ihre Arbeiten anboten. Dann wurde mein erstes Buch im Ausland veröffentlicht – ein Buch mit Kurzgeschichten.

Haben Sie Ihre Manuskripte an Zeitschriftenredaktionen geschickt?

Nein, nein, zu der Zeit hatte ich schon einen Agenten in New York. Ich habe nie spontan etwas an eine Redaktion geschickt, ich kannte mich ja im amerikanischen Verlagswesen überhaupt nicht aus. Vertraut war ich mit dem englischen Zeitschriftenmarkt. Natürlich verfolgten die Verleger damals gern, was die Magazine so herausbrachten. Mein erster Verlag, Simon & Schuster, wurde eben wegen dieser ersten Story im *New Yorker* auf mich aufmerksam. Katharine White wurde meine Redakteurin und Freundin beim *New Yorker*. Jahre später erzählte sie mir, dass mein Agent dem *New Yorker* schon alle anderen Geschichten aus meinem ersten Buch angeboten hatte. Aber sie waren nur von den Leuten gelesen worden, die für den Stapel der unverlangt eingesandten Manuskripte zuständig waren, Katharine hatte sie nie zu Gesicht bekommen und bedauerte das. Na ja, so was kommt natürlich vor. Ich weiß gar nicht, wie es kam, dass diese eine Geschichte eben nicht unterging.

Wer war Ihr Agent?

Sidney Saterstein, ein außergewöhnlicher Mann. Er war extrem reich und liebte Schriftsteller. Er hatte keine Kinder; ich glaube, seine Kinder waren die Schriftsteller. Eigentlich hatte er nur sehr wenige unter Vertrag, denn er war gar nicht in erster Linie Agent. Zu ihm kam ich über jemanden, der ihn kannte und der meine Arbeit kannte und meinte: »Es ist doch absurd, dass Sie keinen Agenten im Ausland haben.« Sidney war wirklich ein unglaublicher Mann – eine Figur wie von John O'Hara, eigentlich noch grobschlächtiger. Die Hälfte seiner Zeit verbrachte er in Las Vegas beim Zocken oder in Florida beim Golfspielen. Im Grunde war er die Karikatur des reichen Amerikaners. Immer mit Zigarre im Mund. Er war ein Koloss und trug die grässlichsten Klamotten – karierte Hosen und solche Sachen. Ein absoluter Schatz. Natürlich vermittelte er mir eine völlig falsche Vorstellung davon, was ein Agent ist. Als ich ihn zum ersten Mal persönlich traf, war ich genau dreißig – er hatte mich schon als Autorin aufgenommen, als ich Mitte zwanzig war – und er Mitte sechzig. Er baute eine Art Vater-Tochter-Beziehung mit mir auf, sehr liebevoll. Und seltsamerweise mochte er meine Arbeit, was mich wirklich überraschte. Man hätte nie gedacht, dass meine Texte – und vor allem meine Kurzgeschichten – ausgerechnet *ihn* interessierten. Aber so war es. Er war wunderbar. Er kannte meine Lebensumstände, ich war frisch geschieden, hatte eine kleine Tochter, achtzehn Monate alt, und kein Geld. Und er setzte sich vehement für mich ein. Wenn jemand was von mir kaufte – schließlich war ich damals völlig unbekannt –, behauptete er, ich sei brandheiße Ware. Er schlug so viel Geld heraus, dass ich davon leben konnte. Als Simon & Schuster die Kurzgeschichten für mein erstes Buch kauften, wollten sie wissen, ob ich an einem Roman schriebe, was tatsächlich der Fall war. Und wieder brachte er sie dazu, mir einen Vorschuss zu zahlen. Heute wäre er *winzig*, man würde dafür genau eine Zeile schreiben, aber damals waren die Verleger nicht so großzügig. Und die Schriftsteller nicht so anspruchsvoll. Aber immerhin bekam ich eine bescheidene Summe, von der ich eine Weile leben konnte. Und als das Buch gut lief und Simon & Schuster ihren Anteil einstrichen, sagte Saterstein: »Ihr *müsst* ihr mehr zahlen, sie ist arm wie eine Kirchenmaus.« Also zahlten sie mir noch einen Vorschuss – das verdankte ich alles ihm. Er schickte mir oft riesige Flaschen französisches Parfum. Die beiden Male, die ich zu seinen Lebzeiten hierher nach New York kam, schmiss er eine Party für mich, im Club 21, mit Kaviar und Stör … er hatte ein großes Herz, und er hatte Stil.

Leider starb er – an einem Herzinfarkt –, als ich allmählich bekannt und erfolgreich wurde. Sehr schade – er wäre ungeheuer begeistert gewesen. Immerhin konnte er noch begeistert sein von der Reaktion auf meinen ersten Roman. Der war zwar kein Bestseller – ich hatte nie einen Bestseller –, aber ein riesiger Erfolg bei der Kritik hier in Amerika. Eine ganz unbekannte Autorin mit einer Rezension auf der ersten Seite der *New York Times*.

Welche Rolle haben nach Ihrer Ansicht die Politik und der ständige Konflikt in Südafrika für Ihre Entwicklung als Schriftstellerin gespielt?

Eine sehr wichtige, wie sich herausgestellt hat. Ich wäre auf jeden Fall Schriftstellerin geworden; ich habe schon geschrieben, bevor die Politik in mein Bewusstsein drang. In meinen Texten scheint Politik nur sehr selten auf didaktische Weise durch. Gespräche und polemische Argumente, wie sie in *Burgers Tochter* und in ein paar anderen meiner Bücher vorkommen – die spielen wirklich nur eine sehr geringe Rolle. In diesem Fall waren sie notwendig, aus diversen Gründen, die mit der Geschichte zu tun haben, aber bemerkbar macht sich die Politik in meinen Texten eigentlich nur indirekt, als Einfluss auf die Personen. Deren

Leben und wahrscheinlich überhaupt ihre Persönlichkeit ändern sich unter den extremen politischen Umständen, unter denen man in Südafrika lebt. Meine Themen sind immer Menschen; Menschen, die von der Politik geprägt und verändert werden. Insofern ist mein Stoff von der Politik natürlich sehr beeinflusst.

Sehen Sie das als Vorteil für Schriftsteller?

Eigentlich nicht. Das Leben ist so offensichtlich amorph. Aber sobald Sie hier oder dort in die Tiefe gehen ... Kennen Sie diesen Satz von Goethe? »Greift nur hinein ins volle Menschenleben ... wo ihr's packt, da ist's interessant.« Genau das, glaube ich, tun die Schriftsteller.

Wären Sie womöglich eine abstraktere Schriftstellerin geworden, wenn Sie in einem Land ohne politische Unterdrückung aufgewachsen wären?

Vielleicht. Nehmen Sie eine Schriftstellerin, die ich ungeheuer bewundere, sogar für die größte amerikanische Autorin von Short Stories aller Zeiten halte, Eudora Welty. Wenn sie gelebt hätte, wo ich gelebt habe, hätte sie ihre unglaubliche Begabung vielleicht mehr nach außen gekehrt – vielleicht hätte sie mehr geschrieben, vielleicht breitere Themen angepackt. Ich zögere mit dieser Behauptung, denn was sie gemacht hat, *ist* großartig. Aber sie hat nicht sehr viel geschrieben; ich glaube nicht, dass sie ihre Begabung als Romanautorin je ganz entwickelt hat. Die Umstände haben sie nicht dazu gezwungen, etwas ganz anderes anzugehen. Und ich glaube nicht, dass es nur eine Frage des Temperaments ist, denn meine frühen Arbeiten hatten ganz ähnliche Qualitäten wie ihre. Eine Aussage über meine Arbeit habe ich hassen gelernt: »empfindsam«. Ständig wurde ich mit Katherine Mansfield verglichen. Ich bin *kein* von Natur aus politischer Mensch, und noch heute gibt es so vieles, was ich an der Politik nicht ausstehen kann, auch an Politikern nicht – obwohl ich Menschen, die politisch aktiv sind, ungeheuer bewundere –, in der Politik ist so viel Selbstbetrug, so viel Selbsttäuschung. Das geht auch gar nicht anders – man kann sich nicht hundertprozentig für eine politische Sache einsetzen, wenn man Fehler und Schwächen nicht ausblenden kann.

Wie steht es mit Virginia Woolf? Sehen Sie das bei ihr ähnlich wie bei Eudora Welty?

Nein, denn Virginia Woolf hat sich in entgegengesetzter Weise verausgabt. Ich meine, sie hat sich wirklich vollkommen auf die transparente Hülle konzentriert, die sie für sich gefunden hat. Es gibt zweierlei Möglichkeiten, Erfahrung zu verarbeiten; darum geht es ja beim Schreiben. Schreiben heißt, sich den Sinn des Lebens erklären. Man strengt sich das ganze Leben lang an und hat vielleicht am Ende einen einzigen kleinen Bereich verstanden. Virginia Woolf hat das auf unvergleichliche Weise fertiggebracht. Und die Komplexität ihrer Beziehungen – die Sparsamkeit, mit der sie es geschafft hat, sie zu porträtieren … atemberaubend. Aber man kann einen Roman wie *Burgers Tochter* nicht mit der Empfindsamkeit einer Virginia Woolf schreiben. Man muss einen anderen Weg finden. Man versucht immer, andere Wege zu finden. Mich interessieren beide Arten des Schreibens sehr. Angefangen hat es damit, dass mich diese transparente Hülle faszinierte.

Hat Woolf Sie stark beeinflusst, als Sie zu schreiben begannen?

Auf halbem Weg, glaube ich – nachdem ich schon etwa fünf Jahre geschrieben hatte. Ihr Einfluss auf junge Schriftsteller kann sehr gefährlich sein. Weil es leicht ist, in ihren Ton zu verfallen. Aber der Inhalt ist dann eben nicht da. Dasselbe ließe sich über ganz anders geartete Schriftsteller sagen, wie Dos Passos oder Hemingway. Man muss da sehr aufpassen, sonst fängt man so an wie ich, mit hoher Sensibilität und schwachem erzählerischem Talent. Mein Erzähltalent war schwach in meinen frühen Romanen – sie drohen in schöne Einzelteile zu zerfallen. Erst mit *Die spätbürgerliche Welt*, 1966 erschienen, begann ich narrative Muskeln zu entwickeln. Seitdem ist mir klar, worauf es ankommt: Bewahrung der hohen Sensibilität – ich meine das geschärfte Bewusstsein, das es braucht, um Nuancen des Verhaltens zu erfassen (nicht zu beschreiben: Das ergibt sich mit zunehmender Reife von allein) – in geglückter Kombination mit Erzähltalent. Weil die Themen, die ich in meiner Umgebung finde und die mich anziehen und motivieren, ein starkes erzählerisches Talent verlangen.

Haben Sie das Gefühl, die politische Lage in Südafrika hat Ihnen besondere Impulse als Schriftstellerin gegeben?

Nein. In *Burgers Tochter* zum Beispiel könnte man auf den ersten Blick meinen, es geht darin um weiße Kommunisten in Südafrika. Aber für mich nicht. Für mich geht es darin um Einsatz und Engagement. Für mich ist das mehr als politischer Einsatz. Es ist Teil des gesamten ontologischen Problems. Es ist Teil meiner Auffassung davon, weshalb man schreibt – ich denke, der Sinn des Schreibens ist der Versuch, das Leben zu verstehen. Darum geht es doch beim Schreiben, darum geht es auch beim Malen. Um die Suche nach einem Faden der Ordnung und Logik in der

Unordnung, in der unglaublichen Verschwendung und dem wunderbar großzügigen Wesen des Lebens. Künstler wollen nichts anderes, als sich einen Reim auf das Leben zu machen. Ich hätte auch als amerikanische oder englische Schriftstellerin meine Themen gefunden. Die sind ja immer da, wenn man weiß, wo man suchen muss. Wenn man von innen gedrängt wird.

Wie lässt sich Romanliteratur aus relativ freiheitlichen Ländern vergleichen mit Literatur aus Ländern, in denen die politische Lage ein gewisses politisches Bewusstsein erfordert?

Für mich ist es alles eine Frage der Qualität eines Textes. Ich kann auch einen ganz subjektiven und unpolitischen literarischen Text schätzen. Man kann als Schriftsteller am Tod eines Kanarienvogels das Mysterium des Todes schlechthin thematisieren. Das ist die Herausforderung. Natürlich hat man gewissermaßen auch »Glück«, wenn man große Themen hat. Wie zum Beispiel die Russen im 19. Jahrhundert. Wären sie diese großartigen Schriftsteller geworden, wenn es die Herausforderung nicht gegeben hätte? Sie mussten mit den gleichen Einschränkungen zurechtkommen, an denen wir uns in Südafrika aufreiben, Zensur und so weiter. Und doch hat es, von außen betrachtet, der Literatur nur gutgetan. Aber es kann auch schädliche Auswirkungen haben. In Südafrika müssen sich junge schwarze Schriftsteller – es fällt ihnen schwer, es zuzugeben, aber sie wissen es – einer äußerst strengen Orthodoxie innerhalb des Black Consciousness Movement unterwerfen. Ein Gedicht oder eine Geschichte oder ein Roman muss einer ganz bestimmten Linie folgen – fast etwas wie einer Parteilinie, im wahrsten Sinn des Wortes, einer parteilichen Linie. Zum Beispiel muss bei Schwarzen charakterlicher Edelmut dargestellt werden. Eine weiße Person, die sich menschlich zeigt, erregt Stirnrunzeln. Natürlich ist das verständlich, und es ist wichtig als eine Form von Bewusstwerdung bei jungen Schwarzen, sie müssen die eigene Identität *fühlen*, sie müssen Gedichte rezitieren, die ganz einfach das Schwarzsein feiern und alles andere verunglimpfen und die das Schwarzsein oft in plumpen Begriffen, in plumpen Bildern und Klischees verherrlichen. Das ist in Ordnung als Propagandawaffe im Kampf, diese Literatur will in erster Linie gar nichts anderes sein. Aber *echte* Schriftsteller fallen dieser Dynamik zum Opfer, denn sobald sie sich von einer oder zwei klar definierten Handlungssträngen wegbewegen, gelten sie sofort als ...

... Verräter. Gibt es viele Schwarze, die in Südafrika schreiben und publizieren?

Ja, es gibt viele, und es besteht ein ganz gutes Verhältnis zwischen schwarzen und weißen Schriftstellern. Literatur ist eines der wenigen noch verbliebenen Gebiete, auf denen Schwarze und Weiße so etwas wie gleiche Ziele haben; wir kämpfen alle mit der Zensur, und die meisten weißen Schriftsteller fühlen eine starke Verantwortung, schwarze Schriftsteller zu fördern, zu verteidigen und zu unterstützen, wo es möglich ist.

Burgers Tochter **wurde drei Wochen nach Erscheinen verboten, oder?**

Ja, und es blieb mehrere Monate verboten. Dann wurde das Verbot aufgehoben. Was mich sehr gefreut hat, wie Sie sich vorstellen können. Nicht meinetwegen, sondern weil die Aufhebung so was wie einen Präzedenzfall für andere Schriftsteller darstellte: In diesem Buch kommen krasse

Verstöße gegen bestimmte Verordnungen vor. Ich habe ein Dokument darin untergebracht, das authentisch ist, es wurde von den Schülern beim Soweto-Aufstand 1976 verteilt und von der Regierung verboten. Jetzt steht es im Buch, mitsamt allen Rechtschreib- und Grammatikfehlern … alles ganz genau so, wie es war; und das ist eben auch wichtig: Diese Kinder und Jugendlichen protestierten gegen ihre Benachteiligung bei den Lehrplänen für die Schulen. Und wenn Sie den Text dieses ergreifenden kleinen Flugblatts lesen, verstehen Sie sofort, worum es den jungen Schwarzen ging, denn besser konnten sie nicht schreiben im Alter von sechzehn oder siebzehn, wenn sie mit der Schule fertig waren. Das also ist ein Fall, in dem ich tatsächlich eklatant die Grenze zur Illegalität überschritten habe. Seitdem dieses Buch wieder vom Index genommen ist, wird es den Zensoren schwerfallen, andere Bücher wegen ähnlicher Verstöße zu verbieten.

Warum wurde denn das Buch wieder vom Index genommen?

Wäre ich als Schriftstellerin nicht schon im Ausland bekannt gewesen und hätte dieses Buch nicht zufällig außerhalb von Südafrika ernsthafte Aufmerksamkeit auf hohem Niveau bekommen – was die Zensoren natürlich ziemlich dumm dastehen ließ –, dann wäre es sicher nicht wieder freigegeben worden. Aber so war es nun mal.

Kommt es häufig vor, dass ein Buch vom Index genommen wird?

Jedenfalls nicht so schnell. Von meinen zwei früheren Büchern war eines, *Fremdling unter Fremden*, zwölf Jahre lang verboten, und das andere, *Die spätbürgerliche Welt*, zehn Jahre; nach so langer Zeit sind die meisten Bücher mehr oder weniger tot.

Wie läuft es ab, wenn ein Buch verboten wird?

Die erste Möglichkeit ist das Embargo, wenn das Buch ein Import ist. Dann wird es behördlicherseits gesperrt. Das heißt, es ist wie bei jeder anderen Fracht – beim Eintreffen im Hafen wird die Lieferung vom Zoll beschlagnahmt, und der Zollbeamte schickt ein paar Exemplare an die Zensurbehörde. Der Zollbeamte hat eine Liste von Verdächtigen. Darauf steht dann zum Beispiel eine südafrikanische Schriftstellerin wie ich, weil man die Art der Themen kennt, die ich mir so aussuche, und ohnehin wurden schon drei frühere Bücher von mir verboten. Auf dieser Liste steht aber auch jemand wie James Baldwin; etliche seiner Bücher wurde schon verboten. Es gibt auch eine andere Form von Embargo, das in ein Verbot münden kann. Ein Buch ist ganz normal ausgeliefert worden, steht schon in den Buchläden, und jetzt liest es jemand, der Einwände hat, eine verbitterte Alte, ein aufgeblasener Wichtigtuer. Sie oder er schickt es mit einer Beschwerde an die Zensurbehörde. Auf Betreiben dieser einzigen Person wird das Buch dann von einem Komitee gelesen, das feststellen soll, ob es »zu beanstanden« ist. Und während der Zeit, in der das Buch bei den Zensoren zur Prüfung ist, unterliegt es vorsorglich dem Embargo, das heißt, es ist zwar schon in den Buchläden, darf aber nicht verkauft, sondern muss aus dem Regal genommen werden. In manchen Fällen wird das Buch nach der Prüfung wieder freigegeben; so war es mit meinem Roman *Der Ehrengast*, so war's mit *Der Besitzer*. Wenn ich mich richtig erinnere, wurde *Der Besitzer* zehn Wochen lang von den Zensoren zurückgehalten, was wirklich eine Gemeinheit ist, denn von den Verkaufszahlen her gesehen, sind die ersten zehn Wochen im Leben eines Buchs entscheidend. Danach wurde es vom Leiter der Behörde wieder freigegeben. Die Mitglieder des Zensurausschusses – davon gibt es etliche; in der Regel stellen drei Personen ein Komitee dar – lesen das Buch, jeder verfasst unabhängig von den anderen einen Bericht, und wenn alle drei übereinstimmend der Meinung sind, das Buch soll entweder verboten oder freigegeben werden, dann wird es so gemacht. Stimmen sie nicht überein, wird eine vierte Person hinzugezogen. Kommen sie jetzt zu dem Schluss, das Buch ist unerwünscht, dann wird es verboten. Der Autor erhält keine Mitteilung darüber. Die Entscheidung wird im Staatsanzeiger veröffentlicht, der einmal in der Woche erscheint. Und das ist das Ende eines Buchs.

Was passiert dann? Ergeht es dem Buch dann so wie dem *Ulysses*? Versuchen die Leute hektisch, es irgendwo aufzutreiben, und verstecken es, wenn ein Polizist auftaucht?

Ja, ja, so ist es. In der Regel werden nur der Vertrieb und der Verkauf von Büchern verboten, aber nicht deren *Besitz*, das heißt, wenn Sie's schon gekauft haben, dürfen Sie es behalten; aber Sie dürfen es weder mir noch sonst irgendwem leihen, und Sie dürfen es nicht weiterverkaufen.

Sie dürfen es nicht verleihen?

Nein. Das ist natürlich vollkommen lächerlich. Jeder verleiht ständig verbotene Bücher. Aber die Leute trauen sich nicht, ein verbotenes Buch zum Beispiel im Ausland zu kaufen oder sich schicken zu lassen. Dafür sind die meisten zu ängstlich. Man will nicht verbotene Bücher ins Land schmuggeln müssen.

Es wird also nicht viel geschmuggelt?

Manche tun es, andere nicht. Für manche von uns ist es eine Ehre, es immer zu tun.

Schmuggeln?

Ja, natürlich. Es ist eine legitime Form von Protest. Leider sind von einem verbotenen Buch immer nur sehr wenige Exemplare in Umlauf.

Um auf den Gedanken zurückzukommen, dass repressive Regime bessere Schriftsteller hervorbringen ...

Also, ich weiß nicht ... Lateinamerikanische Länder zum Beispiel: Sie haben so lange so viele Formen von Unterdrückung erlebt, dass es schon zum Normalzustand geworden ist. Und, das fällt auf, sie schreiben alle über dasselbe. Die Themen sind dort so zwangsläufig wie bei uns in Afrika. *Das* Thema schlechthin unter den bemerkenswerten lateinamerikanischen Schriftstellern ist der korrupte Diktator. Und trotzdem, obwohl die Themen sich gleichen, halte ich diese Romanliteratur für die aufregendste, die heutzutage weltweit geschrieben wird.

Welche lateinamerikanischen Schriftsteller haben Sie im Sinn?

García Márquez natürlich. Und Borges selbstverständlich. Borges ist der einzige lebende Nachfolger von Franz Kafka. Alejo Carpentier war wunderbar. *Das Reich von dieser Welt* ist ein ausgezeichneter kleiner Roman. Dann Carlos Fuentes, ein großartiger Schriftsteller. Mario Vargas Llosa. Und Manuel Puig. Das sind diejenigen, die mir auf Anhieb einfallen; es gibt noch weitere. Aber alle umkreisen obsessiv dieses eine Thema – den korrupten Diktator. Alle schreiben darüber; sie sind besessen davon.

Vermutlich schafft eine unterdrückte Kultur wie in Südafrika das Umfeld, in dem Helden existieren können. Das dürfte auch der Grund sein, warum einige Ihrer Romane, wie *Der Ehrengast* und *Burgers Tochter*, das Heldenhafte als Triebfeder haben.

Wissen Sie, ich wundere mich … ich komme nach Amerika, ich reise nach England, ich reise nach Frankreich … niemand dort ist in Gefahr. Die Leute fürchten sich vor Krebs, vor dem Verlust eines geliebten Menschen, vor dem Verlust der Arbeit, vor unsicheren Verhältnissen. Sie fürchten sich entweder vor etwas, das außerhalb ihrer Macht steht, wie der Tod, die Atombombe –, oder vor etwas, womit sie fertigwerden können und das auch nicht das Ende der Welt bedeutet. Sie finden einen anderen Job, oder sie bekommen staatliche Unterstützung, irgendwas in der Art. Nur in meinem Land begegne ich Leuten, die tatsächlich freiwillig alles aufs Spiel setzen – in ihrem persönlichen Leben. Ich meine, für die meisten von uns ist eine neue Liebe, das Sich-Verlieben, so umfassend, dass alles andere belanglos wird. Mir ist es so ergangen. Es hat in meinem Leben Zeiten gegeben, in denen ich die Person, in die ich verliebt war, weit über meine Arbeit gestellt habe. Ich habe alles Interesse verloren, es war mir *egal*, ob ein Buch herauskam. Ich habe den Erscheinungstermin vergessen, und ich konnte nicht darüber nachdenken, wie es aufgenommen wurde, weil ich in derartiger Seelenpein wegen eines Mannes war. Aber die politisch Engagierten unter den Leuten, die ich kenne, würden sich nie und nimmer durch solche privaten Angelegenheiten von ihrer Sache ablenken lassen.

Wie, glauben Sie, äußert sich romantische Liebe in Familien wie der von Rosa, wo alle Leidenschaft in die Politik fließt?

Genau das hat mich so ungeheuer interessiert. Dem wollte ich nachgehen, der Beziehung zwischen dieser jungen Frau und ihren Angehörigen. Sie lieben sie, beuten sie aus, sind dabei aber überzeugt, dass sie einander nichts antun oder nur deshalb, weil die *Sache* es verlangt.

In die Liebesgeschichte zwischen Burger und seiner Frau erhalten wir allenfalls kurze Einblicke. Eigentlich kann sich der Leser kaum ein Bild von deren Beziehung oder überhaupt von Rosas Mutter machen.

Das war ein Aspekt, der mich fasziniert hat: Man kann solche Menschen sehr gut kennen, aber sie bleiben sogar in ihren engsten und innigsten Beziehungen zueinander ganz und gar verschlossen; es ist Teil der Disziplin, die man aufbringen muss. Ich habe eine sehr enge Freundin – übrigens ist keine Figur in dem Buch nach ihr gestaltet –, und was ich weiß oder intuitiv an Menschen wie ihr erfasst habe, kommt daher, dass sie mich derart fasziniert hat. Diese Frau war jahrelang meine engste Freundin – sie lebt heute im Exil –, wir haben tage- und nächtelang geredet. Sie ist einer der wenigen Menschen, für die ich mich, sollte es nötig sein, sogar in körperliche Gefahr begeben würde. Aber vieles von dem, was normalerweise zwischen Menschen, die einander so nah sind, in vertraulichen Gesprächen besprochen würde oder zum Vorschein käme, weiß ich von ihr nicht, und wegen ihres politischen Engagements kann ich sie auch nicht danach fragen. Und sie sagt es mir nicht. Ich glaube, das könnte sogar für Familienbeziehungen gelten. Es gehört zur Disziplin. Man wird umso gefährlicher für die Leute in der Umgebung, je mehr man weiß. Würden Sie und ich in einer Untergrundbewegung zusammenarbeiten, wäre es umso besser, je weniger ich über Sie wüsste.

Wir sprachen über die südamerikanischen Autoren, die Sie bewundern. Wie steht es mit anderen Schriftstellern?

Viele Romanautoren sagen, sie lesen keine anderen Romanautoren, keine zeitgenössischen. Es wäre wirklich schade, wenn das stimmt. Stellen Sie sich vor, Sie hätten im 19. Jahrhundert gelebt und nichts von den Schriftstellern gelesen, denen wir uns heute so liebevoll zuwenden, oder Sie hätten im 20. Jahrhundert gelebt und keinen Lawrence oder Hemingway gelesen, keine Virginia Woolf und so weiter. Ich habe zu verschiedenen Zeiten meines Lebens verschiedene Schriftsteller – *gemocht* ist nicht das richtige Wort –, ich war psychologisch *abhängig* von ihnen. Manche haben ihren Einfluss auf mein Leben behalten, andere nicht, und manche habe ich wohl überhaupt vergessen und tue ihnen damit vermutlich Unrecht. Als ich mit dem Schreiben anfing, schrieb ich Kurzgeschichten, was ich natürlich immer noch tue; ich habe sehr viele geschrieben. Das ist eine literarische Form, die ich äußerst gern schreibe und lese. Ich war stark beeinflusst von amerikanischen, südamerikanischen Kurzgeschichtenautoren. Eudora Welty habe ich ja schon genannt. Jahre später, als ich sie kennenlernte – ich habe sie in Jackson besucht –, gab es so viele Parallelen zwischen ihrer Lebensweise, auch damals, und meinem Leben: Ein schwarzer Mann mähte ihren Rasen! Es war auf Anhieb eine Art Verständnis zwischen uns. Natürlich hatte das wirklich nichts damit zu tun, dass ich sie für eine hervorragende Autorin von Kurzgeschichten halte. Auch Katherine Anne Porter hat mich beeinflusst. Faulkner. Ja. Aber andererseits, sehen Sie, lügen wir, denn ich bin sicher, dass wir *alle*, wenn wir unsere Fingerübungen im Schreiben von Kurzgeschichten machten, von Hemingway beeinflusst waren – alle, die Ende der Vierziger zu schreiben anfingen, wie ich. Proust hatte Einfluss, mein Leben lang – so sehr, dass ich erschrecke ... nicht auf meine Arbeit, sondern auf meine Einstellung zum Leben. Später kam Camus, der mich ziemlich stark beeinflusst hat, und Thomas Mann, den ich mit der Zeit mehr und mehr bewundere. E.M. Forster, als ich ein junges Mädchen war; in meinen Zwanzigern war er mir sehr wichtig. *Auf der Suche nach Indien* ist ein wunderbares Buch – nicht einmal der Umstand, dass es inzwischen Lehrstoff an den Universitäten ist, kann ihm etwas anhaben.

Inwiefern hat Hemingway Sie beeinflusst?

Oh, mit seinen Kurzgeschichten. Seine starke Reduzierung, der Einsatz von Dialogen. Heute denke ich, eine große Schwäche in Hemingways Kurzgeschichten ist, dass seine Stimme so allgegenwärtig ist. Bei ihm reden die Leute nicht für sich, sie folgen nicht ihren eigenen Gedanken, sondern sie sagen, was Hemingway sagt. Und dann das ständige »sagte er« und »sagte sie«. Das habe ich in meinen Romanen schon vor langer Zeit gestrichen. Manche Leser beklagen sich, es mache meine Romane schwer lesbar. Aber das ist mir egal. Ich kann das Sagte-er / Sagte-sie einfach nicht mehr ausstehen. Und wenn ich es nicht schaffe, dass die Leser aufgrund der Stimmlage, des Gebrauchs von Wörtern und Wendungen *wissen*, wer spricht, gut, dann bin ich eben gescheitert. Da kann man dann nichts machen.

Jedenfalls braucht es Konzentration, Ihre Romane zu lesen.

Ja.

Die Gedankenstriche sind sehr wirkungsvoll.

Oh, die sind doch schon ganz alt. Angefangen hat Sterne mit *Tristram Shandy*.

Welche Technik haben Sie sonst noch benutzt?

Eine Art innerer Monolog, der zwischen unterschiedlichen Standpunkten hin und her springt. In *Der Besitzer* kommentiert Mehring manchmal für sich seine eigenen Beobachtungen, und manchmal ist es ein ganz leidenschaftsloser Blick von außen.

Das ist eine geläufigere oder weiter verbreitete Erzähltechnik als in *Burgers Tochter*.

Nein, das finde ich eigentlich nicht. In *Der Besitzer* gibt es innere Monologe, und es gibt einen echten Erzähler. Nicht immer spricht Mehring. Aber die Trennlinie zwischen beiden – wenn er spricht und wenn er nicht spricht –, die ist unscharf, denn meine Theorie ist, dass die zentrale Person immer anwesend ist, egal, ob von außen oder von innen beobachtet – es ist dieselbe Instanz.

Sie sagten, der Gedanke, dass man sich beim Schreiben immer an einen Zuhörer wendet, hat Sie auf die Struktur von *Burgers Tochter* gebracht. Rosa spricht immer mit irgendjemandem.

Oh nein, nicht beim Schreiben, im *Leben*. Ich glaube, wir wenden uns im ganzen Leben, in unseren Gedanken, wenn wir allein sind, immer an irgendjemanden.

Und wenn Sie schreiben, tun Sie es nicht?

Nein, denn wenn man schreibt, ist man ja nicht mehr die Person; man projiziert sich in andere Menschen. Aber ich glaube, dass wir uns in unserem Leben – manchmal sogar in unserer Lebensführung – vorstellen, dass eine bestimmte Person uns zusieht. Und wir wenden uns auch von anderen ab, manchmal.

Wie hat Faulkner Sie beeinflusst? Erkennen Sie Ähnlichkeiten in der Struktur von *Burgers Tochter* und, sagen wir, *Als ich im Sterben lag*?

Nein, überhaupt nicht. Da kann eigentlich keine Beeinflussung sein. Ich glaube, man ist hauptsächlich dann beeinflussbar, wenn man sehr jung ist und zu schreiben anfängt; später wirft man ab, was man nicht braucht, und zimmert sich in aufwendiger und mühseliger Arbeit den eigenen Stil.

Aber es besteht doch eine Ähnlichkeit darin, wie Ihre Erzählweise in *Burgers Tochter* und einige Bücher Faulkners die Relativität von »Wahrheit« aufgreifen.

Ja, natürlich ist das eine Methode, um darauf zu verweisen, dass Wahrheit etwas Relatives ist. Worauf es mir aber ankommt, ist das Verhältnis zwischen Stil und Sichtweise; in gewissem Sinn *ist* Stil die Sichtweise. Oder die Sichtweise ist der Stil.

Genau, und das ist der Grund, weshalb Sie Ihre Geschichten so und nicht anders strukturieren.

Proust wiederum sagte, Stil ist der Moment der Identifizierung zwischen dem Autor und seiner Situation. Idealerweise soll es so sein – man lässt die Situation den Stil vorgeben.

Demnach formulieren Sie mit dem Stil, für den Sie sich entscheiden, eine Sichtweise auf das Leben, wie es in Südafrika ist.

Ja. Ich formuliere eine Sichtweise auf das Leben, wie es für diese bestimmte Person und die Menschen in ihrem Umfeld (im Fall von *Burgers Tochter*) ist, und in Erweiterung davon eine Sichtweise auf das Leben an sich.

Conor Cruise O'Brien schreibt in seiner Rezension von *Burgers Tochter* in der *New York Review of Books*, Ihr Roman sei mit »regelrechter Täuschungskunst« konstruiert. Der Aufbau des Buches erwecke den Anschein, dass nichts passiert, aber dann kommt es zu mehreren Katastrophen. Was meinen Sie dazu?

Tja, für mich wiederum ist sehr wenig von der Konstruktion objektiv ausgedacht. Sie ist organisch, instinktiv und unbewusst. Ich kann Ihnen nicht sagen, wie ich dazu komme. Aber bei jedem neuen Buch gibt es eine lange Phase, in der ich zwar weiß, was ich will, aber zögere und ratlos bin und aufgewühlt, weil ich, bevor ich mit dem Schreiben anfange, nicht weiß, wie ich es anstellen soll, und immer Angst habe, ich schaffe es nicht. Sehen Sie, *Ehrengast* war ein politisches Buch. Es brauchte bestimmte objektive Umstände und Instanzen, die mit dem Leben des Protagonisten in Beziehung stehen und darauf einwirken. Und ich habe dieses Buch als konventionelle Schilderung geschrieben, sodass es mir dann, als tatsächlich ein riesiger Parteikongress stattfindet, nicht mehr schwergefallen ist, es fast wie ein Schauspiel zu präsentieren. Dann schrieb ich *Der Besitzer*. Dort habe ich absichtlich ignoriert, dass man überhaupt etwas erklären muss. Ich fand, wenn der Leser den Sprung geistig nicht nachvollziehen kann, wenn er die Anspielungen als zu verwirrend empfindet – dann ist das eben so, Pech gehabt. Aber getragen werden müsste die Erzählung davon, was in den Köpfen der Personen und in ihren Körpern vor sich geht; davon, wie sie sich einbilden, dass das, was sie tun, *wirklich ist*. Entweder schafft der Leser den Sprung, oder er schafft ihn nicht, und wenn er hin und wieder verwirrt ist – dann muss man das eben hinnehmen. Anders gesagt, der Roman war voller privater Bezüge zwischen den Personen. Natürlich geht man mit einem solchen Erzählstil ein großes Risiko ein, aber wenn es funktioniert, ist es ideal, finde ich. Wenn nicht, dann irritiert man den Leser natürlich oder lässt ihn ratlos zurück. Mir persönlich macht es nichts aus, als Leserin verwirrt zu sein. Vielleicht kennt der Autor oder die Autorin die Konsequenzen der eigenen Bücher gar nicht, weil es ein ganzes Spektrum an Erklärungen gibt; und als Leserin gefällt mir das. Sich aufwühlen zu lassen, selbst zu denken, das gehört für mich ganz wesentlich zu dem spannenden Unterfangen des Lesens. Und daher nehme ich mir als Autorin die Freiheit, genau das zu tun.

Errichten Sie nicht erst ein komplettes Gerüst für einen Roman, bevor Sie mit dem Schreiben anfangen?

Nein. Bei *Burgers Tochter* hatte ich vielleicht vier oder fünf Seiten mit sehr bruchstückhaften Notizen für das ganze Buch. Allerdings sind mir diese Halbsätze oder Dialogfetzchen unheimlich wichtig; sie bilden den Kern von etwas. Und ich brauche sie nur anzusehen, um zu wissen: Das ist der Abschnitt im Buch, zu dem ich als Nächstes komme.

Gehen Sie immer so vor, wenn Sie ein Buch schreiben?

Ja. Das ist ein völlig natürlicher Prozess bei mir, wenn ich mal angefangen habe. Ein organischer Prozess.

Wie lang bereiten Sie sich vor, bevor Sie anfangen?

Das lässt sich schwer sagen. Bei *Burgers Tochter* zum Beispiel weiß ich, dass ich jahrelang von dem Typ Mensch, der Rosa ist, fasziniert war. Es ist, als läge hier das Geheimnis eines Lebens, und ich umkreise es langsam, komme ihm näher und näher. Vielleicht treten mir zwischendurch andere Themen in den Weg, ziehen mich aber nicht zu sich und treiben deshalb wieder davon. Vermutlich ist man zu unterschiedlichen Zeiten im Leben für Unterschiedliches empfänglich. Und in einem Land, das so sehr im Wandel ist, verändert sich auch die Qualität des Lebens ringsum, sodass mich das Buch, das ich vor zehn Jahren geschrieben habe, heute vielleicht nicht mehr reizen würde, und umgekehrt.

Ist die Erzählweise in Ihren Büchern also eher ein unausweichliches Phänomen als eine bewusste Entscheidung?

Ich glaube nicht, dass irgendein Autor sagen kann, warum er oder sie dies oder jenes entscheidet oder wie ein bestimmtes Thema sich durchsetzt. Vielleicht ist es schon lange irgendwo im Hintergrund, und dann beginnt eine Phase im Leben, in der die Vorstellung bereit ist dafür und man es bearbeiten kann.

Im *Besitzer* ist das Thema Tod fast obsessiv. In manchen Abschnitten erscheint der Tod andauernd auf ritualisierte Weise: Der Mann, der während des ganzen Buchs

immer wieder aus seinem Grab in die Gedanken verschiedener Personen springt, das ritualisierte Töten der Ziege, um auf Solomons Verletzung zurückzukommen ...

Im *Besitzer* gibt es ein Auferstehungsthema, das auch ein politisches Thema ist. Das Ende des Buchs ist eine verkappte Botschaft. Der Slogan der größten verbotenen Befreiungsbewegung, eine Art Schlachtruf, der weithin übernommen wurde, ist das afrikanische Wort *mayibuye*. Es bedeutet: »Afrika, komm zurück.« Darin steckt der ganze Auferstehungsgedanke. Und am Ende des *Besitzers* sehen Sie, der Gedanke ist zwar in andere Worte gefasst, aber letztlich wird genau das gesagt, als der Unbekannte neu bestattet wird: Obwohl er namen- und kinderlos ist, hat er alle Kinder anderer Leute um sich; anders gesagt: die Zukunft. Er hat Menschen um sich, die zwar keine Blutsverwandten sind, aber sie stehen für sie. Und er wird jetzt mit einer richtigen Zeremonie in seiner eigenen Erde beigesetzt. Er hat von ihr Besitz ergriffen. Es ist die Andeutung, dass dort etwas gepflanzt wurde, das wieder wachsen wird.

Dieses Thema wiederholt sich in einer Ihrer Kurzgeschichten – »Sechs Fuß Erde«.

Ja. Nur ist die Richtung umgekehrt: »Sechs Fuß Erde« entstand Jahre vor dem *Besitzer*. Kurioserweise beruht diese frühe Geschichte auf einem wahren Vorfall.

Sind Sie fasziniert vom Tod?

Nicht bewusst. Aber andererseits ... Wie sollte ein denkender Mensch *nicht* davon fasziniert sein? Der Tod ist doch eigentlich das Mysterium des Lebens, nicht? Wenn man fragt: »Was passiert, wenn wir sterben? Warum sterben wir?«, dann fragt man: »Warum leben wir?« Es sei denn, man ist religiös. Ohne religiöse Erklärung haben wir nur das Mount-Everest-Argument: »Ich besteige ihn, weil er da ist.« Ich lebe, weil mir das Leben geschenkt wurde. Das ist keine echte Antwort, das ist eine Ausflucht. Oder: »Ich denke, meine Bestimmung auf Erden ist, das Leben besser zu machen.« Fortschritt ist, wenn das Leben sicherer und angenehmer wird … voller, im Allgemeinen. Aber in der Nähe des Todes erledigt sich diese Rechtfertigung, nicht? Das einzige transzendente Prinzip ist, dass wir versuchen, das menschliche Los für künftige Generationen besser zu machen. Trotzdem kommen wir nicht daran vorbei, dass es ein Turnaround-Geschäft ist; erst sind Sie an der Reihe, dann ich, und jemand anderes übernimmt das Leben. Der Mensch findet sich nie damit ab. Mir persönlich bereitet unsere Haltung gegenüber dem Tod, meine eigene und die der anderen, durchaus Unbehagen und Ratlosigkeit. Wenn jemand jung stirbt, ist es schrecklich, eine Tragödie, wir haben das Gefühl sinnloser Vergeudung eines Lebens; wir malen uns aus, was die Person noch alles vor sich gehabt hätte. Andererseits – wenn jemand ein hohes Alter erreicht, ist es immer mit dem Schrecken des Verfalls verbunden, besonders – es ist furchtbar, so was zu sagen –, besonders bei außergewöhnlichen Menschen; wenn wir sehen, wie sich der Geist verabschiedet und der Körper zerfällt, und die betroffene Person will sterben, und wir wollen, dass sie stirbt – das ist doch genauso schrecklich. Ist es also der Tod als solcher, den wir nicht akzeptieren können? Wir finden es schrecklich, wenn Menschen jung sterben, und wir finden es schrecklich, wenn sie zu lang leben.

Sind Sie ein religiöser oder mystischer Mensch?

Ich bin Atheistin. Ich würde mich nicht mal als Agnostikerin bezeichnen. Ich bin Atheistin. Aber ich glaube, ich habe im Grunde ein religiöses Temperament, vielleicht sogar ein tiefreligiöses. Es gab eine Phase in meinem Leben, ich war zwei- oder dreiunddreißig, in der mich Simone Weil sehr stark fasziniert hat. Am Ende hat mich ihre Religionsphilosophie zwar nicht weitergebracht, aber ich hatte das Gefühl, in ihren Schriften antwortete etwas auf ein Bedürfnis von mir, auf *meinen* »Wunsch nach Wurzeln«, über den sie so wunderbar geschrieben hat. Ich konnte aber nicht zu derselben Lösung gelangen.

Was halten Sie von Conor Cruise O'Briens Idee, dass in *Burgers Tochter* christliche Untertöne mitschwingen?

Tja, ich denke darüber nach. Sicher haben viele meiner Freunde, Leute, die mich gut kennen, gelacht, weil sie wissen, dass ich Atheistin bin. Aber er hat doch etwas in mir erfasst, eine gewisse Neigung – nein, mehr eine Anziehung. Vielleicht wäre ich, wenn ich anders aufgewachsen wäre, in einem anderen Milieu, auf andere Weise, ein religiöser Mensch geworden.

Und dann ist da die Auferstehung des schwarzen Mannes in *Der Besitzer*.

Allerdings stammt die Idee der Auferstehung von den Griechen, von den Ägyptern. Man kann an ein kollektives Unterbewusstsein glauben, ohne dass man deshalb religiöse Überzeugungen haben muss.

In Ihren Werken spielen sinnliche Elemente eine wesentliche Rolle: Gerüche, Oberflächenstrukturen, Sexualität, Körperfunktionen. Sie schreiben nicht über die

sogenannten Reichen und Schönen, die Gruppe der Müßiggänger in Südafrika, und nicht über deren schöne Umgebung. Eigentlich sind die weißen Frauen in vielen Ihrer Erzählungen körperlich und geistig äußerst unattraktiv und kleinbürgerlich. Spiegelt das Ihre Sicht auf weiße Kolonialisten in Ihrem Land?

Ich fälle keine solchen Urteile über Menschen. Schließlich bin ich selbst eine weiße Nachfahrin von Kolonialisten. Mag sein, dass ich uns deshalb so gut kenne, weil ich auch dazugehöre. Aber ich verurteile Menschen nicht, nur weil sie in manchen Dingen leichtfertig oder oberflächlich sind, weil sie Anwandlungen von Grausamkeit oder Selbstzweifel haben. Niemand ist frei von menschlichen Schwächen, davon bin ich überzeugt. Meine schwarzen Figuren sind auch keine Engel. Diese ganzen Rollenspiele, die in einer Gesellschaft wie der unseren aufgeführt werden – in jeder Gesellschaft, aber in der unseren fallen sie mehr auf –, manchmal wird einem die Rolle einfach aufgezwungen. Man fällt hinein. Es ist Routine, gar nichts Besonderes, und irgendwann stellt man fest – und meine Figuren stellen es fest –, dass sie aus diesen vorgefertigten Rollen heraus agieren. Aber natürlich gibt es eine große Anzahl weißer Frauen eines bestimmten Typs in der Art von Gesellschaft, aus der ich herkomme, die ... nun, man kann ihnen eigentlich nur zugutehalten, dass sie keine Ahnung haben, was sie geworden sind – wozu sie sich haben werden lassen. Denselben Typ Frau sehe ich hier in den USA. Gehen Sie nur in eins dieser riesigen Kaufhäuser. Dort trifft man extrem gut gekleidete, häufig eher unzufrieden, womöglich traurig dreinblickende mittelalte Frauen, sichtlich reich, die dasitzen und ein Dutzend Paar Schuhe anprobieren; man sieht ihnen an, dass sie den Vormittag hier verbringen. Und dass sie sich mit der Entscheidung quälen – vielleicht sollte der

Absatz doch eine Spur höher sein, oder vielleicht ... sollte ich zwei Paare mitnehmen? Und ein paar Straßen weiter sehen Sie mit Entsetzen, in welcher Armut, in welchem Elend andere Menschen in dieser Stadt, in New York leben. Warum wird dieser Typ Amerikanerin nicht genauso kritisiert wie sein südafrikanisches Pendant? Für mich besteht der Unterschied darin, dass die reichen Amerikaner für Klassenunterschiede und Ungerechtigkeit stehen, während in Südafrika die Ungerechtigkeit mit Klassenzugehörigkeit *und* rassistischem Vorurteil begründet wird.

Was ist mit den Reichen und Schönen von Südafrika?

Sie sind sehr prominent in einem frühen Buch von mir aufgetreten, in *Fremdling unter Fremden*, aber danach nur noch sehr selten, bis zu der Figur Mehring in *Der Besitzer*. Es sind nicht die interessantesten Menschen in Südafrika, glauben Sie mir ... auch wenn sie selbst sich wohl so sehen.

Ist es Absicht, dass in Ihren Romanen und Erzählungen die körperlichen Merkmale von Personen selten klar dargestellt werden? Man bekommt einen recht deutlichen Eindruck vom Denken und von der Psyche der Protagonisten, hat aber oft nur eine recht vage Vorstellung von ihrem Äußeren.

Meiner Meinung nach sollten sich körperliche Beschreibungen von Personen auf ein Minimum beschränken. Es gibt Ausnahmen – zum Beispiel bei Isaac Bashevis Singer. Sehr oft beginnt er eine Geschichte mit einer vollständigen körperlichen Beschreibung. Wenn Sie sich diese Beschreibung ganz genau ansehen, ist sie oft extrem gut. Einer Krümmung der Nase, einem roten Bartbüschel drückt er Charakter auf. Mir persönlich ist es lieber, mit phänotypischen Beschreibungen nur stückweise herauszurücken, jeweils zu einem Zeitpunkt, zu dem sie andere Elemente im Text voranbringen. Zum Beispiel kann man die Augen einer Figur dann erwähnen, wenn eine andere Figur sie ansieht, ihr in die Augen blickt, sodass deren Erwähnung ganz natürlich ist – ein Aspekt dieses besonderen Moments in der Erzählung. Später könnte es eine andere Szene geben, in der die Figur, deren Augen wir jetzt schon kennen, angespannt ist und die Spannung zeigt, indem sie nervös mit dem Fuß auf den Boden klopft oder an einem Nagelhäutchen zupft – wenn an ihren Händen etwas Besonderes ist, wäre jetzt der richtige Augenblick, um es zu erwähnen. Ich sage das, als wäre es planbar. Ist es nicht. Im passenden Moment kommt es von allein.

In der Einleitung zur englischen Ausgabe der *Selected Stories* schreiben Sie: »Dass ich weiblich bin, hat für mich nie eine besondere Einsamkeit bedeutet. Im Grunde hat meine einzige echte Verbindung zum gesellschaftlichen Leben der Stadt (in meiner Kindheit und Jugend) über meine Weiblichkeit geführt. Zumindest als Jugendliche folgte ich sexueller Anziehung genauso wie andere; an dieser Form von Gemeinschaft konnte ich teilhaben. Rapunzels Haar ist die richtige Metapher für diese Weiblichkeit: Dadurch gelangte ich ins Freie und konnte, mit anderen, im Körper ebenso gut leben wie – allein – im Geist.« Sie bezweifeln, dass »für die Frau-als-Intellektuelle eine besondere Einsamkeit existiert, wenn diese Frau Schriftstellerin ist, denn alle Schriftsteller, ob männlich oder weiblich, sind im Kern ihres Könnens androgyne Wesen«. Wie aber ist es auf dem Weg zur Schriftstellerin, auf dem Weg zum androgynen Wesen? Ist es für Frauen nicht ein Kampf?

Es widerstrebt mir, meine persönlichen Erfahrungen zu verallgemeinern. Ich will nicht von mir auf alle Frauen schließen. Ich habe unter meinem Frausein wirklich nicht gelitten. Undenkbar wäre zum Beispiel, dass ich mich je für einen Mann hätte interessieren können, für den Frauen minderwertige Wesen sind. Ist nie vorgekommen. Es hätte andauernd Krieg zwischen uns gegeben. Ich setze einfach als selbstverständlich voraus, dass die Männer, mit denen ich zu tun habe, mich als gleichwertig behandeln, und so ist es immer gewesen. Dafür habe ich niemals kämpfen müssen. Ich habe ein Leben als Frau geführt. Anders gesagt, ich war zweimal verheiratet, ich habe Kinder großgezogen, ich habe alles getan, was Frauen so tun. Ich habe das nicht vermieden und bin auch nicht ausgebrochen, selbst wenn ich gewollt hätte, aber ich habe es nicht gewollt und werde es nie wollen. Aber wie gesagt, ich verallgemeinere nicht, denn ich sehe überall begabte und intelligente Frauen, die eben doch diese Kämpfe führen müssen. Die machen mich tatsächlich wütend. Ich konnte mich damals behaupten, als meine Kinder klein waren, wahrscheinlich, weil ich relativ skrupellos war. Ich glaube, Schriftsteller, Künstler sind sehr skrupellos, und das müssen sie auch sein. Für andere ist das nicht angenehm, aber ich wüsste nicht, wie wir es sonst schaffen sollten. Weil einem die Welt nicht einfach einen Platz anbietet, das passiert nicht, nie. Meine Familie hat das mit der Zeit begriffen und respektiert. Meine Kinder wussten tatsächlich schon sehr früh, dass sie mich während meiner Arbeitszeiten in Ruhe lassen mussten; wenn sie aus der Schule kamen, und meine Tür war zu, gingen sie wieder und drehten das Radio nicht laut auf. Andere haben mich dafür kritisiert. Aber meine Kinder tragen es mir nicht nach. Ich habe ja trotzdem Zeit mit ihnen verbracht. Was ich tatsächlich geopfert habe, aber ich empfand es nicht als Opfer, war ein gesellschaftliches Leben; und je älter ich werde, desto weniger interessiert es mich. Als junge Frau hatte ich schon einige Jahre, in denen ich sehr gern auf Partys gegangen bin und die ganze Nacht unterwegs war. Aber schließlich wog der Preis, den ich tags darauf zahlen musste, wenn ich einen Kater hatte und nicht arbeiten konnte, stärker als das Vergnügen; und im Lauf der Zeit bin ich immer mehr für mich geblieben. Denn ein Schriftsteller braucht nicht nur die Zeit, in der er tatsächlich arbeitet – er oder sie braucht auch Zeit zum Nachdenken und Zeit, um den Dingen ihren Lauf zu lassen. Dafür ist nichts schädlicher als Gesellschaft. Nichts ist schlimmer als die abschleifende Wirkung anderer Menschen – so unterhaltsam sie sein mögen.

Welche Bedingungen sind Ihrer Ansicht nach dem Schreiben am zuträglichsten?

Na ja, es braucht nichts Besonderes, keinen prächtigen Riesenschreibtisch, keinen korkverkleideten Raum. Es gab Zeiten in meinem Leben – meine Güte, da war ich eine geschiedene junge Frau mit einem Kleinkind in einer kleinen Wohnung mit dünnen Wänden, und die Radios der Nachbarn trieben mich in den Wahnsinn. *Diese* Sorte von Lärm stört mich übrigens immer noch sehr. Reale Stimmen stören mich nicht. Aber Musikberieselung oder das Dauergequatsche eines Radios oder Fernsehers aus dem Nebenzimmer … Aber gut, ich wohne in einem Haus am Stadtrand und habe ein kleines Arbeitszimmer. Von dort gelange ich direkt in den Garten – ein enormer Luxus für mich – und kann kommen und gehen, wie ich will, ohne dass mich jemand stört oder weiß, wo ich bin. Bevor ich zu arbeiten anfange, stecke ich das Telefon aus, und das bleibt so, bis ich bereit bin, es wieder einzustecken. Wenn jemand wirklich was von mir will, dann versucht er's eben zu einem späteren Zeitpunkt. So einfach ist es, wirklich.

Wie lange arbeiten Sie denn jeden Tag? Arbeiten Sie überhaupt jeden Tag?

Wenn ich an einem Buch schreibe, arbeite ich jeden Tag. Ich arbeite etwa vier Stunden ohne Pause, dann bin ich sehr müde, und es kommt nichts mehr; dann mache ich etwas anderes. Schriftsteller, die Alltagstätigkeiten unzumutbar finden, verstehe ich nicht; ich finde das enorm wichtig – man darf die Bodenhaftung nicht verlieren. Die Einsamkeit beim Schreiben ist ja auch ziemlich beängstigend. Manchmal ist sie nicht weit entfernt vom Wahnsinn – man verschwindet einfach für einen Tag und verliert den Kontakt zu allem. Eine banale Tätigkeit, wie ein Kleid in die chemische Reinigung zu bringen oder ein paar Pflanzen zu besprühen, die Blattläuse haben, ist da etwas sehr Gutes und Gesundes. Es holt einen zurück, sozusagen. Und es holt die Welt zurück. Während meiner letzten beiden Bücher habe ich mir angewöhnt, eine halbe Stunde vor dem Zubettgehen noch einmal zu lesen, was ich tagsüber geschrieben habe. Da ist man natürlich versucht, zu überarbeiten, herumzufuhrwerken, mitten in der Nacht. Aber ich finde das gut. Wenn ich abends mit Freunden zusammen war oder irgendwo unterwegs, dann tue ich das nicht. Ich führe tatsächlich ein ziemlich einzelgängerisches Leben, wenn ich schreibe.

Gibt es eine Tageszeit, die am besten ist?

Ich arbeite am Vormittag. Das ist die beste Zeit für mich.

Wie lang brauchen Sie ungefähr, um ein Buch zu schreiben?

Das kommt drauf an. Das Kürzeste waren etwa anderthalb Jahre. Für *Burgers Tochter* habe ich vier Jahre gebraucht.

Vier Jahre durchgehendes Schreiben?

Ich habe ein oder zwei andere, kleine Sachen geschrieben. Manchmal komme ich beim Schreiben nicht weiter; dann höre ich auf und schreibe eine Kurzgeschichte, das bringt mich offenbar wieder in Gang. Manchmal, wenn ich ein Buch schreibe, kommen mir Ideen für Erzählungen; die notiere ich und lege sie weg. Leider sind es mit zunehmendem Alter immer weniger Ideen für Kurzgeschichten. Früher purzelten sie geradezu aus mir heraus. Und das tut mir leid, denn ich mag Kurzgeschichten.

Kennen Sie Schreibblockaden? Ist das ein Problem?

Nein. Aber das sage ich, wie Sie sehen, mit Zögern und Angst und Bangen, denn man hat immer das Gefühl, dass dieser Dämon irgendwo im Hinterkopf lauert.

Die Kurzgeschichte dient dazu, Sie aufzulockern?

Ja, und gelegentlich schreibe ich auch Nichtfiktives, meist geht es ums Reisen. Das ist eine Entspannung. Während der Arbeit an *Burgers Tochter* habe ich zwei solche Texte geschrieben.

Haben Sie nicht mal die kleinste Anwandlung von Aufschieberitis? Endlose Tassen Tee oder so was?

Nein, nein. Allerdings habe ich – nicht Blockaden, aber … Schwierigkeiten, von einem Stadium zum nächsten zu gelangen; besonders, wenn ich mit etwas fertig bin und es gut geklappt hat. Zum Beispiel: Ich hatte das Kapitel mit Brandt Vermeulen fertig, Sie wissen schon, der Nationalist in *Burgers Tochter*, das unerwartet gut gelungen ist. Ich habe es einfach so geschrieben, und es wurde, wie es sein sollte. Ich hatte mich davor gefürchtet. Gefürchtet, den Ton und alles andere nicht gut zu treffen. Und dann, weil schon klar war, wo ich als Nächstes hinmusste, war ich plötzlich unfähig, aus dieser Stimmung wieder herauszukommen und mich in eine andere zu versetzen. Ich hatte dann ein paar schreckliche Tage, denn wenn das passiert, kann ich nicht einfach aufhören und was ganz anderes tun. Sondern ich sitze während der ganzen Zeit, in der ich normalerweise schreibe, vor dem Papier. Und dann, tja, auf einmal ist es überwunden.

Gibt es eine besondere Routine, die Sie vom Schlaf- oder Wohnzimmer ins Arbeitszimmer bringt, also diesen beängstigenden Abgrund zwischen Nichtschreiben und Schreiben überbrückt?

Nein. Das ist der Vorteil, wenn man sich aussuchen kann, zu welcher Tageszeit man schreibt. Und wenn man vormittags schreibt. Denn man steht auf, und das Unterbewusstsein weiß: Ich werde schreiben. Was immer man morgens tun muss, zum Beispiel beim Frühstück mit anderen reden, das erledigt man sozusagen nur mit einem Teil; nur an der Oberfläche. Die Person, mit der ich zusammenlebe, mein Ehemann, versteht das schon sehr lange. Und er weiß, dass für Fragen wie »Was machen wir wegen Soundso?« oder »Liest du mal bitte diesen Brief?« das Frühstück nicht der richtige Zeitpunkt ist. Ich werde reizbar und gereizt; ich will nicht aufgefordert werden, irgendwas zu tun. Und ich will auch keine telefonische Bestellung beim Lebensmittelhändler aufgeben. Ich will einfach in Ruhe frühstücken. Idealerweise gehe ich draußen ein bisschen herum, was man natürlich tun kann, wenn man einen Garten hat. Aber oft denke ich, dass auch das zum Hinausschieben wird, weil es so leicht ist, ein Unkraut zu entdecken, und man muss stehen bleiben und es herausreißen, und dann sieht man ein paar Ameisen und fragt sich: Wo wollen die hin? Das Beste ist wirklich, geradewegs ins Arbeitszimmer zu gehen, die Tür zu schließen und sich an den Schreibtisch zu setzen.

Überarbeiten Sie Ihre Texte stark?

Mit der Zeit immer weniger. Früher schon. Als ich jung war, schrieb ich dreimal so viel Text, wie man schließlich zu lesen bekommt. Eine Geschichte war zunächst dreimal so lang wie die, zu der sie am Ende wurde. Aber das war in der allerersten Zeit meiner Schriftstellerei. Kurzgeschichten sind eine wunderbare Disziplin. Sie feit einen gegen Geschwätzigkeit. Man lernt, Unwesentliches und Belangloses zu streichen.

Finden Sie Kritiken hilfreich?

Ja, aber sie treten immer *post festum* in Erscheinung, nicht wahr? Wenn die Arbeit getan ist und das Buch erschienen. Und dass man ihnen beipflichtet, passiert nur dann, wenn die Kritiker zu denselben Schlüssen gelangen wie man selbst. Mit anderen Worten, wenn ein Kritiker etwas bemängelt, von dem ich zutiefst überzeugt bin, und ich weiß, ich habe es so gut gemacht, wie ich konnte, und es *ist* gut, dann kümmert mich nicht, ob es jemand anderem missfällt. Aber wenn ich selbst irgendwelche Zweifel habe, was eine Person im Buch angeht oder irgendetwas, das ich geschrieben habe, und wenn dann ein Kritiker diesen Zweifel bestätigt, dann bin ich eigentlich ganz froh und erkenne den Einwand gern an.

Schriftsteller sagen oft, sie lesen keine Rezensionen, weil schon eine einzige schlechte Kritik verheerend sein und zehn hervorragende zunichtemachen kann.

Das hängt natürlich sehr stark vom Rezensenten ab. Es gibt Leute – keine Rezensenten, eine oder zwei Personen, denen ich meine Bücher zu lesen gebe, vielleicht noch als Manuskript. Und während sie lesen, bin ich krank vor Furcht und Sorge. Und natürlich gibt es bestimmte Rezensenten, bei denen ich tief verletzt wäre, wenn sie sagen würden: »Dieses Buch ist missraten.«

Aber das ist noch nicht passiert.

Noch nicht. Für *Burgers Tochter* habe ich, von vielleicht fünfzig oder sechzig Rezensionen, zwei schlechte bekommen.

Sie sagen, Schriftsteller sind androgyn. Sehen Sie einen Unterschied zwischen männlichem und weiblichem Schreiben, zum Beispiel zwischen Hemingway und Woolf?

Hemingway ist so ein extremer Fall, und was er geschrieben hat, ist wirklich ein Paradebeispiel für Machismo, nicht? Henry James hätte eine Frau sein können. E. M. Forster ebenfalls. George Eliot hätte ein Mann sein können. Früher habe ich vehement behauptet, das Gehirn sei geschlechtslos; darauf bestehe ich jetzt nicht mehr so kategorisch – vielleicht bin ich beeinflusst vom sich wandelnden Selbstbild der Frauen im Allgemeinen? Ich denke nicht, dass es irgendetwas gibt, was Schriftstellerinnen nicht wüssten. Es kann aber sein, dass sie mit bestimmten Aspekten des Lebens einen Tick besser umgehen können, so wie ich mich andererseits frage, ob irgendeine Schriftstellerin, so großartig sie sein mag, die phänomenalen Kriegsszenen in *Krieg und Frieden* zustande gebracht hätte. Im Großen und Ganzen denke ich nicht, dass es *irgendeine* Rolle spielt, welchen Geschlechts jemand ist, solange die Arbeit, die er oder sie macht, die eines echten *Schriftstellers* ist. Ich glaube, es gibt durchaus so etwas wie »Frauenliteratur«, und damit meine ich ganz allgemein weibliches Schreiben; es gibt Autorinnen und Dichterinnen. Und es gibt Männer wie Hemingway, deren exzessive »Männlichkeit« ein Begleitumstand ihres Schreibens ist. Aber bei sehr vielen männlichen Schriftstellern, die ich bewundere, spielt die Tatsache ihrer Männlichkeit kaum eine Rolle. Offensichtlich gibt es auch nichts, was *sie* nicht wüssten. Sehen Sie sich doch Molly Blooms Monolog an. Für mich ist das der ultimative Beweis, dass beide Geschlechter in der Lage sind, die inneren Dynamiken des jeweils anderen zu erfassen und auszudrücken. Keine Frau wurde je von einer Frau besser »geschrieben«. Wie konnte Joyce das wissen? Gott weiß, wie, und es spielt auch gar keine Rolle. Als junge Frau, als junges Mädchen schrieb ich eine Geschichte über einen Mann, der ein Bein verloren hatte. Er konnte sich nicht damit abfinden, mit der Realität des Verlusts, bis er einmal, als Rekonvaleszent, im Garten saß und eine Heuschrecke sah, der ein Bein fehlte; er sah, wie die Heuschrecke kämpfte, weil sie das Bein als noch vorhanden empfand. Ich weiß nicht, wie ich diese Geschichte geschrieben habe, irgendwie habe ich mich einfach hineinversetzt. Ein Psychiater sagte mir mal, das sei ein Paradebeispiel für Penisneid.

Haben Sie mit Ihrer Literatur etwas Neues oder anderes vor, das Sie in der Zukunft erreichen möchten?

Meine Hoffnung ist immer, die eine richtige Art zu finden, um irgendein Thema anzupacken, das ich mir vorgenommen habe. Für mich ist es das eigentliche Problem, die große Herausforderung beim Schreiben. Ein Gefühl von bleibendem Erfolg kenne ich nicht. Nur weil es mir in einem bestimmten Buch gelungen ist zu sagen, was ich sagen wollte, heißt das nicht, ich könnte es jetzt automatisch auch beim nächsten, denn das nächste stellt wieder ganz andere Forderungen an mich. Und solange ich nicht weiß, wie ich es anpacken muss, kann ich es nicht.

Mit anderen Worten, Sie kennen die Frage erst, wenn Sie die Antwort haben?

Ja. Meiner Ansicht nach sollte ein Roman oder eine beliebige Erzählung generell so sein, wie Kafka es gesagt hat: »Ein Buch muss die Axt sein für das gefrorene Meer in uns.«

Aus dem Englischen von Barbara Schaden

Nadine Gordimer, The Art of Fiction No. 77,
The Paris Review, 88 / Sommer 1983.

Doris Lessing

VON RATSCHLÄGEN HALTE ICH NICHTS.

Mit Thomas Frick (1987)

Dieses Gespräch mit Doris Lessing fand in Midtown Manhattan statt, im Townhouse von Robert Gottlieb, Lessings langjährigem Lektor bei Knopf, zur Zeit des Interviews Chefredakteur des *New Yorker*. Lessing war nur kurz in New York, um dem Casting für eine Oper von Philip Glass beizuwohnen, die auf ihrem Roman *Die Entstehung des Repräsentanten von Planet 8* basierte. Lessing hatte auch das Libretto geschrieben. Da ständig umgeplant wurde, bedurfte es einiger Postkarten – Doris Lessing kommunizierte hauptsächlich über Postkarten aus dem British Museum –, bis die Verabredung schließlich stand.

Während das Aufnahmegerät eingestellt wurde, sagte sie: »Laut ist es hier, wenn man bedenkt, dass wir in einem Garten sitzen, hinter einer Häuserreihe.« Sie zeigte auf ein Townhouse, in dem Katherine Hepburn lebte. Dann sprachen wir eine Weile über Großstädte. Seit fast vierzig Jahren lebt sie in London und findet noch heute: »In einer so großen Stadt ist immer alles verblüffend.« Oder, wie sie schon an anderer Stelle gemutmaßt hat: »Ich wäre ganz und gar nicht überrascht, wenn sich herausstellte, dass die Dimensionen von Gebäuden uns auf eine Weise beeinflussen, die wir nicht vermuten.« Sie sprach darüber, dass sie, noch nicht fünf Jahre alt, ein halbes Jahr in England verbracht habe. »Kinder sollten reisen. Ich denke, es ist sehr gut, sie überallhin mitzuschleppen. Es ist gut für sie. Für die Eltern ist es natürlich anstrengend.«

Das Interview fand auf der Veranda im Garten statt. Dunkles Haar mit silbrigen Strähnen, in der Mitte gescheitelt und als Dutt getragen, Strumpfhose, knielanger Rock, Bluse und Jackett – sie sah genauso aus wie auf den Umschlägen ihrer Bücher. Dass sie manchmal müde wirkte, war wenig überraschend angesichts der vielen Reisen, die sie zuletzt unternommen hatte. Ihre Stimme war kräftig, melodiös, ihr Ton mal heiter, mal gallig, mal bekümmert und mal sarkastisch.

Sie wurden in Persien geboren, im heutigen Iran. Wie gelangten Ihre Eltern dorthin?

Mein Vater war im Ersten Weltkrieg Soldat. Danach konnte er England nicht mehr ertragen. Er fand es sehr kleinkariert. Die Soldaten hatten diese wahnsinnigen Erlebnisse in den Schützengräben gehabt und merkten nun, dass sie es zu Hause nicht mehr aushalten konnten. Daher bat er seine Bank, ihn anderswohin zu schicken. Und sie versetzten ihn nach Persien, wo wir ein riesiges Haus bekamen, große Räume und viel Platz und Reitpferde. Sehr viel Leben im Freien, sehr schön. Gerade habe ich erfahren, dass diese Stadt jetzt in Trümmern liegt. Das ist ein Zeichen der Zeit, denn es war eine sehr alte Marktstadt mit wunderschönen Gebäuden. Kein Mensch hat Notiz davon genommen. Es wird so viel zerstört, und das kümmert uns einen Dreck. Und danach haben sie meinen Vater nach Teheran geschickt, das sehr hässlich ist. 1924 kamen wir dann nach England zurück, wo eine Ausstellung namens Empire Exhibition stattfand (sie taucht ab und zu in der Literatur auf), die einen enormen Einfluss auf meinen Vater gehabt haben muss. Am Ausstellungsstand von Südrhodesien gab es ungeheure Maiskolben und Parolen wie: »Machen Sie in fünf Jahren ein Vermögen« und ähnlicher Unsinn. Daraufhin packte mein Vater, was für seine romantische Veranlagung typisch war, alles zusammen. Er bekam eine Rente wegen seines Beines, wegen seiner Kriegsverletzungen – winzig, ungefähr fünftausend Pfund –, und er brach einfach in ein völlig unbekanntes Gebiet auf, um Farmer zu werden. Seine Kindheit hatte er in der Nähe von Colchester verbracht, das damals eine ziemlich kleine Stadt war, und er hatte eigentlich das Leben eines Bauernjungen geführt und eine Kindheit auf dem Land verlebt. Und nun fand er sich im rhodesischen Veld wieder. Seine Geschichte ist nicht untypisch für die Zeit. Ich habe eine Weile gebraucht, aber als ich *Shikasta* schrieb, ging mir plötzlich auf, wie viele verwundete Ex-Soldaten da draußen lebten, sowohl Engländer als auch Deutsche. Alle waren verwundet worden, alle hatten sehr viel Glück gehabt, dass sie nicht tot waren, so wie ihre Kameraden. Damals war mir das nicht aufgefallen, aber inzwischen ist es mir klar geworden.

Ein ähnlicher, wenn auch weniger bedeutender Fall sind vielleicht unsere Vietnam-Veteranen, die hierher zurückkommen und nicht mehr in der Lage sind, sich anzupassen, die völlig aus der Gesellschaft herausfallen.

Ich sehe nicht, wie ein Mensch derartige Erfahrungen machen und sich dann gleich wieder einfügen kann. Das ist zu viel verlangt.

Sie haben kürzlich in der Zeitschrift *Granta* eine Erinnerung veröffentlicht, die, dem Titel nach zu urteilen, von Ihrer Mutter handelt. In gewisser Hinsicht scheint es aber eher um Ihren Vater zu gehen.

Wie kann man denn getrennt über die beiden schreiben? Das Leben meiner Mutter war, wie man damals sagte, seinem Leben gewidmet.

Man staunt, wenn man von seiner Goldsuche liest, von seinen großartigen Plänen, seinen Abenteuern ...

Er war schon ein bemerkenswerter Kerl, mein Vater. Er war ein vollkommen unpraktischer Mann. Zum Teil wegen des Krieges und alldem. Er ließ sich einfach treiben, er wurde damit nicht fertig. Meine Mutter war die Organisatorin und hielt alles zusammen.

Ich habe den Eindruck, dass er auf eine sehr fortschrittliche und wissenschaftliche Art über diese Goldsuche nachdachte.

Er ging von der Überlegung aus – und wahrscheinlich ist da irgendwo etwas Wahres dran –, dass man Gold und andere Metalle aufspüren könnte, wenn man nur wüsste, wie das geht. Daher experimentierte er ständig. Ich habe auch über ihn geschrieben, sozusagen, in einer Novelle, die ich *Eldorado* [dt. *Der Mann der auf und davon ging*] genannt habe. Wir lebten ja in einem Goldland. Um uns herum gab es überall Goldminen, kleine Goldgruben.

Dann war das also gar nicht so abwegig.

Nein! Die Farmer hatten immer einen Hammer oder eine Pfanne im Auto, für alle Fälle. Sie kamen dauernd mit kleinen Goldkörnchen nach Hause.

Wurden in Ihrer Umgebung viele Geschichten erzählt, als Sie Kind waren?

Nein ... die Afrikaner haben Geschichten erzählt, aber uns war der Umgang mit ihnen nicht erlaubt. Das war das Schlimmste an meinem Leben dort. Ich meine, ich hätte als Kind wunderbar vielfältige Erlebnisse haben können. Aber das wäre für ein weißes Kind undenkbar gewesen. Jetzt gehöre ich in England einer Einrichtung an, die sich »Storytellers' College« nennt. Vor etwa drei Jahren hat eine Gruppe von Leuten versucht, die Kunst des Geschichtenerzählens wieder zum Leben zu erwecken. Das läuft recht gut. Die Hindernisse sind – ich bin bloß Schirmherrin, ich war bei ein paar Versammlungen dabei – erstens, dass Leute erscheinen, die meinen, Geschichten zu erzählen hieße, Witze zu erzählen. Die müssen abgeschreckt werden! Dann denken andere, Geschichtenerzählen sei etwas wie eine Selbsterfahrungsgruppe. Es gibt immer jemanden, der von seinen Erfahrungen erzählen will, verstehen Sie. Aber auch eine sehr große Zahl von echten Geschichtenerzählern hat sich angesprochen gefühlt. Einige aus Afrika – von überallher –, Leute, die immer noch traditionelle Geschichtenerzähler sind, die ihren Beruf geerbt haben, und andere, die versuchen, diese Kunst wieder aufleben zu lassen. Und so bleibt sie erhalten. Sie blüht und gedeiht. Wenn man in London oder sonst wo Erzählabende veranstaltet, kommt eine ganze Menge Publikum. Was ziemlich erstaunlich ist, wenn man bedenkt, was die Leute stattdessen machen könnten – *Dallas* gucken oder so was.

Wie war es, nach England zurückzukommen? Ich erinnere mich, dass J. G. Ballard sich, als er das erste Mal aus Shanghai nach England kam, sehr eingeengt fühlte; er empfand alles als sehr klein und rückständig.

O ja! Ich habe mich schrecklich eingeengt gefühlt und ganz bleich und feucht; alles war eingesperrt und zu häuslich. Das finde ich immer noch. Ich finde England sehr hübsch, aber zu ordentlich. Es gibt wohl keinen Zoll englische Landschaft, der nicht in irgendeiner Weise bearbeitet wurde. Ich glaube nicht, dass irgendwo noch wildes Gras wächst.

Verspüren Sie einen tiefen Drang oder eine Sehnsucht, in etwas wie eine mythische afrikanische Landschaft zurückzukehren?

Also, ich würde ja nicht in einer Landschaft leben, oder? Ich würde in einer Realität leben. Es wäre nicht die Vergangenheit. Als ich vor drei Jahren wieder einen Besuch in Simbabwe plante, zwei Jahre nachdem es unabhängig geworden war, war mir ganz klar, dass ich, wenn ich hinfahren würde, zur Vergangenheit gehörte. Meine einzige Funktion in der Gegenwart würde eine Art Symbolfunktion sein. Das ist unvermeidlich! Aber ich bin die »Frau von hier, die es geschafft hat«. Unter dem weißen Regime war ich ein Bösewicht. Niemand fand ein gutes Wort für mich. Sie haben keine Ahnung, wie böse ich angeblich war. Aber jetzt bin ich »okay«.

Waren Sie wegen Ihrer Einstellung den Schwarzen gegenüber böse?

Ich war gegen das weiße Regime. Es gab eine absolute Rassenschranke. Dieser Ausdruck ist jetzt völlig verschwunden: »Rassenschranke«. Der einzige Kontakt, den ich zu Schwarzen hatte, war der Kontakt zu Dienstboten. Es ist sehr schwer, eine vernünftige Beziehung zu Schwarzen zu haben, wenn sie abends um neun im Haus sein müssen, weil es eine Sperrstunde gibt, oder wenn sie in völliger Armut leben und man selbst nicht.

In Ihrer autobiographischen Skizze in *Granta* entsteht ein Bild von Ihnen als Kind, das Gewehre mit sich herumschleppt, Wild schießt ...

Ja, damals gab es eine Menge Wild. Heute gibt es nur noch ganz wenig, unter anderem, weil die Weißen es abgeknallt haben und weil die Schwarzen davon gelebt haben.

Hatten Sie damals schon den Wunsch, Schriftstellerin zu werden? Sie erwähnen, dass Sie Ihre Aufzeichnungen vor Ihrer Mutter versteckten, die versuchte, einen großen Wirbel darum zu machen.

Meine Mutter war eine sehr frustrierte Frau. Sie war sehr tüchtig, und diese ganze Energie wurde in mich und meinen Bruder hineingesteckt. Aus uns sollte etwas werden. Lange Zeit wollte sie, dass ich Musikerin würde, weil sie selbst eine recht gute Musikerin gewesen war. Ich hatte nicht viel Begabung dazu. Aber irgendwann mussten wir alle Musikunterricht nehmen. Sie trieb uns ständig an. Und in einer Hinsicht war das natürlich sehr gut, weil Kinder gefordert werden müssen. Aber dann ergriff sie Besitz von dem, was wir erreicht hatten, was immer es auch war. Daher mussten wir uns schützen. Doch ich glaube, dass wohl jedes Kind herausfinden muss, wie es seine Leistungen als sein Eigentum behalten kann.

Ich habe mich bloß gefragt, ob Sie sich schon in jungen Jahren als zukünftige Schriftstellerin gesehen haben.

Unter anderem. Ich hätte bestimmt auch Ärztin werden können. Ich hätte eine gute Farmersfrau abgegeben und so weiter. Schriftstellerin wurde ich aus Frustration, so wie, glaube ich, viele Schriftsteller zu ihrem Beruf kommen.

Sie haben in so verschiedenen Genres Romane geschrieben; fühlen die Leser sich nicht verraten, wenn Sie nicht im einen oder im anderen Lager bleiben? Ich habe dabei an die Science-Fiction-Fans gedacht, die ziemlich engstirnig sind und es »Science-Fiction-Autoren« übel nehmen, wenn sie nicht in ihrem kleinen Verein bleiben.

Ja, das ist engstirnig, selbstverständlich. Übrigens scheinen diejenigen, die sich als Repräsentanten dieser Gemeinschaft betrachten, ihr Schubladendenken jetzt aufgeben zu wollen. Ich bin als Ehrengast zur World Science Fiction Convention in Brighton eingeladen worden. Sie haben auch die sowjetischen Science-Fiction-Autoren eingeladen. In der Vergangenheit hat es immer Ärger gegeben; jetzt hofft man, dass Glasnost den Autoren vielleicht tatsächlich erlaubt herzukommen.

Eigentlich ist mir bei diesen späteren Büchern nie in den Sinn gekommen, dass ich Science-Fiction oder etwas in der Art schreibe! Erst als ich dafür kritisiert wurde, dass ich Science-Fiction schrieb, wurde mir klar, dass ich heiligen Boden betreten hatte. Natürlich schreibe ich eigentlich keine Science-Fiction-Literatur. Ich habe gerade ein Buch von diesem *Solaris*-Menschen gelesen, von Stanislaw Lem. Also, das ist echte, klassische Science-Fiction ... voll mit wissenschaftlichen Ideen. Die Hälfte davon geht natürlich an mir vorbei, weil ich sie nicht verstehe. Aber was ich verstehe, ist wirklich faszinierend. Ich habe eine ganze Reihe junger Leute kennengelernt – manche sind eigentlich gar nicht mehr so jung, wenn man es genau nimmt –, die sagen: »Tut mir wirklich leid, aber ich habe keine Zeit für Realismus«, und ich sage: »Mein Gott! Sehen Sie sich doch an, was Ihnen entgeht! Das ist ein reines Vorurteil.« Aber sie wollen nichts davon wissen. Und ich treffe ständig Menschen, normalerweise mittleren Alters, die sagen: »Tut mir sehr leid, Ihre nicht-realistischen Werke kann ich nicht lesen.« Ich finde das sehr schade. Darum freue ich mich, dass ich bei diesem Kongress Ehrengast bin, denn es zeigt, dass die alten Grenzen überwunden werden.

Was mir an *Shikasta* am besten gefiel, war, dass das Buch alle spirituellen Themen, die in der Science-Fiction-Literatur sonst versteckt oder unterdrückt oder verschlüsselt werden, aufnimmt und in den Vordergrund rückt.

Ich habe den Roman überhaupt nicht als Science-Fiction betrachtet, als ich ihn schrieb, nein, eigentlich nicht. Es ist natürlich kein Buch, das anfängt mit, sagen wir mal: »Im Jahr 1883, um drei Uhr an einem bestimmten Nachmittag in Tomsk ...« – was, neben der kosmischen Sichtweise, wohl meine zweitliebste Art des Anfangs ist, diese Art, einen Roman zu beginnen.

Sie haben für viele Sammlungen von Sufi-Erzählungen und -Prosa Einleitungen geschrieben. Wie kam es zu Ihrem Interesse am Sufismus und Ihrer Beschäftigung damit?

Eigentlich spreche ich darüber nur sehr ungern. Denn alles, was man sagt, wirkt so klischeehaft, und es klingt effekthascherisch. Ich möchte wirklich nur sagen, dass ich nach einer Disziplin in dieser Richtung suchte. Alle sind sich einig, dass man einen Lehrer braucht. Ich sah mich nach jemandem um, aber ich mochte keinen, weil sie alle in irgendeiner Weise »Gurus« waren. Dann hörte ich von diesem Idries Shah, der Sufi ist und mich wirklich beeindruckte. So kommt es, dass ich mich seit Anfang der sechziger Jahre damit beschäftige. Es ist ziemlich schwierig, das alles kurz zusammenzufassen, denn es geht immer um die eigenen Erfahrungen. Das möchte ich ganz deutlich sagen, denn viele Leute laufen herum und sagen: »Ich bin Sufi«, wahrscheinlich, weil sie ein Buch darüber gelesen haben und weil es gut klingt. Was aber absolut dem widerspricht, was echte Sufis sagen oder tun würden. Einige der großen Sufis haben sogar gesagt: »Ich würde mich selbst nie Sufi nennen – diese Bezeichnung steht mir nicht zu.« Aber ich kriege Briefe von Leuten, Briefe, die so anfangen: »Hi, Doris! Ich habe gehört, dass Du auch Sufi bist!« Wirklich, ich weiß nicht, was ich dazu sagen soll. Meistens ignoriere ich sie.

Lassen Sie mich noch eine Frage in dieser Richtung stellen. Halten Sie die Lehre von der Reinkarnation für eine überzeugende Sichtweise?

Ich finde, es ist eine verlockende Vorstellung. Ich selbst glaube nicht daran. Ich halte es für wahrscheinlicher, dass wir auf unserem Weg, auf unserer langen Reise, kurz in dieses Reich hier »eintauchen«.

Dass dieser Planet nur eine einzige Station ist?

Wir werden nicht dazu angehalten – ich spreche von den Leuten, die bei Shah Schüler sind –, viel Zeit mit Grübeleien über dieses Thema zu verbringen, weil die Ansicht herrscht, dass es Dringenderes zu tun gibt. Es ist natürlich verlockend, über das alles nachzudenken, ja sogar Bücher darüber zu schreiben! Aber in meinem Fall, in *Shikasta*, ist die Geschichte mit der Reinkarnation eine reizvolle Metapher oder eine literarische Vorstellung, obwohl manche Leser, wie ich höre, *Shikasta* als eine Art Lehrbuch betrachten.

Als Prophezeiung vielleicht?

Es war eine Methode, eine Geschichte zu erzählen – Gedanken einzufügen, die in unseren großen Religionen eine Rolle spielen. Im Vorwort zu *Shikasta* habe ich geschrieben, dass man, wenn man das Alte Testament und das Neue Testament und die Apokryphen und den Koran hintereinander liest, eine durchgehende Geschichte findet. Diese Religionen haben bestimmte Vorstellungen miteinander gemein, und eine davon ist natürlich dieser letzte Krieg oder die Apokalypse oder was auch immer. Also habe ich versucht, diese Vorstellung auszubauen. Ich habe das »Space-Fiction« genannt, weil es keine andere Bezeichnung dafür gab.

Arbeiten Sie an mehr als einem Erzählwerk zurzeit?

Nein, ich gehe ziemlich systematisch vor. Manchmal redigiere ich den Entwurf von einer vorhergehenden Arbeit, während ich an etwas anderem schreibe. Aber im Grunde mache ich gerne eins nach dem anderen.

Dann stelle ich mir vor, dass Sie vorne mit dem Werk anfangen und hinten aufhören und nicht mal hier und mal da einen Abschnitt schreiben ...

Ja, das stimmt. Ich habe es nie anders gemacht. Wenn man abschnittweise schreibt, geht eine sehr wertvolle Kontinuität der Form verloren.

Haben Sie das Gefühl, dass Sie sich innerhalb der Genres, die Sie verwenden, entwickelt haben? Ich fand zum Beispiel, dass die realistische Perspektive in *Die Terroristin* und manchmal sogar in den Jane-Somers-Büchern distanzierter war als in Ihrem früheren Realismus.

Das lag wahrscheinlich an meinem fortgeschrittenen Alter. Wir bekommen wirklich Abstand. Ich sehe jedes Buch als Problem, das es zu lösen gilt. Das bestimmt die Form, die ich verwende. Es ist nicht so, dass man sagt: »Ich möchte ein Space-Fiction-Buch schreiben.« Man fängt am anderen Ende an, und was man zu sagen hat, bestimmt, welche Form es annimmt.

Schreiben Sie ziemlich kontinuierlich? Machen Sie eine Pause zwischen den Büchern?

Ja! Ich habe jetzt eine ganze Weile nicht geschrieben. Manchmal gibt es ziemlich lange Lücken. Es gibt immer irgendetwas zu tun, man muss einen Artikel schreiben, ob man will oder nicht. Im Augenblick schreibe ich Kurzgeschichten. Das ist interessant, weil sie *sehr* kurz sind. Mein Lektor, Bob Gottlieb (der jetzt beim *New Yorker* ist), sagte ganz zufällig, kein Mensch würde ihm ganz kurze Erzählungen schicken, und er fände das interessant. Da habe ich gedacht, mein Gott, ich habe seit Jahren keine ganz kurze Geschichte mehr geschrieben. Also schreibe ich jetzt welche mit etwa 1500 Wörtern, und das ist eine sehr gute Übung. Es macht mir Spaß. Ich habe mehrere fertig, und ich glaube, ich werde sie »Londoner Skizzen« [erschienen als *London Stories*; dt. *Der Preis der Wahrheit*] nennen, weil sie alle von London handeln.

Es sind also keine Parabeln oder in irgendeiner Weise exotische Geschichten?

Nein, überhaupt nicht. Sie sind vollkommen realistisch. Ich streife ziemlich viel in London herum. Und jede Stadt ist natürlich ein Theater, oder nicht? Das totale Schauspiel!

Haben Sie feste Arbeitsgewohnheiten?

Das spielt keine Rolle, weil es bloß Gewohnheiten sind. In der Zeit, als ich ein Kind großzog, habe ich mir beigebracht, in ganz kurzen, konzentrierten Schüben zu arbeiten. Wenn ich ein Wochenende oder eine Woche Zeit hatte, habe ich unglaublich viel geschafft. Solche Angewohnheiten sind meistens tief verwurzelt. Eigentlich würde ich viel besser fahren, wenn ich langsamer arbeiten könnte. Aber es ist eine Gewohnheit. Ich werde dauernd danach gefragt, natürlich, als wäre das wichtig. Mir ist aufgefallen, dass die meisten Schriftstellerinnen in dieser Weise schreiben, während Graham Greene meines Wissens Tag für Tag zweihundert perfekte Wörter zu Papier bringt! Das habe ich gehört! Ich glaube allerdings, dass ich viel besser schreibe, wenn es fließt. Man fängt mit etwas an, und zuerst ist es ein bisschen holprig und ungeschickt, aber dann gibt es einen Punkt, da macht es klick, und plötzlich schreibt man ziemlich flüssig. Dann habe ich das Gefühl, dass ich gut schreibe. Ich schreibe nicht gut, wenn ich dasitze und über jedem einzelnen Satz schwitze.

Was lesen Sie in letzter Zeit so? Lesen Sie zeitgenössische Literatur?

Ich lese sehr viel. Ich bin sehr schnell, Gott sei Dank, denn sonst würde ich es nie schaffen. Schriftsteller bekommen natürlich wahnsinnig viele Bücher von den Verlagen zugeschickt. Ich kriege acht oder neun oder zehn Bücher pro Woche, was eine fürchterliche Belastung ist, weil ich immer sehr gewissenhaft bin. Allerdings bekommt man in den ersten paar Kapiteln schon einen ganz guten Eindruck von einem Buch. Und wenn es mir auch nur einigermaßen gefällt, lese ich weiter. Das ist natürlich unfair, weil man gerade schlechte Laune haben oder sehr in die eigene Arbeit vertieft sein könnte. Dann sind da die Autoren, die ich bewundere und deren neueste Bücher ich auch immer lese. Und natürlich gibt es auch eine Menge Bücher, die ich von anderen empfohlen bekomme. Ich lese also unentwegt.

Könnten Sie uns mehr darüber erzählen, wie Sie der etablierten Literaturkritik den Streich mit »Jane Somers« gespielt haben? Vorweg möchte ich noch sagen, dass ich es unglaublich großzügig finde, ein Pseudonym unter zwei lange Romane zu setzen, um damit zu zeigen, wie junge Romanautoren behandelt werden.

Nun, zuerst einmal sollten es nicht zwei werden! Es sollte nur ein Roman werden. Aber dann habe ich das erste Buch geschrieben und der Agentin gesagt, dass ich es als Erstlingsroman verkaufen wollte ... verfasst von einer Londoner Journalistin. Ich wollte eine Identität, die mit meiner vergleichbar war, nicht allzu anders. Meine Agentin wusste also Bescheid und schickte das Manuskript los. Meine beiden englischen Verleger lehnten es ab. Ich habe die Berichte der Gutachter gesehen, sie waren sehr herablassend. Wirklich erstaunlich herablassend! Der dritte Verlag, Michael Joseph (der Verlag, in dem mein erstes Buch erschienen war), wurde zu der Zeit von einer sehr klugen Frau namens Phillipa Harrison geleitet, die meiner Agentin gegenüber erwähnte: »Das erinnert mich an die frühe Doris Lessing.« Wir gerieten in Panik, denn wir wollten nicht, dass sie ihre Vermutung herumerzählte! Also luden wir sie zum Lunch ein, und ich sagte: »Das Buch ist wirklich von mir, machen Sie mit?« Anfangs war sie empört, aber dann machte ihr das alles großen Spaß. Bob Gottlieb, der damals mein Lektor bei Knopf in den Staaten war, erriet es auch, und damit waren es drei Leute. Dann rief mich der französische Verleger an und sagte: »Ich habe gerade ein Buch von einer englischen Autorin gekauft, aber ich frage mich, ob Sie ihr nicht ein bisschen geholfen haben!« Also habe ich es ihm erzählt. Im Ganzen wussten es also vier oder fünf Leute. Wir rechneten alle damit, dass nach Erscheinen des Buches alle darauf kommen würden. Vor der Veröffentlichung wurde es allerdings noch an alle Fachleute für mein Werk geschickt, und keiner kam dahinter. Alle Schriftsteller fühlen sich von diesen Fachleuten in einen Käfig gesperrt – die Schriftsteller werden zu ihrem Eigentum. Das war also einfach toll! Es war überhaupt das Beste, was passierte! Vier Verleger in Europa kauften den Roman, ohne zu wissen, dass er von mir war, und das war schön. Dann erschien das Buch, und ich bekam die Rezensionen, die ein Erstlingsroman bekommt, kurze Rezensionen, vor allem von Journalistinnen, die dachten, ich wäre eine von ihnen. Dann kriegte Jane Somers eine Menge Fanpost, meist nicht von literarisch Interessierten, sondern von Leuten, die sich um alte Menschen kümmerten und dabei verrückt wurden. Und von vielen Sozialarbeitern, die entweder mit meiner Darstellung übereinstimmten oder nicht, die aber alle meinten, sie freuten sich, dass ich das Buch geschrieben hätte. Da dachte ich dann, also gut, ich schreibe noch eins. Inzwischen war ich von Jane Somers ziemlich fasziniert. Wenn man in der ersten Person schreibt, kann man nicht allzu weit von dem abschweifen, was für diese Person angemessen ist. Jane Somers ist Mittelschicht, Engländerin, mit einem sehr kleinkarierten Elternhaus. Es gibt wenig, was engstirniger ist als die englische Mittelschicht. Jane hat nicht studiert. Sie fing sehr jung an zu arbeiten, ging sofort ins Büro. Das Büro war ihr ganzes Leben. Sie führte eine Ehe, die keine Ehe war. Sie hatte keine Kinder. Es machte ihr eigentlich keinen Spaß, ins Ausland zu reisen. Wenn sie mit ihrem Mann oder für ihre Firma und ihr Büro Auslandsreisen machte, war sie froh, wieder nach Hause zu kommen. Ihre Erfahrungen waren so beschränkt, wie man es sich nur vorstellen kann. Daher musste ich beim Schreiben alles Mögliche wegstreichen, was mir sozusagen unter die Feder kam. Weg damit! Weg damit! Sie ist eine sehr normale Frau, und sie hat ganz feste Ansichten darüber, was richtig ist und was falsch.

Welche Kleider man trägt ...

Alles! Ich habe eine Freundin, die sich furchtbar viel Gedanken um ihre Kleidung macht. Die Qualen, die sie leidet, dieses Martyrium, das sie durchsteht, möchte ich niemandem wünschen! Jane Somers wurde aus verschiedenen Personen zusammengesetzt. Eine weitere war meine Mutter. Ich habe mich gefragt, wie sie wohl wäre, wenn sie heutzutage jung wäre, in London. Eine dritte war eine frühere Bekannte, die immer sagte: »Ich habe eine sehr glückliche Kindheit gehabt. Ich habe meine Eltern über alles geliebt. Ich habe meinen Bruder gerngehabt. Wir hatten viel Geld. Ich bin sehr gerne zur Schule gegangen. Ich habe jung geheiratet, ich habe meinen Mann geliebt« – so redet sie weiter. Aber dann stirbt ihr Mann plötzlich. Und aus einer reizenden Kindfrau wird eine Persönlichkeit. Diese Frauen habe ich alle verwendet, um eine Person daraus zu machen. Es ist erstaunlich, was man über sich selbst herausfindet, wenn man in der ersten Person über eine Frau schreibt, die ganz anders ist als man selbst.

Ursprünglich wollten Sie mit den Jane-Somers-Büchern das literarische Establishment auf die Probe stellen?

Ja. Ich beobachte den Literaturbetrieb jetzt seit langer Zeit. Ich weiß, was gut daran ist und was schlecht. Ich hatte es nicht so sehr auf die Verleger abgesehen, sondern viel mehr auf die Rezensenten und die Kritiker, die ich für außerordentlich berechenbar halte. Ich wusste genau, was mit diesem Buch passieren würde! Kurz bevor ich ausgepackt habe, hatte ich ein Interview mit dem kanadischen Fernsehen. Sie fragten: »Was glauben Sie, was passieren wird?«, und ich sagte: »Die englischen Kritiker werden sagen, dass das Buch nichts taugt.« Ganz genau! Ich kriegte diese säuerlichen, bösartigen kleinen Rezensionen. In allen anderen Ländern kam das Buch mittlerweile sehr gut an.

In Ihrem Vorwort zu *Shikasta* haben Sie geschrieben, die Menschen wüssten eigentlich gar nicht, wie außergewöhnlich diese Zeit ist, insofern nämlich, als man an alle nur denkbaren Bücher herankommt. Meinen Sie, dass wir wirklich dabei sind, die Buchkultur zu verlassen? Für wie gefährlich halten Sie die Situation?

Vergessen Sie bitte nicht, dass ich mich an den Zweiten Weltkrieg erinnere, als es nur ganz wenige Bücher gab und man kaum Papier kriegte. Es ist für mich wie ein Wunder, dass ich in einen Laden gehen oder auf eine Liste schauen kann und alles finde, was ich haben möchte, oder fast alles. Wer weiß, ob wir in schweren Zeiten diesen Luxus noch haben werden?

Fühlen Sie sich in irgendeiner Weise verpflichtet, diese Prophezeiungen zu äußern, abgesehen davon, dass Sie damit eine gute Geschichte erzählen?

Ich weiß, dass manche Leute Sachen sagen wie: »Ich betrachte Sie eigentlich als Prophetin.« Aber alles, was ich geschrieben habe, hat in den letzten zwanzig Jahren auch zum Beispiel im *New Scientist* gestanden. Alles! Warum also bezeichnet man mich als Prophetin und diese Zeitschrift nicht?

Sie schreiben besser.

Ja, ich wollte gerade sagen, ich stelle es interessanter dar. Ich glaube wirklich, dass ich manchmal auf eine Wellenlänge gerate – allerdings geht das vermutlich vielen Schriftstellern so –, auf der ich Ereignisse vorwegnehme. Aber ich denke nicht, dass das einen großen Teil meines Werkes ausmacht. Meiner Meinung nach besteht die Aufgabe eines Schriftstellers darin, Fragen zu provozieren. Ich stelle mir gerne vor, dass jemand, wenn er ein Buch von mir liest, etwas wie – ich weiß nicht, was – das literarische Äquivalent zu einer Dusche erlebt. Manchmal kann das Anstoß dazu sein, dass er vielleicht seine Denkweise ein wenig ändert. Dazu sind Schriftsteller da, glaube ich. Das ist unsere Funktion. Wir verbringen unsere ganze Zeit mit Nachdenken darüber, warum etwas funktioniert, warum etwas geschieht, und das bedeutet, dass wir die Vorgänge sensibler wahrnehmen als andere.

Haben Sie jemals an diesen Experimenten der sechziger Jahre teilgenommen, mit Halluzinogenen und solchen Sachen?

Ich habe einmal Meskalin genommen. Ich bin froh, dass ich es gemacht habe, aber ich werde es nie wieder tun. Ich habe es unter sehr schlechten Voraussetzungen genommen. Die beiden Leute, die mir das Meskalin besorgt hatten, fühlten sich viel zu sehr verantwortlich! Sie saßen die ganze Zeit bei mir, und das bedeutete zuerst einmal, dass ich nur den »Unterhalterinnen«-Aspekt meiner Persönlichkeit entdeckte, denn ich war die ganze Zeit damit beschäftigt, ihnen mein

Erlebnis zu schildern! Teilweise um das, was ich wirklich fühlte, zu schützen. Sie hätten mich allein lassen sollen. Ich vermute, sie hatten Angst, dass ich aus dem Fenster springen könnte. Ich bin nicht der Mensch, der etwas Derartiges tun würde! Und dann habe ich den größten Teil der Zeit geweint, was nicht wichtig war. Aber die beiden waren furchtbar beunruhigt deswegen, was mich irritierte. Die ganze Sache hätte also besser laufen können. Es ist vorbei. Aber ich würde es nicht wieder machen. Hauptsächlich, weil ich Menschen getroffen habe, die sehr schlimme Trips hatten. Ich habe einen Freund, der einmal Meskalin genommen hat. Das Ganze war ein Albtraum, der ein Albtraum blieb – monatelang sah er Leute, denen die Köpfe von den Schultern rollten. Schrecklich! Das will ich nicht.

Reisen Sie viel?

Zu viel, ich möchte aufhören!

Meistens aufgrund von Verpflichtungen?

Nur Geschäft, Werbung, wissen Sie. Man erwartet von Schriftstellern, dass sie ihre Bücher verkaufen! Eine erstaunliche Entwicklung! Ich will Ihnen sagen, wo ich in diesem Jahr schon für meine Verleger gewesen bin: Ich war in Spanien … Barcelona und Madrid, was natürlich schön ist. Dann war ich in Brasilien, wo ich entdeckte – das hatte ich nämlich nicht gewusst –, dass meine Bücher sich dort recht gut verkaufen. Insbesondere natürlich Space-Fiction. Davon sind sie ganz begeistert. Anschließend war ich in San Francisco. Dort hieß es: »Wo Sie gerade hier sind, könnten Sie ja auch …« – dieser Satz »Sie könnten ja auch … eben schnell die Küste rauf nach Portland fliegen«. Sind Sie da schon mal gewesen?

Nein, noch nie.

Also, das ist ein Erlebnis! In San Francisco sind die Leute ungeheuer hedonistisch, zynisch, gutmütig, liebenswürdig, lässig und gut gekleidet – auf sportliche Art. Eine halbe Stunde mit dem Flugzeug, und man ist in einer ziemlich spießigen, förmlichen Stadt, wo man für ungezwungenes Benehmen überhaupt nichts übrig hat. Es ist erstaunlich, nur ein Stückchen weiter die Küste entlang. So ist das in Amerika. Dann war ich in Finnland, zum zweiten Mal. Da gibt es einige der besten Buchläden auf der Welt! Herrlich, wunderbar! Sie sagen, das läge an den langen, dunklen Nächten dort! Und jetzt bin ich hier. Als Nächstes reise ich nach Brighton, zum Science-Fiction-Kongress. Dann habe ich in Italien einen Preis gewonnen, den Mondello-Preis, der auf Sizilien verliehen wird. Ich habe gefragt: »Warum auf Sizilien?«, und sie haben todernst erwidert: »Wissen Sie, Sizilien hat so einen schlechten Ruf wegen der Mafia …« Also fliege ich nach Sizilien, und dann werde ich den ganzen Winter lang arbeiten.

Wie ich höre, arbeiten Sie an einer »Space-Oper«, mit Philip Glass zusammen.

Ich staune so darüber, was mit Büchern passieren kann! Wer hätte gedacht, dass aus *Die Entstehung des Repräsentanten von Planet 8* eine Oper werden würde? Das ist so eine Überraschung!

Wie kam es dazu?

Nun, Philip Glass hatte mir geschrieben, er würde gerne eine Oper machen, und wir haben uns getroffen.

Kannten Sie vorher viel von seiner Musik?

Nein, gar nicht! Er schickte mir Musik von sich. Es brauchte eine ganze Weile, bis meine Ohren damit zurechtkamen. Meine Ohren erwarteten nämlich immer, dass es anders weitergehen würde. Sie wissen, was ich meine? Das ist ganz interessant. Jetzt überrascht die Musik mich nicht mehr; ich habe überhaupt keine Probleme mehr damit. Dann haben wir uns getroffen und darüber gesprochen, und das ging sehr gut, was erstaunlich ist, weil wir verschiedener nicht sein könnten. Wir verstehen uns einfach! Wir haben überhaupt keine nennenswerten Schwierigkeiten gehabt. Philip Glass sagte, das Buch würde ihm gefallen, und ich fand, dass er eine gute Wahl getroffen hatte, weil es sich für seine Musik eignet. Wir trafen uns, normalerweise nicht zu ewig langen Sitzungen, sondern einen Tag hier und einen Tag da, und beschlossen, wie wir verfahren wollten. Ich schrieb das Libretto.

Hatten Sie vorher jemals etwas in der Art gemacht?

Nein, mit Musik noch nie.

Hatten Sie Noten, nach denen Sie arbeiten konnten?

Nein, wir haben mit dem Libretto angefangen. Wir haben bisher sechs Versionen der Geschichte gemacht, eben weil es eine Geschichte ist, etwas ganz anderes als das, was er sonst meistens macht. Wenn etwas fertig war, schrieb er die Musik dazu und teilte mir dann mit, dass er hier noch sechs Zeilen mehr oder da drei Zeilen weniger brauchte. Das war eine große Herausforderung.

Werden Sie den Space-Fiction-Zyklus weiterführen?

Ja. Ich habe ihn nicht vergessen. Wenn Sie das letzte Buch lesen, *Die sentimentalen Agenten* – das eigentlich eine Satire ist und nicht Science-Fiction –, werden Sie sehen, dass ich den Schluss so gestaltet habe, dass alles auf den nächsten Band hinweist. Das Buch endet ja mitten im Satz. Im nächsten Buch schicke ich diesen äußerst naiven Agenten nach ... Wie hieß noch mein böser Planet?

Shammat?

Ja, nach Shammat, um dort alles zu reformieren. Es wird schwierig werden, über Shammat zu schreiben, weil er der Erde nicht zu ähnlich werden soll! Das wäre zu einfach! Ich habe eine Handlung, aber der Ton fehlt mir noch. Sie wissen, was ich meine?

Machen Sie viele öffentliche Lesungen?

Nicht sehr viele. Ich lese, wenn ich darum gebeten werde. In Finnland hat man mich nicht darum gebeten. Ich weiß nicht mehr, wann die letzte Lesung war. Ach ja, in Deutschland letztes Jahr, mein Gott! Das war eine ganz katastrophale Reise. Es war irgendeine akademische Einrichtung in Deutschland. Ich habe zu ihnen gesagt: »Ich möchte gerne das machen, was ich immer mache. Erst lese ich die Geschichte, und dann beantworte ich Fragen.« Sie entgegneten das Gleiche wie immer: »Oh, Sie können nicht erwarten, dass die Deutschen Fragen stellen.« Ich sagte: »Hören Sie, lassen Sie mich das einfach machen, denn ich weiß, wie das geht.« Jedenfalls, was dann passierte, war typisch für Deutschland: Wir trafen uns um vier, um die Veranstaltung zu besprechen, die um acht stattfinden sollte. Sie können kein bisschen Uneindeutigkeit oder Unordnung vertragen – nein, nein! So was können sie nicht ertragen. Ich sagte:

»Hören Sie, lassen Sie es doch gut sein!« Der Hörsaal war sehr groß, und ich las eine Geschichte auf Englisch, und sie kam sehr gut an, völlig okay. Ich kündigte an: »Und jetzt beantworte ich Fragen.« Da fing diese Gruppe von vier verdammten Professoren an, mir Fragen zu stellen, diese ungeheuer langen literaturwissenschaftlichen Fragen, die so ermüdend sind, dass das Publikum schließlich anfing, aufzustehen und rauszugehen. Ein junger Mann, ein Student, der sich im Gang herumlümmelte – während ein Professor etwas unheimlich Langes zu Ende brachte –, rief: »Blablablablabla.« Also sagte ich, ohne mich auch nur im Geringsten um die Gefühle des Professors zu kümmern: »Hören Sie, ich beantworte jetzt englische Fragen aus dem *Publikum*.« Und da kamen alle wieder zurück und setzten sich, und es lief gut ... wunderbar lebendige Fragen! Die Professoren waren stinksauer. Das war also Deutschland. Deutschland ist am schlimmsten, wirklich, das Letzte.

Vor Kurzem haben Sie begonnen, Sachbücher zu schreiben.

Ja, ich habe gerade ein Buch, ein kurzes Büchlein, über die Lage in Afghanistan geschrieben. Ich bin dort in den Flüchtlingslagern gewesen, denn die Männer halten sich normalerweise an die Zeitungen, und Männer dürfen wegen der islamischen Denkweise nicht mit den Frauen sprechen. Daher haben wir uns auf die Situation der Frauen konzentriert. Das Buch heißt *Der Wind verweht unsere Worte*, das ist ein Zitat von einem afghanischen Schriftsteller, einem Führer der Mudschahedin, der gesagt hat: »Wir rufen euch um Hilfe an, aber der Wind verweht unsere Worte.«

Haben Sie sich jemals Gedanken darum gemacht, welches Gewicht Sie einem so ungeheuerlichen Bericht ver-

leihen können, als Außenstehende, die nur kurze Zeit zu Besuch ist?

Machen Journalisten sich Gedanken darüber, welchen Einfluss sie haben, wenn sie Länder nur für so kurze Zeit bereisen? Was mich angeht, so war ich gut auf die Reise vorbereitet, besser als die meisten Journalisten, weil ich mich seit einigen Jahren mit diesen Fragen beschäftige und Afghanen und Pakistanis kenne (wie ich im Buch deutlich gemacht habe) und mit Menschen zusammen bin, die Farsi sprechen – Letzteres ist ein Vorteil, den die meisten Journalisten nicht haben.

Ihre Reportagemethoden in dem Buch waren Zielscheibe für die Kritik einiger amerikanischer Journalisten, die behaupten, Ihre Reise nach Afghanistan sei von einer bestimmten, proafghanischen Organisation gesponsert worden. Was sagen Sie dazu?

Das ist die stereotype Kritik von links, die automatisch kommt, von Leuten, die meiner Meinung nach nicht erwarten können, dass man sie ernst nimmt, denn ich habe in meinem Buch klargemacht, dass die Reise nicht von einer politischen Organisation organisiert wurde. Ich bin für eine Hilfsorganisation namens Afghan Relief gefahren, die von einigen Freunden, darunter auch mir, aufgebaut wurde und verschiedene Leute bei ihrem Besuch in Pakistan unterstützt hat, aber nicht mit Geld. Ich habe meine Reise selbst bezahlt, genauso wie die anderen, die mit mir unterwegs waren. Das Besondere an Afghan Relief ist, dass diese Organisation enge Kontakte zu Afghanen hat, sowohl zu Exilanten als auch zu solchen, die in Afghanistan kämpfen, und dass in London ansässige Afghanen dazugehören, die als Berater tätig sind. Diese Afghanen sind meine persönlichen Freunde, keine »politischen« Freunde. Afghan Relief hat bisher keinen Pfennig für Verwaltung ausgegeben; das gesamte Spendensammeln, hier und in Pakistan, geschieht ehrenamtlich. Um es ganz deutlich zu sagen: Außer den Afghanen hat niemand etwas aus Afghan Relief herausgeholt.

Der englische Titel Ihres zweiten Jane-Somers-Buchs, *If the Old Could ...* [dt. *Die Liebesgeschichte der Jane Somers*], geht auf ein Sprichwort zurück: »Wenn die Jungen wüssten, wenn die Alten könnten.« Gibt es etwas, das Sie anders gemacht hätten, oder haben Sie einen Rat für die Jungen?

Von Ratschlägen halte ich nichts. Die Sache ist, man glaubt nicht ... Ich weiß, dass auf diesem Gebiet alles Klischee ist, alles ist schon gesagt worden ... aber man glaubt einfach nicht, dass man einmal alt sein wird. Und den Leuten ist auch nicht klar, wie rasch sie alt sein werden. Die Zeit vergeht sehr schnell.

Aus dem Englischen von Sabine Schulte

Doris Lessing, The Art of Fiction No. 102,
The Paris Review, 106 / Frühling 1988.

Die deutsche Übersetzung erschien erstmals unter dem Titel
»Von den Fachleuten in einen Käfig gesperrt« in: Doris Lessing,
Gespräche. Aus dem Englischen von Sabine Schulte.
Hoffmann und Campe, Hamburg 1999.

Margaret Atwood

IRGENDWANN GEHÖRT MAN ZUM INVENTAR.

Mit Mary Morris (1990)

Margaret Atwood kam 1939 in Ottawa, Ontario, zur Welt. Als Kind lebte sie in der Wildnis im Norden Quebecs und verbrachte einige Zeit in Ottawa, Sault Sainte Marie und Toronto. Mit elf ging sie zum ersten Mal richtig in die Schule. Auf der Highschool begann Atwood, von Edgar Allan Poe inspirierte Gedichte zu schreiben, und mit sechzehn beschloss sie, Schriftstellerin zu werden. Sechs Jahre später gab sie ihre erste Gedichtsammlung namens *Double Persephone* heraus.

Mit ihrem zweiten Lyrikband *The Circle Game* gewann sie den renommiertesten Literaturpreis Kanadas, den Governor General's Award, und gilt seitdem als eine der führenden literarischen Stimmen des Landes. 1972 trat Atwood mit *Survival. Ein Streifzug durch die kanadische Literatur* eine hitzige Debatte los. In ihrer kritischen Untersuchung behauptet sie, die kanadische Literatur spiegele sowohl die unterwürfigen als auch die überlebenskünstlerischen Neigungen eines Landes wider, das sowohl ehemalige Kolonie ist als auch nachrangiger Verbündeter der Vereinigten Staaten und das über schier endlose Wildnis verfügt. Nach dem Erscheinen des Buches zog sich Atwood aus Toronto und ihrem dortigen Job als Lektorin beim Anansi Verlag zurück, ließ sich auf einer Farm in

Alliston, Ontario, nieder und widmete sich ausschließlich dem Schreiben. Ihr bekanntester Roman ist *Der Report der Magd*, im Original 1985 erschienen. Mit diesem verstörenden Bericht aus einer puritanischen Theokratie gewann Atwood ein zweites Mal den Governor General's Award. Der Roman wurde mehrfach verfilmt.

Die gesellschaftliche Stellung der Frau steht immer wieder im Mittelpunkt von Atwoods Arbeit, und Feministinnen beanspruchen ihr Werk als ein Produkt der Frauenbewegung. Atwood hat auch andere politische und philosophische Fragen zum Gegenstand ihres Schreibens gemacht, etwa Kanadas Suche nach nationaler Identität und, vor allem in den letzten Jahren, das Thema Menschenrechte.

Das Interview fand in einem Haus nahe der Princeton University statt, wo Atwood eine Reihe von Lesungen und Vorträgen hielt. In der persönlichen Begegnung ist Atwood so, wie es ihr schriftstellerisches Werk vermuten lässt – scharfsinnig. Zwei Tage lang, über viele Stunden hinweg, während draußen eine Gruppe von Jungen Basketball spielte und Musik hörte, Leute ein und aus gingen und im Nebenzimmer Football geschaut wurde, saß Atwood aufmerksam da und beantwortete ohne Zögern jede Frage. Sie schweifte niemals ab, schien niemals zu ermüden und blieb wie die Erzählerinnen in so vielen ihrer Bücher stets unerschütterlich.

War das Thema Überleben schon immer ein wesentlicher Aspekt Ihrer Arbeit?

Ich bin in den nördlichen Wäldern Kanadas aufgewachsen. Zum Überleben musste man bestimmte Dinge wissen. In meiner Jugend war Survivaltraining in der Wildnis noch nicht im Angebot, aber man brachte mir bei, was ich tun musste, sollte ich mich im Wald verirren. So war das alles ganz unmittelbar und daher recht einfach. Diese Dinge gehörten von Anfang an zu meinem Leben.

Wann haben Sie den gedanklichen Sprung gemacht vom Überleben als physischem Kampf zur intellektuellen oder politischen Auseinandersetzung?

Als ich anfing, über Kanada als Land nachzudenken, wurde mir ziemlich schnell klar, dass das Überleben eine nationale fixe Idee war. Als ich in den sechziger Jahren in die USA kam, hatte ich das Gefühl, kein Mensch weiß, wo Kanada liegt. Der Bruder von irgendwem war vielleicht mal zum Angeln dort gewesen oder so. Als ich in Harvard studierte, wurde ich als »ausländische Studentin« zu einer Frau nach Hause eingeladen und sollte dafür meine »Nationaltracht« anziehen. Leider hatte ich meine Schneeschuhe zu Hause gelassen. Da saß ich also ohne Nationaltracht mit dieser armen Frau an einem üppig gedeckten Tisch und wartete auf die wirklich exotischen ausländischen Studenten in *deren* Nationaltracht – die nie auftauchten, denn bekanntlich gingen ausländische Studenten abends nicht weg.

Sie haben ziemlich viel über das Fremde geschrieben.

Das Fremde ist überall. Nur im Herzen des Landesinnern, also im Herzen der Vereinigten Staaten, kann man dem entgehen. Im Zentrum eines Imperiums kann man seine eigene Erfahrung als universell auffassen. Außerhalb eines Imperiums oder an seinen Rändern geht das nicht.

In Ihrem Nachwort zu *The Journals of Susanna Moodie* schreiben Sie, wenn die Geisteskrankheit der USA Größenwahn ist, dann ist diejenige Kanadas paranoide Schizophrenie. Könnten Sie das noch etwas ausführen?

Die USA sind groß und mächtig; Kanada ist geteilt und bedroht. Vielleicht hätte ich den Begriff »Geisteskrankheit« nicht verwenden sollen. Vielleicht wäre »Geisteszustand« besser gewesen. Männer fragen mich oft: Warum sind Ihre Frauenfiguren so paranoid? Es ist keine Paranoia. Es ist die Einsicht in ihre Situation. Gleichermaßen ist das Gefühl der USA, groß und mächtig zu sein, keine Einbildung. Sie *sind* groß und mächtig. Möglicherweise ist ihr Wunsch, noch größer und mächtiger zu sein, die eigentliche Geisteskrankheit. Jeder Kanadier hat ein kompliziertes Verhältnis zu den USA, während Amerikaner denken, aus Kanada komme vor allem das Wetter. Die Frage des Selbstbildes in einem ungleichen Machtverhältnis schafft Komplikationen.

Wie sehen Sie Kanada und seine Literatur im Rahmen dieser politischen Beziehung?

Kanada ist kein besetztes Land. Es ist ein dominiertes Land. In einem besetzten Land ist die Lage eindeutiger – Helden und Schurken sind deutlich zu erkennen. Kompliziert wird die Sache dadurch, dass die USA natürlich alles begierig vereinnahmen. In dieser Hinsicht sind sie durchaus einladend. Kanadische Autoren sind oft der Meinung, dass sie es in Amerika besser haben als in Kanada, denn in Kanada zu leben heißt gewissermaßen, ein Kleinstadtleben zu führen. Bricht man sich das Bein, kommen alle angerannt, aber wehe, man wird zu wichtig, dann hat man ein Problem. Alice Munros Buch, das in den USA *The Beggar Maid* [dt. *Das Bettlermädchen*] heißt, bekam in Kanada den Titel *Who Do You Think You Are?* verpasst ... im Sinne von: Für wen hältst du dich eigentlich – für den Premierminister? Amerika liebt den Erfolg, den amerikanischen Traum, dass jeder Präsident werden oder ins *People*-Magazin kommen kann. Aber bei den Kanadiern heißt es eher: Also weißt du, was du da machst, könnte den Leuten gegen den Strich gehen. Hier lauern weitaus mehr Scharfschützen im Gebüsch.

Wo, würden Sie sagen, hat man Sie als Schriftstellerin besser behandelt?

Mehr Gehässigkeit, mehr persönliche Angriffe erlebe ich in Kanada, denn da komme ich her. Am schlimmsten streitet man sich bekanntlich innerhalb der Familie. Betrachtet man aber die Pro-Kopf-Verkaufszahlen und wie oft ich auf der Straße erkannt werde, liegt Kanada natürlich deutlich vorne. Würde ich pro Kopf genauso viele Bücher in den USA verkaufen wie in Kanada, wäre ich Milliardärin.

Ist es schwieriger für Frauen, Bücher zu veröffentlichen, als für Männer?

Ich fürchte, die Frage ist zu allgemein formuliert. Sprechen wir zum Beispiel von Nordamerika oder von Irland oder von Afghanistan? Es gibt ja auch noch andere Kategorien als Geschlecht. Alter, Gesellschaftsschicht und Hautfarbe zum Beispiel. Regionale Herkunft. Nationale Herkunft. Vorabpublikationen. Sexuelle Orientierung. Ich denke, wir könnten die Frage umformulieren und fragen, ist es schwieriger für eine Frau, ihren ersten Roman zu publizieren, als für das männliche Gegenstück im selben Alter, aus derselben Schicht, mit derselben Hautfarbe, derselben Nationalität, am selben Standort und bei vergleichbarem Talent, was immer das heißen mag? Gehen wir von der Erfahrung lateinamerikanischer Autorinnen aus – es gibt viele, aber nur wenige werden übersetzt –, würde die Antwort lauten: Ja. In vielen Ländern haben es Frauen schwer, überhaupt irgendetwas zu veröffentlichen – denken Sie an den Nahen Osten zum Beispiel. Oder an Schwarze Frauen in Südafrika.

Für die ist es sogar schwer, irgendetwas zu schreiben. Das fängt bereits mit der Schulbildung an. Schreibenden Frauen werden oft schon in sehr jungen Jahren und auf sehr fundamentale Weise Steine in den Weg gelegt.

Aber wenn wir jetzt, sagen wir, nur von Nordamerika sprechen – natürlich wollen kommerzielle Verlage etwas veröffentlichen, was sie verkaufen können. Ob solche Verlage ein bestimmtes Buch veröffentlichen – sei es von einem Mann, einer Frau oder einer Schildkröte –, hängt zum großen Teil davon ab, wie sie die Rezeption einschätzen. Ich glaube nicht, dass es eine offene Politik gegen Bücher von Frauen oder eine Quote gibt. Vieles hängt vom Buch selbst und von der Intuition im Verlag ab. Es stimmt jedoch, dass die meisten Bücher anscheinend immer noch von Männern geschrieben und rezensiert werden. Das führt uns zum Thema Rezensionen. Dort stößt man am ehesten auf einen Gender-Bias, auf alle möglichen Formen von Voreingenommenheit.

Ist es schwierig, aus männlicher Sicht zu schreiben?

Die meisten »Erzähler« oder Erzählstimmen in meinen Büchern sind weiblich, nur hin und wieder habe ich die Perspektive einer männlichen Figur gewählt. Wie Sie merken, vermeide ich den Begriff »männliche Perspektive«. Ich glaube genauso wenig an eine männliche wie an eine weibliche Perspektive. Von beiden gibt es eine ganze Menge. Aber es ist schon richtig, bestimmte Gedanken und Haltungen haben Männer eher nicht, und andere haben Frauen eher nicht. Wenn ich also doch eine männliche Erzählfigur verwende, dann deshalb, weil es in der Geschichte um etwas oder jemanden geht, das oder der nicht anders vermittelt werden kann, oder es wäre ganz anders, wenn eine weibliche Figur erzählen würde. Zum Beispiel habe ich kürzlich in der Zeitschrift *Granta* eine Erzählung namens »Isis in Darkness« veröffentlicht. Sie handelt von einer Beziehung – einer zarten, sich über Jahre hinziehenden Beziehung – zwischen einer Dichterin und einem Mann, der, sagen wir, literarisch in sie verknallt ist, und davon, wie die Frau auf das Leben des Mannes einwirkt. Hätte ich die Frau erzählen lassen … nun, wie soll man eine Geschichte über Vernarrtheit aus der Sicht des Objekts der Vernarrtheit erzählen, ohne dass die Essenz des Gefühls verloren geht? Sie würde zu einer dieser Stories verkommen, wo eine Frau sich fragt: Was lungert dieser ekelhafte Kerl unter meinem Balkon herum?

Merken Sie es einem Text an, ob er von einem Mann oder einer Frau verfasst wurde?

Manchmal sicherlich, aber nicht immer. Es gibt da einen berühmten Fall aus England: Ein anglikanischer Vikar behauptete, niemand wolle sein Buch veröffentlichen. Also schrieb er unter dem Namen einer ostasiatischen Frau, und Virago verlegte seinen Roman. Dass Frauen nicht aus männlicher Sicht schreiben können oder sollen, ist eine relativ weit verbreitete Ansicht. Männer sind schnell pikiert über die Art und Weise, wie sie von Frauen dargestellt werden, dabei stammen in Wahrheit die meisten wirklich fiesen, unangenehmen Männerfiguren in der Literatur von Männern. Das Prinzip, dass ein Witz nur »intern« funktioniert, scheint auch hier zu greifen – schreibt man über einen unmoralischen Mann mit Käsefüßen und schlechten Tischmanieren, geht das in Ordnung, solange man selbst ein Mann ist, aber wenn eine Frau dasselbe schreibt, ist sofort von Männerhass die Rede. Es verstößt gegen das männliche Ehrgefühl. Erfindet sie nette Männerfiguren, werden sie von anderen Männern als »verweichlicht« angesehen –

stellt ein Mann einen Mann in die Küche, ist das Realismus. Und so weiter und so fort.

Wir haben uns sehr stark angewöhnt, die Dinge von außen zu beurteilen. »Authentizität« ist ein großes Thema. Ich bin da eher auf der Seite der künstlerischen Freiheit. Man sollte so schreiben, wie es einen zu schreiben drängt. Und dann reden wir über das, was dabei rauskommt, statt über das Bild des Autors oder der Autorin auf dem Buchumschlag.

Ihre Frage geht außerdem davon aus, dass »Frauen« eine fest umrissene Größe sind und dass manche Männer »besser« darin sind als andere, diese Größe darzustellen. Ich dagegen glaube einfach nicht an eine feste Größe. Es gibt keine einzelne einfache, statische weibliche Perspektive. Männer, die Frauen in ihren Texten als Klischee darstellen oder wie Polstermöbel oder Sexspielzeug behandeln, schildern damit etwas – ihr Seelenleben vielleicht –, und das kann durchaus von Interesse sein. Aber es findet im Kopf des Autors statt und sollte nicht mit dem Leben außerhalb seines Kopfes verwechselt werden.

Wie unterscheidet sich für Sie das Schreiben von Lyrik und Prosa?

Meine Theorie ist, dass dabei zwei unterschiedliche Gehirnregionen involviert sind, die sich bisweilen überschneiden. Wenn ich Prosa schreibe, bin ich, glaube ich, viel besser organisiert, gehe systematischer vor – das muss man, wenn man einen Roman schreibt. Gedichte schreibt man im frei flottierenden Zustand.

Ich habe das Gefühl, Sie verarbeiten in Ihren Gedichten Probleme, behalten aber die Metaphern bei und dramatisieren sie in Ihren Romanen.

Bei mir entsteht ein Gedicht meist aus einer Anhäufung von Wörtern. Das einzig brauchbare Bild, das mir dazu einfällt, ist eines aus der Naturwissenschaft: Man hängt einen Faden in eine übersättigte Lösung und erzeugt Kristallisation. Ich glaube nicht, dass ich in meinen Gedichten Probleme löse; ich glaube eher, dass ich Probleme aufdecke. Insofern scheint mir der Roman ein Prozess der Lösungsfindung zu sein. Beim Schreiben selbst denke ich überhaupt nicht so – das heißt, wenn ich Gedichte schreibe, weiß ich nicht, ob mich das Gedicht zu meinem nächsten Roman führt. Erst nach Fertigstellung des Romans kann ich sagen, ja, dieses Gedicht war der Schlüssel. Dieses Gedicht hat mir die Tür geöffnet.

Wenn ich einen Roman schreibe, taucht zuallererst ein Bild auf, eine Szene oder eine Stimme. Etwas relativ Kleines. Manchmal steckt diese Saat schon in einem fertigen Gedicht. Die Struktur oder der Entwurf wird im Laufe des Schreibens ausgearbeitet. Andersrum, also ausgehend von einer Struktur, könnte ich nicht arbeiten. Es wäre viel zu sehr wie Malen nach Zahlen. Und was die Entwicklungslinie anbelangt – das heißt, die Entwicklung von Gedicht zu Roman –, da könnte ich jede Menge Beispiele nennen. In meiner Gedichtsammlung *Animals in That Country* gibt es ein Gedicht namens »Progressive Insanities of a Pioneer«. Das führte zu einer ganzen Sammlung namens *The Journals of Susanna Moodie*, und die wiederum führten zu dem Roman *Der lange Traum.* Oder, um eine andere Entwicklungslinie zu nennen: Die Gedichte aus *Wahre Geschichten* haben teilweise ganz eindeutige Verbindungen zum Roman *Verletzungen*. Es ist fast so, als würden die Gedichte eine Öffnung schaffen, den Zutritt zu einem Raum, einer Truhe oder einem Pfad. Und dort kann der Roman hineingehen und schauen, was es sonst noch alles gibt. Ich glaube, das ist nicht einzigartig. Vermutlich machen viele zweigleisig fahrende Autorinnen und Autoren ähnliche Erfahrungen.

Nehmen schreibende Menschen anders wahr als andere? Ist der Blick der Schriftstellerin, des Schriftstellers ein spezieller?

Das hängt alles mit der Frage zusammen, für welche Dinge wir Wörter haben. Eskimos zum Beispiel, die Inuit, haben zweiundfünfzig verschiedene Begriffe für Schnee. Jedes dieser Wörter beschreibt eine andere Form von Schnee. Im Finnischen gibt es kein *er* oder *sie*. Schreibt man auf Finnisch einen Roman, muss man von Anfang an klarmachen, welches Geschlecht gemeint ist, entweder indem man der Figur einen Namen gibt oder eine geschlechtsspezifische Aktivität schildert. Aber ich kann die Frage eigentlich gar nicht beantworten, weil ich nicht weiß, wie »andere« die Welt wahrnehmen. Den Briefen nach zu urteilen, die ich bekomme, erkennen sich viele Menschen zumindest in Teilen wieder in dem, was ich schreibe, wobei der wiedererkannte Aspekt natürlich von Mensch zu Mensch variiert. Das Besondere an Schriftstellern und Schriftstellerinnen ist, dass sie schreiben. Insofern nehmen sie es mit Wörtern genauer, zumindest auf dem Papier. Aber jeder Mensch »schreibt« auf eine bestimmte Art; das heißt, er oder sie hat eine »Geschichte« – eine persönliche Erzählung –, die ständig wiederholt, überarbeitet, auseinandergenommen und wieder zusamengesetzt wird. Die signifikanten Punkte in dieser Geschichte verändern sich mit dem Alter – was man mit zwanzig als Tragödie empfunden hat, sieht man mit vierzig vielleicht als Komödie oder mit nostalgischem Blick. Alle Kinder »schreiben« (und malen und singen). Ich denke, die eigentliche Frage ist, warum so viele Menschen damit aufhören. Einschüchterung vermutlich. Angst davor, nicht gut zu sein. Zeitmangel.

Verzweifeln Sie manchmal an den Grenzen der Sprache?

Alle, die schreiben, verzweifeln an den Grenzen der Sprache. Zumindest die, die es ernst damit meinen.

Warum gibt es in Ihren Büchern so viel Gewalt? Vor allem in Ihrem Roman *Verletzungen*?

Manchmal sind die Leute erstaunt, dass eine Frau so etwas schreiben kann. *Verletzungen* zum Beispiel wurde als eine Art Übergriff in eine vermeintliche Männerdomäne wahrgenommen. Sicherlich kommt in meiner Arbeit mehr Gewalt vor als bei Jane Austen oder George Eliot. Es war aber damals auch nicht üblich. Charles Dickens hat darüber geschrieben, wie Nancy von Bill Sikes zu Tode geprügelt wird, und alles ist voller Blut; hätte eine Frau das geschrieben, hätte es niemand veröffentlicht. Ich selbst bin ohne Gewalt und unter Menschen aufgewachsen, die in ihrem Verhalten extrem zivilisiert waren. Als ich hinaus in die Welt ging, hat mich Gewalt viel mehr schockiert als jemanden, der daran gewöhnt ist. Auch während des Zweiten Weltkriegs, obwohl es in meiner unmittelbaren Umgebung keine Gewalt gab, war die Angst, die Sorge wegen des Krieges allgegenwärtig. Kanada trat 1939 in den Krieg ein, etwa zwei Monate vor meiner Geburt. Die Pro-Kopf-Sterblichkeit war hoch.

Und doch schreiben Sie so, als hätten Sie selbst Gewalt erlebt.

Aber ich schreibe so, als hätte ich jede Menge erlebt, was ich nicht erlebt habe. Ich habe nie Krebs gehabt. Ich bin nie dick gewesen. Ich fühle mich jeweils ein. In meiner kritischen Arbeit bin ich eher Rationalistin. In meiner Lyrik überhaupt nicht. Man kann einfach nicht im Voraus wissen, was in die Arbeit mit einfließen wird. Man sammelt all die glänzenden Gegenstände, die einem ins Auge fallen – in all ihrer Vielfalt. Manche hält man für komplett nutzlos. Ich habe eine große Sammlung solcher Kuriositäten, und hin und wieder brauche ich eine von ihnen. Sie sind bei mir im Kopf, fragt sich nur, wo! Da drin ist alles durcheinander. Ich muss immer suchen.

Fällt es Ihnen leicht, über Sex zu schreiben?

Wenn Sie mit *Sex* den sexuellen Akt als solchen meinen – die »heiße Nummer« und so weiter – na ja, solche Szenen schreibe ich ohnehin eher selten. Das wird schnell unfreiwillig komisch, prätentiös oder übertrieben bildhaft. »Ihre Brüste waren wie Äpfel«, so was. Beim Sex geht es aber gar nicht darum, wessen Körperteil sich wo befindet. Es geht um die Beziehung zwischen den Beteiligten, um die Möbel im Raum oder die Blätter an den Bäumen, was davor und danach gesagt wird, die Gefühle – ist es ein Akt der Liebe, ein Akt der Lust, ein Akt des Hasses, ein Akt der Verzweiflung, ein Akt der Manipulation, ein Akt der Hoffnung? Diese Dinge müssen mit drin sein.

Striptease ist nicht mehr so interessant, seitdem die Kostüme abgeschafft wurden. Es ist etwas Newton'sches. Die Bewegung von Körpern im Raum, das war's. Kann langweilig werden.

Hat Mutterschaft Ihre Selbstwahrnehmung verändert?

Zu Beginn meiner Karriere war ich eine Zeit lang beherrscht von dem Bild der Schriftstellerinnen, denen ich mich aussetzte. Geniale Selbstmörderinnen wie Virginia Woolf. Geniale Eremitinnen wie Emily Dickinson und Christina Rossetti. Oder Frauen, die irgendwie verloren waren wie die Brontë-Schwestern, die alle drei jung gestorben sind. Man konnte auf Harriet Beecher Stowe oder Mrs Gaskell zurückgreifen, beide führten ein einigermaßen gesittetes Leben. George Eliot wiederum hatte keine Kinder, Jane Austen auch nicht. Blickt man zurück auf diese Schriftstellerinnen, scheint es schwierig gewesen zu sein, als Frau und Schriftstellerin Kinder und familiäre Beziehungen zu haben. Eine Zeit lang glaubte ich, ich müsste mich zwischen den beiden Dingen, die ich wollte, entscheiden: Kinder haben oder Schriftstellerin sein. Aber ich habe es trotzdem gewagt.

In einem Großteil Ihres Werkes scheinen Liebe und Macht auf komplizierte Weise miteinander verknüpft zu sein – in *Power Politics* wird Liebe als Machtkampf dargestellt. Sehen Sie noch irgendeinen anderen Weg zwischen Männern und Frauen?

Einer Liebesbeziehung zwischen Mann und Frau liegen tatsächlich Machtstrukturen zugrunde, weil Männer in dieser Gesellschaft über andere Formen von Macht verfügen als Frauen und über mehr Macht überhaupt. Das Problem für eine Frau in einer Beziehung ist die Frage, wie behält sie ihre Integrität, ihre persönliche Macht, während sie außerdem in einer Beziehung mit einem Mann ist? Verliebtheit ist eine Erfahrung, die Ego-Barrieren niederreißt. Das Positive daran ist das Gefühl eines »kosmischen Bewusstseins«, die negative Seite ist das Gefühl von Selbstverlust. Man kommt sich selbst abhanden; man kapituliert – die Burg ist gefallen. Aber ist ein gleichwertiger Austausch in einer eher ungleichen Gesellschaft möglich? *Power Politics* erschien 1971. Die Leute neigen dazu, das Buch ins Präsens zu setzen. Alle meine Bücher sind unterschiedlich – sie stellen diverse Situationen, Charaktere und Themengebiete dar. *Die Unmöglichkeit der Nähe* ist der Roman, den man am ehesten der »Frauenliteratur« zuordnen könnte. Darin gibt es ein gleichschenkliges Dreieck. Wir haben zwei Frauen und einen Mann, und aus jeder der drei Perspektiven sieht es so aus, als würden sich die anderen beiden nicht korrekt verhalten. Aber man kann um das Dreieck herumgehen und es von allen Seiten betrachten. Wenn Sie mich persönlich als Mensch fragen, ist das schon etwas anderes. Ich bin in einer sehr guten Beziehung mit einem Mann, und zwar schon recht lange. Ein Roman ist nicht bloß ein Vehikel zur Selbstdarstellung oder zur Darstellung des eigenen Lebens. In der Hinsicht bin ich eher konservativ. Ich sehe den Roman vor allem als Vehikel, um die Gesellschaft zu betrachten – als Schnittstelle zwischen Sprache und dem, was wir gern Realität nennen, wobei auch die eine sehr dehnbare Angelegenheit ist. Wenn ich Romanfiguren erschaffe, drücken sie nicht zwangsläufig etwas rein Persönliches aus. Ich verarbeite ein breites Spektrum an Beobachtungen.

Wie arbeiten Sie? Können Sie beschreiben, wie Sie den ersten Entwurf verfassen?

Ich schreibe mit der Hand und vorzugsweise auf Papier mit Rändern, dicken Linien und viel Platz zwischen den Zeilen. Ich schreibe gern mit Stiften, die leicht übers Papier gleiten, weil ich sehr schnell schreibe. Tatächlich produziere ich keine druckfertigen Seiten am laufenden Band. Obwohl ich schnell schreibe, muss ich ständig hinzufügen oder durchstreichen. Das nahezu unleserliche Manuskript transkribiere ich dann per Schreibmaschine.

Haben Sie eine Tageszeit, einen Tag oder einen Ort zum Schreiben? Spielt es eine Rolle, wo Sie sind?

Ich versuche zwischen zehn Uhr morgens und vier Uhr nachmittags zu schreiben, bis mein Kind aus der Schule kommt. Manchmal auch abends, wenn der Roman gerade richtig flutscht.

Schreiben Sie einen Roman durch, von Seite eins bis zum Ende?

Nein. Die Szenen tauchen einfach auf. Manchmal erfordert das eine lineare Vorgehensweise, manchmal ist es aber auch ein heilloses Durcheinander. Vom *Langen Traum* habe ich zwei Teile geschrieben und fünf Jahre später den Rest des Romans. Die Szene, in der die Seele der Mutter in Gestalt eines Vogels erscheint, und die erste Fahrt zum See. Das sind die beiden Fixpunkte dieses Romans.

Was ist beim Schreiben der schwierigste Aspekt?

Für das Buch zu werben – also Interviews zu geben. Das Einfachste ist das Schreiben selbst. Damit meine ich nicht, dass es frei wäre von schwierigen Momenten oder Frustration; das »Lohnendste« meine ich wahrscheinlich. Vor der Werbung kommt noch das Bearbeiten und Korrekturlesen. Das macht mir sehr wenig Spaß.

Arbeiten Sie eng mit dem Lektorat zusammen?

Als ehemalige Lektorin redigiere ich mich selbst sehr stark. Ich schreibe viel um, bevor ich Leuten etwas zu lesen gebe. Ich habe ein Manuskript gern in mehr oder weniger fertigem Zustand, bevor es jemand sieht. Was aber nicht heißt, dass ich gut in Rechtschreibung wäre. Das ist die eine Sache, und dann gibt es so Kleinkram wie Zeichensetzung – da hat jeder seine eigenen Vorstellungen. Also arbeite ich natürlich mit einer Lektorin, um diesen Aspekt des Texts zu verbessern. Ellen Seligman von McClelland and Stewart war sehr engagiert und wundervoll, als wir an *Katzenauge* gearbeitet haben. Da heißt es dann zum Beispiel: »Du hast hier zwei Mal auf derselben Seite das Wort *matschig*.« Total akribisch. Und sehr lustig war es, mit bestimmten Zeitschriftenredakteuren – Bob Gottlieb vom *New Yorker* zum Beispiel und Bill Buford von *Granta* – ein paar Geschichten am Telefon zu überarbeiten. Diese Sitzungen finden immer genau dann statt, wenn man gerade in der Schweiz ist oder in die Badewanne will, und das Ganze muss immer sofort erledigt werden. Da wird dann gefeilscht, was das Zeug hält. Den Bindestrich kannst du behalten, wenn ich dafür das Semikolon bekomme. So was in der Art. Wobei Lektorinnen oder Redakteure ja nicht nur Texte redigieren. Sie betreuen das Buch über den gesamten Publikationsprozess hinweg. Lange Freundschaften verbinden mich etwa mit Bill Toye von Oxford, Kanada; mit Nan Talese, die seit 1976 meine Lektorin ist, und mit Liz Calder von Bloomsbury in Großbritannien. Was du dir von einer Lektorin oder einem Redakteur unbedingt wünschst, ist das Gefühl, dass sie oder er deine Arbeit versteht. Geld ist da kein Ersatz.

Mir ist aufgefallen, dass Geld ein wichtiger Faktor in Ihrem Denken ist. Haben Sie die Dinge immer schon in so streng wirtschaftlichem Licht gesehen?

Wer arm ist, tut das. Ich habe Zeiten erlebt, da war ich relativ arm, da musste ich wirklich zusehen, wie ich mir Zeit zum Schreiben verschaffe, und tatsächlich auch, dass ich genug zu essen habe. Meine Armut war aber nicht mit echter Armut zu vergleichen, weil ich immer meine Ziele hatte. Ich hatte nie das Gefühl von Ausweglosigkeit. Weil ich mit meiner Familie im Wald gelebt habe, war es im Grunde schwer zu sagen, ob wir reich oder arm waren. Es war einfach nicht relevant. Es spielte keine Rolle. Wir hatten alles, was wir brauchten – wir haben unser eigenes Gemüse angebaut und dergleichen. Insofern habe ich damals immer außerhalb dieser Kategorien gelebt. Ich war in keine soziale Struktur eingebunden, in der das eine Rolle spielte. Dann stand ich ziemlich schnell auf eigenen Beinen. Ich hatte schon früh ein eigenes Konto und lernte, damit umzugehen. Ich wurde so erzogen, wirtschaftlich unabhängig sein zu wollen, und bin es auch immer gewesen. Geld ist für Frauen wichtig: Sie würden staunen, wie sehr finanzielle Abhängigkeit das Denken eines Menschen beeinflusst. Jedes Menschen übrigens.

Haben Sie schon mal daran gedacht, einen Roman zu schreiben, in dem eine Frau einen sehr wichtigen Job hat?

Ja, daran habe ich schon mal gedacht. Aber ich scheue aus demselben Grund davor zurück, aus dem George Eliot nie einen Roman über eine erfolgreiche Schriftstellerin des 19. Jahrhunderts geschrieben hat, obwohl sie eine war. Das ist noch immer so untypisch, dass es eine gesellschaftliche Ausnahme darstellt. Außerdem bin ich keine Geschäftsfrau. Ich arbeite selbstständig. Ich habe nicht auf dieselbe Weise mit Machtstrukturen zu tun. Ich muss mir nicht den Weg durch die Unternehmenswelt bis an die Spitze erkämpfen. In einem meiner Bücher gibt es eine erfolgreiche Frau: die junge Richterin aus *Verletzungen*, mit der Rennie ein Interview führt. Sie ist einfach perfekt. Sie hat moderne Gemälde an der Wand, einen wunderbaren Ehemann, Kinder. Sie liebt ihre Arbeit – erinnern Sie sich an sie? Rennie interviewt sie und kann es nicht ertragen. Einmal hat sich eine

Interviewerin – aus der Lifestyle-Ecke – sehr über mich geärgert, weil sie das Gefühl hatte, ich erzähle ihr überhaupt nichts Skandalöses. Sie wollte unbedingt ans Eingemachte. Irgendwann habe ich sie gefragt: »Wenn es nach Ihnen ginge, was würden Sie denn am liebsten hören?« Sie erwiderte: »Na ja, dass Sie Graeme verlassen, heute noch, und dass ich exklusiv berichten und mit Ihnen nach Hause fahren und Ihnen beim Packen zusehen darf.«

Haben Sie immer schon Institutionen infrage gestellt?

Na ja, ich bin im Wald aufgewachsen, jenseits von sozialen Strukturen, außer denen meiner Familie. Insofern habe ich solche Strukturen nicht gerade mit der Muttermilch eingesogen wie viele andere Kinder. Wenn man in einer Kleinstadt aufwächst, weiß man instinktiv, wer wer ist und wen man getrost verachten kann.

Wie geraten Sie an Ihre Titel?

»An meine Titel geraten«, das gefällt mir, denn ungefähr so ist es wirklich. Ich gerate auf ähnliche Weise an die Titel, wie man in einem Trödelladen oder am Straßenrand unerwartet an irgendeinen Gegenstand gerät. Manchmal ist der Titel fast schon zu Beginn des Schreibens da – *The Edible Woman* [dt. *Die essbare Frau*] und *Lady Oracle* [dt. *Lady Orakel*] sind Paradebeispiele. Manchmal sucht man verzweifelt hier und da, und dann springt einen plötzlich der richtige Titel von der Seite an. *Bodily Harm* [dt. *Verletzungen*] fiel mir ein, als ich in anderem Zusammenhang einen juristischen Text las. Einige Bücher haben eine Reihe von Arbeitstiteln durchlaufen; für *Surfacing* [dt. *Der lange Traum*] gab es zwei ernsthafte Vorläufertitel und ungefähr zwanzig Möglichkeiten – von denen einige Variationen des endgültigen Titels waren.

Cat's Eye [dt. *Katzenauge*] – ich glaube, den gab es schon früh, und er war durchaus notwendig im Hinblick auf den zentralen Gegenstand des Buches. *The Handmaid's Tale* [dt. *Der Report der Magd*] hieß *Offred*, als ich anfing zu schreiben. Auf Seite 110 änderte sich der Titel. Ich weiß das, weil ich damals eine Art Arbeitstagebuch führte, um mich selbst zu motivieren – das heißt, ich habe mir notiert, wie viele Seiten ich geschafft hatte. Ich habe immer viel in der Bibel gelesen, das tue ich noch heute – teils weil ich so viel Zeit in Hotelzimmern verbringe, teils aus langjähriger Gewohnheit –, also stammt der endgültige Titel eigentlich aus dem ersten Buch Mose, Kapitel 30. Ich glaube auch, dass »handmaid« [Magd] eines der Wörter war, die mich als Kind verwirrt haben. Ähnlich wie »footman« [Diener]. Es ist ein seltsames Wort.

Ist die Bibel für Sie eine literarische Inspiration? Ich weiß, dass Sie mal in fast religiöser Begrifflichkeit von Ihrer »Gabe« gesprochen haben.

Diese Analogie ist mir nicht sehr angenehm, eben weil sie religiös ist. Aber »die Gabe« ist echt. Damit einher geht das Gefühl von Berufung und Hingabe.

Am Ende von *Lady Orakel* sagt Joan: »Ich werde keine Kitschromane mehr schreiben. Vielleicht schreibe ich Science-Fiction. Vielleicht schreibe ich über die Zukunft.« In gewissem Sinne haben Sie beim *Report der Magd* genau das getan. In Ihrer Arbeit gibt es eine Entwicklung hin zu einem umfassenderen Blick auf die Welt.

Ich denke, das Blickfeld hat sich geweitet, aber sicherlich geht das allen Schriftstellern so. Erst mal lernt man sein Handwerk. Das kann Jahre dauern. Dazu muss man sich kleine, handhabbare Themen aussuchen. Man lernt, wie man damit gute Arbeit macht. Im weiteren Sinne ist natürlich jeder Roman – am Anfang – dasselbe Öffnen einer Tür in einen völlig unbekannten Raum. Es ist jedes Mal wieder genauso beängstigend. Trotzdem, wenn man die Reise ein paarmal gemacht hat, hat man Orientierungshilfen, kleine Wegweiser im Hinterkopf. Es gehört zu den heilsamsten Dingen, einen Roman zu schreiben, der misslingt, der nicht funktioniert oder den man nicht fertig schreiben kann, denn was man beim Scheitern lernt, ist oft genauso wichtig wie das, was man aus einem gelungenen Projekt lernt. Die Vorstellung, dass es einem noch einmal passiert, ist nicht mehr so fürchterlich, weil man weiß, man hat's überstanden.

Blicken Sie mit Freude auf Ihre Arbeit zurück? Würden Sie etwas ändern, wenn Sie könnten?

Ich blicke nur selten auf frühere Arbeiten zurück. Ändern würde ich sie genauso wenig, wie ich ein Foto von mir retuschieren würde. Und wenn ich mir doch mal eine frühere Arbeit ansehe, erkenne ich sie manchmal nicht wieder, oder ich bin nachsichtig, so wie man es gegenüber der Arbeit von Jüngeren ist. Oder ich frage mich, was in aller Welt ich mir dabei gedacht habe – und dann fällt es mir wieder ein. Ich vermute, wenn ich mal achtzig bin, werde ich mich an meinen früheren Ergüssen weiden, aber noch bin ich viel zu sehr mit dem beschäftigt, was ich momentan um die Ohren habe.

Sind die kanadischen Kritiker in letzter Zeit hart mit Ihnen umgegangen?

Nicht härter als sonst auch. Wenn überhaupt, dann vielleicht etwas weniger hart. Ich glaube, sie gewöhnen sich daran, dass ich da bin. Ein paar mehr Falten im Gesicht sind da durchaus hilfreich. So gehört man irgendwann zum Inventar. Hin und wieder gibt es Jüngere, die von sich reden machen wollen, indem sie mich verunglimpfen. Kein Schriftsteller, der schon eine Weile unterwegs ist, wird davon verschont. Als jüngerer Mensch war ich selbst sehr intolerant. Diese Intoleranz ist im Grunde notwendig; junge Leute brauchen sie zur Selbstlegitimierung.

Sie scheinen sehr viel über bildende Kunst zu wissen. Kommt Ihr Wissen aus Recherchen oder aus erster Hand?

Alle Schriftsteller, vermute ich – wahrscheinlich alle Menschen überhaupt –, führen Parallelexistenzen im Hinblick darauf, was sie geworden wären, wenn sie nicht geworden wären, was sie sind. Ich habe mehrere solcher Existenzen, und eine davon ist auf jeden Fall ein Leben als Malerin. Mit zehn war ich davon überzeugt, ich würde Malerin werden, mit zwölf wollte ich stattdessen Modedesignerin werden, und dann kam die Realität ins Spiel, und ich beschränkte mich nur noch darauf, meine Schulbücher vollzukritzeln. An der Uni verdiente ich mir ein Taschengeld, indem ich fürs Theater Plakate entwarf und im Siebdruckverfahren herstellte oder Programmhefte gestaltete. Ich habe nie aufgehört, auf meine rudimentäre Art zu zeichnen und zu malen, und entwerfe auch heute noch gelegentlich etwas – die kanadischen Umschläge meiner Lyrikbände zum Beispiel. Das gehört zu den Dingen, die ich mir für die Rente aufhebe. Vielleicht kann ich ja eine ähnlich schreckliche Sonntagsmalerin werden wie Winston Churchill. Einige meiner Freunde sind Maler, also weiß ich, welche Schwierigkeiten ein solches Lebens mit sich bringt. Die Vernissagen mit dem billigen Wein und dem gewellten Käse, die

Kritiken mit den flotten Überschriften, die immer eine Spur danebenliegen, und so weiter.

Gibt es irgendetwas, das Sie als schönstes Erlebnis Ihres Schriftstellerinnenlebens in Erinnerung behalten haben?

Mein erstes veröffentlichtes Gedicht, das war das Größte. Witzig, oder? Alles, was seitdem passiert ist, war wahnsinnig aufregend, aber das war am aufregendsten.

Ich meinte eigentlich etwas Persönlicheres.

Also gut, ja. Ich war mal in Kopenhagen und ging so vor mich hin, bummelte durch eine überfüllte Einkaufsstraße. Dänemark hat historische Verbindungen mit Grönland, wo sehr viele Inuit leben. Plötzlich kamen ein paar Inuit-Tänzer in traditioneller grönländischer Tracht die Straße entlang. Sie hatten bemalte Gesichter und trugen Pelzkostüme, stellten Tiere und Monster dar, irgendwelche Totemwesen. Sie tanzten, knurrten und machten komische Geräusche ins Publikum. Sie hatten Krallen an den Händen und Gesichtsverzerrer im Mund – Holzstücke, die ihre Wangen in die Breite zogen. Eines dieser pelzigen Totemtiere kam auf mich zu, nahm seinen Gesichtsverzerrer aus dem Mund und fragte: »Sind Sie Margaret Atwood?« Ich sagte Ja. Er sagte: »Ich mag Ihre Arbeit.« Und dann steckte er sich den Gesichtsverzerrer wieder in den Mund und verschwand knurrend in der Menge.

Aus dem Englischen von Monika Baark

Margaret Atwood, The Art of Fiction No. 121,
The Paris Review, 117 / Winter 1990.

Toni Morrison

DAS HIRN. NUR DARUM GEHT ES.

Mit Elissa Schappell und
Claudia Brodsky Lacour (1993)

Toni Morrison kann es nicht ausstehen, wenn sie als »poetische Schriftstellerin« bezeichnet wird. Die Betonung der lyrischen Qualität ihres Schreibens, meint sie, drohe ihr Talent in den Hintergrund zu drängen und ihren Geschichten die Kraft und Resonanz abzusprechen. Als eine der wenigen Schriftstellerinnen, deren Werk sowohl von der Kritik als auch vom Publikum hochgelobt wird, kann sie es sich leisten, selbst zu entscheiden, welches Lob sie annimmt. Und sie lehnt keineswegs jede Einordnung ab – den Ehrentitel »Schwarze Autorin« weiß sie sogar sehr zu schätzen. Ihre Fähigkeit, aus Individuen Naturgewalten und aus persönlichen Eigenheiten Unvermeidlichkeiten zu machen, hat dazu geführt, dass sie in Rezensionen oft als »D. H. Lawrence der Schwarzen Psyche« bezeichnet wird. Gleichzeitig ist sie eine Meisterin des populären Romans, geht den Beziehungen zwischen Menschen unterschiedlicher Hautfarbe und unterschiedlichen Geschlechts ebenso auf den Grund wie dem Kampf zwischen Zivilisation und Natur und schafft es, Mythisches und Phantastisches mit einem tiefen politischen Gespür zu verbinden.

Unser Gespräch findet an einem sommerlichen Sonntagnachmittag auf dem eindrucksvollen Campus der Princeton University statt. Wir führen das Interview in Toni Morrisons Büro. An den Wänden hängen ein großer Druck von Helen Frankenthaler, architektonische Feder- und Tusche-zeichnungen sämtlicher Häuser, die in ihren Büchern vor-kommen, Fotos, ein paar gerahmte Buchcover sowie ein Entschuldigungsschreiben von Hemingway – Letzteres eine als Scherz gemeinte Fälschung. Auf ihrem Schreibtisch hat sie eine Teetasse aus blauem Glas mit Shirley Temples Konterfei, darin die Bleistifte der Stärke HB, mit denen sie die ersten Fassungen ihrer Bücher schreibt. Auf einem Fensterbrett stehen Geldbäumchen, darüber hängen noch ein paar weitere Topfpflanzen. Eine Kaffeemaschine und Tassen warten einsatzbereit. Trotz der hohen Decke, dem schweren Schreibtisch und den schwarzen Stühlen mit den hohen Rückenlehnen ist die Atmosphäre im Zimmer hei-melig wie in einer Küche, vielleicht, weil das Gespräch mit Morrison über ihr Schreiben eines dieser intimen Gesprä-che ist, wie sie häufig in Küchen stattfinden; oder weil sie, als unser Energiepegel allmählich sinkt, von irgendwo ein paar Gläser Preiselbeersaft herbeizaubert. Wir haben den Eindruck, dass sie uns in ihr Heiligtum eingelassen hat, da-bei aber die Fäden auf subtile Weise fest in der Hand hält.

Draußen dringt das Sonnenlicht zwischen den Laubdä-chern der Eichen hindurch und tupft das weiße Büro mit Lachen aus gelblichem Licht. Morrison sitzt hinter ihrem Schreibtisch, der, ihren Entschuldigungen für die »Unord-nung« zum Trotz, sehr aufgeräumt wirkt. An einer Wand stapeln sich Bücher und Papiere auf einer handbemalten Bank. Morrison selbst ist kleiner, als man vielleicht den-ken würde, und ihr grau-silbriges Haar ist zu dünnen Dreadlocks gedreht, die ihr bis zu den Schultern reichen. Im Verlauf des Interviews lässt Morrison ihre tiefe, sonore Stimme immer wieder in ein volltönendes Lachen überge-hen und unterstreicht manchmal etwas, indem sie mit der flachen Hand auf den Tisch schlägt. Von einer Minute auf die andere kann ihre Stimmung wechseln, vom Zorn über die Gewaltbereitschaft in den USA zum Vergnügen über die Moderatorinnen und Moderatoren der Trash-Talkshows, durch die sie, wie sie gesteht, manchmal spätnachmittags zappt, wenn ihre Arbeit getan ist.

Sie haben mal erzählt, dass Sie morgens noch vor Sonnenaufgang mit dem Schreiben beginnen. Hat das praktische Gründe, oder ist der frühe Morgen eine besonders ergiebige Zeit für Sie?

Anfangs war es reine Notwendigkeit – ich hatte ja kleine Kinder, als ich anfing zu schreiben, und musste die Zeit nutzen, bevor sie »Mama« riefen, und das war eben vor Sonnenaufgang, gegen fünf Uhr morgens. Jahre danach, als ich nicht mehr bei Random House arbeitete, war ich eine ganze Weile nur zu Hause. Da habe ich einiges an mir entdeckt, worüber ich vorher nie nachgedacht hatte. Ich wusste in der ersten Zeit zum Beispiel gar nicht, wann ich essen will. Ich hatte immer gegessen, wenn es Zeit war zum Mittagessen, zum Abendessen, zum Frühstück. Alle meine Gewohnheiten waren von der Arbeit und den Kindern geprägt. Ich kannte nicht mal die Geräusche in meinem Haus, tagsüber, unter der Woche; das hat mich anfangs alles sehr verwirrt.

Damals – 1983 – war ich gerade dabei, *Menschenkind* zu schreiben, und irgendwann merkte ich, dass ich am Morgen klarer denken kann, zuversichtlicher und auch insgesamt intelligenter bin. Von da an wurde das frühe Aufstehen, das ich mir wegen der Kinder angewöhnt hatte, zu einer bewussten Entscheidung. Nach Sonnenuntergang bin ich nicht mehr besonders helle, witzig oder kreativ.

Kürzlich habe ich mich mit einer anderen Autorin unterhalten, die mir erzählte, dass sie immer etwas ganz Bestimmtes macht, wenn sie sich an den Schreibtisch setzt. Ich weiß nicht mehr genau, was es war – da steht irgendetwas auf ihrem Tisch, das sie berührt, bevor sie in die Tasten haut –, aber wir sprachen dann über die kleinen Rituale, die man absolviert, bevor man zu schreiben anfängt. Erst dachte ich, ich hätte kein Ritual, aber dann fiel mir ein, dass ich mir immer nach dem Aufstehen einen Kaffee mache, wenn es noch dunkel ist – es muss noch dunkel sein –, und dann trinke ich den Kaffee und sehe zu, wie es hell wird. Sie sagte zu mir: »Siehst du, das ist dein Ritual.« Und mir wurde klar, dass ich mich mit diesem Ritual darauf vorbereite, einen Raum zu betreten – ich kann ihn nur als »nicht weltlich« bezeichnen ... Alle, die schreiben, denken sich Möglichkeiten aus, um sich diesem Ort zu nähern, der ihnen den Kontakt ermöglicht, wo sie zum Gefäß werden oder sich sonst wie diesem geheimnisvollen Vorgang widmen. Für mich markiert das Tageslicht diesen Übergang. Es geht nicht darum, im Licht zu sein, sondern schon vor ihm da zu sein. Das setzt mich gewissermaßen in Gang.

Meinen Studierenden sage ich immer, sie müssen für sich herausfinden, wann sie in kreativer Hinsicht am besten sind. Sich überlegen: Wie sieht mein ideales Zimmer aus? Läuft Musik? Ist es still? Herrscht draußen Chaos, oder muss alles friedlich sein? Was brauche ich, um meine Phantasie freizusetzen?

Und wie sieht Ihre Schreibroutine aus?

Mein Ideal – ich habe es so nie erlebt – wäre: Ich habe, sagen wir, neun Tage am Stück Zeit, an denen ich nicht aus dem Haus und mit niemandem telefonieren muss. Und ich hätte Platz – Platz für riesige Tische. In Wirklichkeit habe ich immer nur so viel Platz (*sie deutet auf einen kleinen quadratischen Fleck auf ihrem Schreibtisch*), egal, wo ich bin, ich komme einfach nicht davon weg. Es erinnert mich an den winzigen Schreibtisch, an dem Emily Dickinson geschrieben hat, ich muss jedes Mal lachen bei dem Gedanken: Ach, die Süße, da saß sie. Aber letztlich haben wir alle nur das: nur diese eine kleine Fläche, und ganz egal, wie das eigene Ablagesystem funktioniert oder wie oft man ausmistet – das Leben, die Unterlagen, Briefe, Anfragen, Einladungen, Rechnungen, das alles kommt immer wieder. Ich kann gar nicht regelmäßig schreiben. Das konnte ich noch nie – vor allem auch, weil ich immer noch einen Bürojob hatte. Da musste ich entweder hektisch zwischendurch schreiben oder aber viele Wochenenden und frühe Morgenstunden investieren.

Konnten Sie auch nach der Arbeit noch schreiben?

Das war schwierig. Ich habe versucht, das Fehlen einer geordneten Umgebung zu überwinden, indem ich den Drang durch Disziplin ersetze; wenn also plötzlich etwas da war und gesehen oder durchdrungen werden wollte, oder eine Metapher war kraftvoll genug, dann schob ich alles andere beiseite und schrieb eine Zeit lang kontinuierlich. Ich spreche hier übrigens nur von der ersten Fassung.

Die muss man in einem Rutsch schreiben?

Ich schon. Aber das ist sicher kein Gesetz.

Könnten Sie auf Ihrer Schuhsohle schreiben, während Sie im Zug sitzen, so wie Robert Frost? Oder im Flugzeug arbeiten?

Manchmal klärt sich plötzlich etwas, das mir Schwierigkeiten gemacht hat, eine Wortfolge beispielsweise, dann habe ich auch schon auf Zettel geschrieben, auf Briefpapier im Hotel oder im Auto. Wenn es da ist, weiß man das einfach. Und dann muss man es auch niederschreiben.

Wie schreiben Sie, ganz konkret?

Mit Bleistift.

Könnten Sie auch am Computer arbeiten?

Ach, das mache ich durchaus, aber erst viel später, wenn alles steht. Das tippe ich dann in den Rechner, und anschließend mache ich mich ans Überarbeiten. Aber beim ersten Mal schreibe ich mit Bleistift oder auch mal mit Kugelschreiber, wenn ich keinen Bleistift habe. Ich bin da nicht pingelig, aber am liebsten ist mir ein linierter gelber Notizblock und ein schöner HB-Bleistift.

Ein weicher HB-Bleistift von Dixon Ticonderoga?

Genau. Ich habe auch mal ein Diktiergerät ausprobiert, aber das hat überhaupt nicht funktioniert.

Haben Sie tatsächlich eine ganze Geschichte ins Gerät diktiert?

Nicht die ganze, nur Bruchstücke. Für den Fall, dass sich plötzlich zwei, drei Sätze klären, wollte ich immer ein Diktiergerät im Auto haben, vor allem, als ich noch jeden Tag zu Random House fuhr. Ich stellte mir vor, dass ich die dann einfach aufnehme. Aber das war katastrophal. Ich vertraue meinem eigenen Schreiben nicht, solange ich es nicht aufgeschrieben habe, obwohl ich mir später beim Überarbeiten immer größte Mühe gebe, alles »Schriftstellerische« daraus zu tilgen und es zu einer Mischung aus lyrischer Sprache, Standard- und Umgangssprache zu machen. Das Ganze zu etwas zu vereinen, das mir sehr viel lebendiger und aussagekräftiger vorkommt. Aber wenn mir etwas einfällt, das dann gesprochen und so direkt in den Text übertragen wird, kann ich dem nicht vertrauen.

Lesen Sie Ihre Texte manchmal jemandem vor, während Sie noch daran arbeiten?

Erst nach der Veröffentlichung. Ich habe kein Vertrauen in Lesungen. Da bekomme ich womöglich Reaktionen, die mich glauben lassen, etwas sei gelungen, obwohl es das gar nicht ist. Für mich ist die Schwierigkeit beim Schreiben – eine der Schwierigkeiten –, eine Sprache zu finden, die stumm auf der Seite funktioniert. Denn beim Lesen hört man ja nichts. Deshalb muss man sehr sorgfältig an dem arbeiten, was zwischen den Wörtern liegt. Was nicht gesagt wird. Was Metrum ist, Rhythmus und dergleichen. Oft verleiht das Nichtgeschriebene dem Geschriebenen erst seine Kraft.

Wie oft schreiben Sie eine Passage um, bis sie dieses Niveau erreicht hat?

So oft es geht, wenn sie es nötig hat. Bis zu sechs, sieben, dreizehn Mal. Aber es ist ein Unterschied, ob man etwas überarbeitet oder ob man sich verbeißt und es einfach nur kaputtschreibt. Man muss wissen, wann man sich verbissen hat; wenn man sich verbeißt, weil es einfach nicht funktionieren will, sollte man es streichen.

Kommt es vor, dass Sie etwas schon Veröffentlichtes anschauen und sich wünschen, Sie hätten sich etwas mehr verbissen?

Ständig. Alles.

Überarbeiten Sie auch manchmal Passagen, die schon veröffentlicht sind, bevor Sie sie vor Publikum lesen?

Fürs Publikum verändere ich nichts, aber ich weiß dann für mich, wie es hätte sein sollen und nicht geworden ist. Nach über zwanzig Jahren erkennt man das; ich weiß inzwischen viel mehr darüber als damals. Es geht gar nicht so sehr darum, dass es anders oder sogar besser geworden wäre, aber ich weiß, was ich damit erzielen, was ich bei meinem Publikum auslösen wollte. Da habe ich nach ein paar Jahren doch ein sehr viel klareres Bild.

Wie haben sich die zwanzig Jahre als Lektorin auf Sie als Schriftstellerin ausgewirkt?

Das weiß ich gar nicht so genau. Es hat mir die Ehrfurcht vor der Buchbranche genommen. Ich habe das gespannte Verhältnis verstanden, das manchmal zwischen Autorinnen und Autoren und ihren Verlagen entsteht, aber ich habe auch erlebt, wie wichtig, wie entscheidend ein Lektorat ist, und ich glaube, das wusste ich vorher nicht.

Kann ein Lektorat entscheidende Hilfestellung leisten?

O ja. Es ist ein himmelweiter Unterschied, ob ein Lektorat gut oder schlecht ist. Das ist wie bei Priestern oder Psychiaterinnen: Gerät man an die Falschen, wäre man allein sehr viel besser dran. Aber es gibt Lektorinnen und Lektoren, die so kostbar, so wichtig sind, dass es sich lohnt, nach ihnen zu suchen. Und man weiß immer, wenn man so jemanden gefunden hat.

Wer gehört für Sie zu den Besten, mit denen Sie je gearbeitet haben?

Ich hatte einen richtig guten Lektor, für mich unübertroffen: Bob Gottlieb. Er war aus einigen Gründen so gut: Er wusste genau, woran er nicht rühren durfte, und er stellte all die Fragen, die man sich wahrscheinlich auch selbst gestellt hätte, wenn man genug Zeit gehabt hätte. Ein guter Lektor, eine gute Lektorin ist wirklich wie ein drittes Auge. Kühl. Objektiv. Sie lieben weder mich noch mein Werk, und das ist für mich das Wertvolle – nicht die Komplimente. Manchmal ist es schon fast unheimlich; sie legen den Finger genau auf die Stelle, von der man als Autorin weiß, dass sie schwach ist. Aber man hat sie in dem Moment einfach nicht besser hinbekommen. Vielleicht dachte man, sie könnte funktionieren, war aber nicht ganz sicher. Die Guten erkennen solche Stellen, manchmal machen sie auch Vorschläge. Die nützen nicht immer viel, man kann dem Lektorat ja oft nicht ganz genau erklären, was man erreichen wollte. Ich könnte das unmöglich alles erklären, weil das, was ich mache, auf so vielen Ebenen funktionieren muss. Aber wenn die Beziehung einigermaßen vertrauensvoll ist, wenn es eine Bereitschaft zum Zuhören gibt, dann ist Erstaunliches möglich. Ich lese ständig Bücher, denen ich anmerke, dass sie nicht nur von einem Korrektorat profitiert hätten, sondern auch von einem gemeinsamen Durchsprechen. Und es ist so wichtig, zu einem bestimmten Zeitpunkt jemand Gutes für das Lektorat zu finden, denn wenn man am Anfang niemanden hat, ist es später fast nicht mehr möglich. Wenn man fünf oder zehn Jahre lang bestens ohne Lektorat gearbeitet und Bücher geschrieben hat, die gut ankommen, und dann schreibt man ein weiteres, das nicht sonderlich gelungen ist, aber trotzdem Erfolg hat – warum sollte man dann auf einen Lektor oder eine Lektorin hören?

Ihren Studierenden raten Sie, das Überarbeiten als eine große Genugtuung beim Schreiben zu betrachten. Was macht Ihnen selbst mehr Freude: das Schreiben der ersten Fassung oder die eigentliche Arbeit am Text?

Das ist ja nicht dasselbe. Ich finde es zutiefst aufregend, wenn mir die erste Idee kommt und ich darüber nachdenke ... noch bevor ich mit dem Schreiben anfange.

Schlägt die ein wie ein Blitz?

Nein, das ist ein kontinuierlicher Vorgang, mit dem ich spielen muss. Ich starte immer mit einer Idee, die kann auch ganz langweilig sein, und daraus wird eine Frage, auf die ich keine Antwort weiß. Seit ich an der *Menschenkind*-Trilogie arbeite, ich bin gerade am letzten Teil, frage ich mich ganz konkret, warum Frauen, die zwanzig, dreißig Jahre jünger sind als ich, nicht glücklicher sind als Frauen in meinem Alter oder noch älter. Woran in aller Welt kann das liegen? Sie können doch so viel mehr tun, haben so viele Möglichkeiten zur Auswahl? Gut, es mag auch ein Überangebot sein, aber trotzdem. Warum sind die alle so unglücklich?

Schreiben Sie, um herauszufinden, was genau Sie zu einem bestimmten Thema empfinden?

Nein, was ich empfinde, weiß ich ja. Meine Gefühle entstehen ebenso sehr aus Überzeugungen und Vorurteilen wie bei allen anderen auch. Aber mich interessiert das Komplexe an einer Idee, das Verletzliche daran. Es geht nicht darum zu sagen: »Das glaube ich«, das wäre kein Buch, sondern eine Abhandlung. Ein Buch sagt: »Das glaube ich zwar, aber mal angenommen, ich liege falsch ... wie wäre es dann?« Oder auch: »Ich weiß nicht, was es ist, aber es interessiert mich zu ergründen, was es für mich und andere bedeuten könnte.«

Wollten Sie schon als Kind Schriftstellerin werden?

Nein. Ich wollte Leserin werden. Ich fand, alles, worüber geschrieben werden müsste, war entweder schon geschrieben oder würde noch geschrieben werden. Mein erstes Buch entstand nur, weil es so eines noch nicht zu geben schien und weil ich es selbst lesen wollte, wenn ich damit fertig wäre. Als Leserin bin ich ziemlich gut. Ich liebe Lesen. Das ist meine eigentliche Tätigkeit. Ein größeres Kompliment, als dass ich etwas gern lese, gibt es für mich nicht. Die Leute sagen oft, ich schreibe nur für mich, das klingt furchtbar narzisstisch, aber in gewisser Hinsicht wird man auch besser im Schreiben und Lektorieren, wenn man in der Lage ist, die eigenen Werke zu lesen – also mit der nötigen kritischen Distanz. Wenn ich kreatives Schreiben unterrichte, möchte ich das vermitteln. Man muss lernen, die eigenen Werke zu lesen; und damit meine ich nicht, sich an dem zu freuen, was man selbst geschrieben hat, sondern sich davon zu entfernen und es so zu lesen, als sähe man es zum ersten Mal. Und es so zu bewerten. Nicht von den eigenen aufregenden Sätzen zu schwärmen oder so etwas.

Haben Sie das Publikum schon im Kopf, wenn Sie sich zum Schreiben hinsetzen?

Nur mich selbst. Wenn ich an eine Stelle komme, wo ich zweifle, kann ich auf die Figuren zurückgreifen, um mich abzusichern. Sie sind mir dann meistens schon so zugetan, dass sie mir verraten, ob meine Version ihres Lebens authentisch ist oder nicht. Aber es gibt so vieles, was nur ich beurteilen kann. Schließlich ist es mein Text. Ich muss die volle Verantwortung dafür übernehmen, es richtig zu machen oder auch falsch. Es ist nicht schlimm, etwas falsch zu machen, schlimm ist nur, wenn man es dann für richtig hält. Ich weiß noch, wie ich einmal einen ganzen Sommer damit verbracht habe, etwas zu schreiben, was mich schwer beeindruckte. Erst im Winter kam ich dazu, mich wieder dranzusetzen. Ich war überzeugt, dass diese fünfzig Seiten wirklich erstklassig wären, aber als ich sie durchlas, war jede einzelne Seite entsetzlich. Das Ganze war einfach schlecht konzipiert. Ich würde es überarbeiten können, aber ich kam einfach nicht darüber hinweg, dass ich es anfangs so gut gefunden hatte. Das ist beängstigend, weil man dann nämlich gleich glaubt, man kann es nicht mehr.

Was war denn so schlecht daran?

Es war schwülstig. Schwülstig und unappetitlich.

Ich habe gelesen, Sie hätten nach Ihrer Scheidung mit dem Schreiben angefangen, um gegen die Einsamkeit anzukämpfen. Stimmt das, und schreiben Sie inzwischen aus anderen Gründen?

Irgendwie stimmt es schon. Es klingt allerdings einfacher, als es war. Ich weiß nicht, ob ich damals aus diesem Grund geschrieben habe oder aus einem anderen – oder einem, von dem ich gar nichts ahne. Aber ich weiß, dass es mir hier nicht gefällt, wenn ich nicht an irgendetwas schreibe.

Was meinen Sie mit »hier«?

Hier auf der Welt. Es ist mir unmöglich, die unfassbare Gewaltbereitschaft zu übersehen, die vorsätzliche Dummheit, die Gier, anderen Schmerz zu bereiten. Das habe ich immer im Kopf, selbst wenn es mir unter bestimmten Umständen weniger präsent ist – beim Abendessen mit guten Freunden, beim Lesen. Auch das Unterrichten hilft da sehr, aber das allein reicht nicht. Das Unterrichten könnte mich zu einer selbstzufriedenen Person machen, die nichts mitbekommt, anstatt dass sie Teil der Lösung zu sein versucht. Das Zugehörigkeitsgefühl habe ich also nicht als Dozentin, nicht als Mutter, nicht als Liebhaberin, sondern als Schreibende. Das, was in meinem Kopf passiert, lässt mich hierhergehören, all die disparaten, unvereinbaren Dinge sind auf einmal nützlich. Ich kann das tun, was Schreibende immer von sich behaupten, nämlich Ordnung ins Chaos bringen. Selbst wenn man die Unordnung reproduziert, hat man dabei doch das Heft in der Hand. Ich muss mich durch den Text kämpfen – das ist mir wichtiger als dann die Veröffentlichung.

Und wenn Sie das nicht täten? Dann würde das Chaos ...

Dann würde ich Teil des Chaos werden.

Wäre die Lösung dann nicht, entweder über das Chaos zu referieren oder in die Politik zu gehen?

Wenn ich diese Gabe hätte. Aber ich kann ja nur Bücher lesen, Bücher schreiben, Bücher verlegen und Bücher rezensieren. Ich glaube nicht, dass ich in der Lage wäre, ständig in der Politik zu arbeiten. Ich würde das Interesse verlieren. Mir fehlt die Veranlagung dazu, die Gabe eben. Es gibt Menschen, die können andere Menschen organisieren. Ich nicht. Es würde mich langweilen.

Wann ist Ihnen klar geworden, dass Ihre eigentliche Gabe das Schreiben ist?

Sehr spät. Ich dachte, ich bin vielleicht ganz geschickt darin, weil viele das sagten, aber die hatten ja womöglich andere Kriterien als ich. Was sie sagten, hat mir nichts bedeutet. Erst als ich an *Solomons Lied* saß, meinem dritten Buch, kam mir der Gedanke, dass es der wesentliche Teil meines Lebens ist. Es hat immer Frauen gegeben, die das von sich sagten, aber trotzdem – für eine Frau bleibt es schwierig zu sagen: »Ich bin Schriftstellerin.«

Warum?

Nun ja, ganz so schwierig ist es heute vielleicht nicht mehr, aber für mich war es das definitiv und auch für andere Frauen meiner Generation, mit meinem sozialen Hintergrund und meiner Hautfarbe. Ich weiß nicht, ob das alles wirklich mit hineinspielt, aber Tatsache ist doch, man verlässt die eigene Genderrolle. Man sagt nicht mehr: »Ich bin Mutter«, »Ich bin Ehefrau«. Oder wenn man sich auf dem Arbeitsmarkt bewegt: »Ich bin Lehrerin«, »Ich bin Lektorin«. Aber wenn man sich an *Schriftstellerin* heranwagt, was heißt das? Ist das ein Beruf? Kann man damit seinen Lebensunterhalt bestreiten? Es ist der Vorstoß in ein Gebiet, mit dem man nicht vertraut ist – wo man keine Wurzeln hat. Ich jedenfalls kannte keine anderen erfolgreichen Schriftstellerinnen; es sah doch sehr nach Männerdomäne aus. Man hofft also irgendwie, dass man eine kleine Randerscheinung werden kann. Fast, als bräuchte man die Erlaubnis zum Schreiben. Wenn ich die Biographien und Autobiographien von Frauen las oder auch die Schilderungen, wie sie mit dem Schreiben angefangen haben, dann hatte praktisch jede eine kleine Anekdote, die von dem Moment handelt, als ihr jemand die Erlaubnis dazu erteilte. Die Mutter, der Ehemann, eine Lehrperson – irgendwer – sagte: »Ja, mach das – du kannst es.« Was nicht bedeuten soll, dass

Männer diese Ermutigung nicht gebraucht hätten; häufig sagt ihnen irgendein Mentor, wenn sie noch sehr jung sind: »Du bist gut«, und dann legen sie los. Aber der Anspruch darauf war für sie selbstverständlich. Für mich nicht. Das war alles sehr seltsam. Obwohl ich wusste, dass Schreiben für mein Leben wesentlich war, dass sich mein Denken nur darum drehte, dass ich dabei die größte Freude und die größte Herausforderung erlebte, konnte ich es trotzdem nicht aussprechen. Wenn mich jemand fragte: »Und was machen Sie?«, antwortete ich nicht: »Ich bin Schriftstellerin.« Sondern: »Ich bin Lektorin«, oder: »Ich bin Lehrerin«. Denn wenn man Menschen kennenlernt, mit ihnen zu Mittag isst und dann gefragt wird, was man macht, und man antwortet: »Ich bin Schriftstellerin«, dann müssen diese Menschen darüber nachdenken und fragen weiter: »Was haben Sie denn geschrieben?« Und dann müssen sie sich dazu verhalten. Menschen spüren die Verpflichtung zu sagen, ob ihnen etwas gefällt. Dabei darf man meine Bücher auch furchtbar finden. Ehrlich. Ich bin eng befreundet mit Menschen, deren Bücher ich entsetzlich finde.

Hatten Sie das Gefühl, Sie müssten heimlich schreiben?

O ja, ich wollte das ganz für mich behalten. Es sollte nur mir gehören. Denn sobald man darüber redet, sind auch andere involviert. Als ich noch bei Random House war, habe ich tatsächlich nie erzählt, dass ich schreibe.

Warum nicht?

Ach, das wäre schrecklich geworden. Zum einen hatten sie mich dafür nicht eingestellt. Sie hatten mich nicht eingestellt, damit ich eine von ihnen werde. Und zum anderen glaube ich, sie hätten mich rausgeworfen.

Wirklich?

Klar. Unter den Festangestellten im Lektorat schrieb kein Mensch Romane. Ed Doctorow hatte gekündigt. Und sonst gab es niemanden – keine einzige Lektorin in der Branche, die Manuskripte eingekauft und Verträge verhandelt und dabei selbst Bücher veröffentlicht hätte.

Hat es eine Rolle gespielt, dass Sie eine Frau sind?

Darüber habe ich kaum nachgedacht. Ich hatte viel zu viel zu tun. Ich weiß nur, dass ich mein Leben und meine Zukunft nie wieder den Launen von Männern anvertrauen werde, ob nun in einer Firma oder anderswo. Deren Urteil wird nie wieder irgendeinen Einfluss darauf haben, was ich mir selbst zutraue. Das war das wunderbar Befreiende daran, geschieden zu sein und Kinder zu haben. Es hat mich nie gestört zu scheitern, aber es hat mich gestört zu glauben, irgendein Mann wüsste es besser. Bis dahin hatten alle Männer, die ich kannte, es tatsächlich besser gewusst, das war einfach so. Mein Vater und meine Lehrer waren kluge Menschen, und sie wussten es besser. Dann begegnete ich einem klugen Menschen, der mir sehr wichtig war. Aber er wusste es nicht besser.

Das war Ihr Mann?

Ja. Für sein eigenes Leben wusste er es besser, aber nicht für meines. Ich musste innehalten und mir sagen: Ich fange jetzt noch mal ganz neu an und schaue, wie es eigentlich ist, erwachsen zu sein. Ich beschloss, aus unserem Haus auszuziehen, die Kinder mitzunehmen, bei einem Verlag zu arbeiten und auszuprobieren, was ich leisten kann. Ich war darauf gefasst, dass auch das nicht funktionieren würde, aber ich wollte einfach sehen, wie es ist, erwachsen zu sein.

Wie war der Moment, als die anderen bei Random House plötzlich merkten, dass eine Schriftstellerin unter ihnen ist?

Ich hatte ein Buch mit dem Titel *Sehr blaue Augen* veröffentlicht. Davon wussten sie nichts. Sie erfuhren es erst aus der Rezension in der *New York Times*. Das Buch war bei Holt erschienen. Jemand hatte einem jungen Lektor dort erzählt, dass ich an einem Buch sitze, und er sagte ganz beiläufig zu mir: »Wenn Sie jemals fertig werden, schicken Sie's mir doch.« Das habe ich dann getan. 1968, 1969 gab es viele Schwarze männliche Autoren. Er kaufte das Buch, weil er glaubte, es gäbe ein wachsendes Interesse an Schwarzem Schreiben und auch mein Buch würde sich verkaufen. Da lag er falsch. Die Verkaufsformel lautete damals: Ich zeige dir, welche Macht ich habe und wie grauenvoll du bist, in allen Variationen. Aber immerhin, er hat ein bisschen was riskiert. Viel hat er mir nicht gezahlt, es war also nicht wichtig, ob sich das Buch gut verkauft. Es bekam einen entsetzlichen Verriss in der *New York Times Book Review* am Sonntag und dann eine richtig gute Rezension in der Wochenausgabe.

Sie sprachen eben von der Erlaubnis zum Schreiben. Wer hat sie Ihnen erteilt?

Niemand. Ich brauchte vor allem die Erlaubnis, damit erfolgreich zu sein. Den Vertrag habe ich immer erst unterschrieben, wenn das Buch schon fertig war. Ich wollte nicht, dass es eine Hausaufgabe wird. Ein Vertrag bedeutete, jemand wartete darauf, ich *musste* schreiben, und sie hatten das Recht, mich danach zu fragen. Sie hätten mir auf die Pelle rücken können, und das mag ich nicht. Ohne Vertrag schreibe *ich* das Buch, und wenn ich möchte, dass sie es lesen, zeige ich es ihnen. Das ist eine Frage der Selbstachtung. Seit Jahren hört man schreibenden Menschen zu, wie sie sich ihre Illusion von Freiheit bauen und behaupten, alles ginge nur von ihnen aus, sie seien die Einzigen, die das könnten. Ich weiß noch, wie ich einmal Eudora Welty vorgestellt habe und dabei sagte, kein Mensch außer ihr hätte diese Geschichten schreiben können; letztlich heißt das nur, dass ich bei den meisten Büchern das Gefühl habe, irgendwann wären sie auf jeden Fall von irgendwem geschrieben worden. Aber es gibt ein paar Schriftstellerinnen und Schriftsteller, ohne die bestimmte Geschichten niemals geschrieben worden wären. Damit meine ich nicht das Thema oder die Erzählung selbst, sondern einfach die Art, wie sie es gemacht haben – ihr Blick darauf ist richtig einzigartig.

Wer wäre das zum Beispiel?

Hemingway fällt in diese Kategorie. Flannery O'Connor. Faulkner, Fitzgerald …

Sehen Sie es nicht kritisch, wie die Genannten Schwarze dargestellt haben?

Nein! Ich, kritisch? Ich habe ja selbst gezeigt, wie sich weiße Autorinnen und Autoren Schwarze Menschen vorstellen, und manche machen das ganz großartig. Faulkner zum Beispiel. Hemingway ist stellenweise ziemlich schwach und an anderen Stellen phantastisch.

Wie das?

Indem er keine Schwarzen Figuren einsetzt, aber eine Ästhetik des Schwarzseins als das Anarchische, sexuell Freizügige, Abweichende. In Hemingways letztem Buch, *Der Garten Eden*, wird seine Heldin immer schwärzer und schwärzer. Diese Frau, die langsam verrückt wird, sagt zu ihrem Mann, sie wolle seine kleine afrikanische Königin sein. Daraus zieht der Roman seine emotionale Aufladung: ihr unglaublich helles Haar und ihre unglaublich dunkle Haut ... fast wie auf einem Foto von Man Ray. Mark Twain hat so kraftvoll, gewandt und einsichtig über rassistische Ideologie geschrieben, wie ich es sonst nirgends gelesen habe. Edgar Allan Poe hingegen nicht. Er war ein Anhänger der White-Supremacy-Ideologie und der Plantagenbesitzer, er wollte selbst ein entsprechendes Ansehen und hat das alles unterstützt. Er hat es nie hinterfragt oder kritisiert. Das Aufregende an der amerikanischen Literatur ist ja gerade die Art, wie Schreibende etwas unter ihrer Geschichte, zwischen den Zeilen oder ringsherum mitformulieren. Denken Sie bloß an *Knallkopf Wilson* von Mark Twain mit seinen ganzen Verwicklungen um das, was »Rasse« als Konzept eigentlich bedeutet, die Tatsache, dass man es manchmal eben nicht wissen kann, und die Spannung des Entdecktwerdens. In *Absalom, Absalom!* ist Faulkner das ganze Buch hindurch diesem Konzept auf der Spur, aber man findet es einfach nicht. Niemand kann es sehen, nicht einmal die Figur, die selbst Schwarz ist, sieht es. Ich habe mal eine Vorlesung gehalten, an der ich ewig gesessen habe. Darin zeichne ich jeden einzelnen dieser Momente zurückgehaltener, unvollständiger oder falscher Information nach, in denen sich ansatzweise eine Gegebenheit oder ein Hinweis auf die Hautfarbe zu zeigen scheint, aber dann doch nicht. Ich wollte das einfach festhalten. Also listete ich alles auf, jedes Auftauchen, jede Verschleierung und jedes Verschwinden auf jeder Seite – für jeden einzelnen Satz! Von vorn bis hinten, und das habe ich dann meinem Seminar präsentiert. Die sind mir alle eingeschlafen! Aber ich fand das technisch einfach faszinierend. Wissen Sie, wie schwer das ist, so eine Information zurückzuhalten, sie aber die ganze Zeit über anzudeuten und darauf hinzuweisen? Und es dann schließlich doch zu enthüllen, nur um zu zeigen, dass es darum eigentlich gar nicht ging? Handwerklich ist das einfach umwerfend. Man wird als Leserin gezwungen, nach jedem Tropfen Schwarzen Bluts zu fahnden, der dann alles und nichts bedeutet. Der Irrsinn des Rassismus. Und die Struktur wird zum eigentlichen Argument. Nicht das, was diese oder jene Figur zu sagen hat … nein, es ist die Struktur des Buches, man jagt diesem Schwarzen Etwas nach, das nirgends zu finden und doch das Alles-Entscheidende ist. So etwas hat sonst niemand je hingekriegt. Wenn ich mich also kritisch äußere, sage ich faktisch, es interessiert mich nicht, ob Faulkner selbst rassistisch war; das ist mir persönlich ganz egal, ich bin nur fasziniert davon, was es heißt, so zu schreiben.

Und wie schreiben Schwarze Autorinnen und Autoren in einer Welt, die von ihrer Beziehung zur weißen Kultur dominiert und durchdrungen wird?

Indem sie versuchen, die Sprache zu verändern, sie schlichtweg zu befreien, sie nicht zu unterdrücken oder zu beschränken, sondern zu öffnen. Ihr zuzusetzen. Ihre rassistische Zwangsjacke aufzusprengen. Ich habe einmal eine Erzählung mit dem Titel »Rezitativ« geschrieben, in der es um zwei kleine Mädchen im Waisenhaus ging, das eine weiß, das andere Schwarz. Aber beim Lesen erkennt man nicht, welches das weiße und welches das Schwarze Mädchen ist. Ich verwende Codes für die soziale Schicht, aber nicht für die Hautfarbe.

Wollen Sie Ihr Publikum damit verwirren?

Ja, schon. Aber nur als Ansporn und Aufklärung. Ich habe das damals zum Spaß so gemacht. Für mich war das Aufregende, dass ich beim Schreiben gezwungen war, nicht bequem zu werden, nicht auf die offensichtlichen Codes zurückzugreifen. Sobald ich schreibe: Die Schwarze Frau … kann ich vorhersehbare Reaktionen abrufen und mich darauf ausruhen, aber wenn ich es weglasse, muss ich auf kompliziertere Weise von ihr erzählen – von ihr als Person.

Warum sollte man denn nicht schreiben: Die Schwarze Frau kam aus dem Laden?

Man kann das natürlich schreiben, aber dann muss es von Bedeutung sein, dass sie Schwarz ist.

Was ist mit *Die Bekenntnisse des Nat Turner* von William Styron?

Da haben wir es mit einem Ich-Erzähler zu tun, der sich seiner selbst sehr bewusst ist und Sätze sagt wie: Ich musterte meine Schwarze Hand, oder: Beim Aufwachen fühlte ich mich Schwarz. Bill Styron hat das die ganze Zeit im Kopf. Er empfindet es als sehr aufgeladen, in Nat Turners Haut zu stecken … einem Ort, der ihm exotisch vorkommt. Dadurch liest sich das Buch für uns alle exotisch, das ist alles.

Es gab damals einen gewaltigen Aufschrei. Viele fanden, Styron habe kein Recht, über Nat Turner zu schreiben.

Er hat das Recht zu schreiben, worüber er schreiben will. Alles andere wäre doch ungeheuerlich. Was man allerdings kritisieren sollte, und das haben ja auch etliche getan, ist Styrons Unterstellung, Nat Turner hätte Schwarze Menschen gehasst. Im Buch äußert Turner diese Abneigung immer wieder ... Er fühlt sich anderen Schwarzen so fern, so überlegen. Da stellt sich doch die Grundfrage, warum ist ihm denn überhaupt jemand gefolgt? Was ist das für ein Anführer, dessen im Kern rassistische Verachtung jeder Schwarzen Person, die das Buch liest, unrealistisch vorkommt? Jeder weiße Anführer hätte doch zumindest irgendein Anliegen, irgendein Moment der Identifikation mit den Menschen, von denen er verlangt, in den Tod zu gehen. Das meinten diejenigen wohl, die kritisiert haben, Nat Turner rede wie ein Weißer. Die rassistische Distanz kommt in diesem Buch klar und stark zum Ausdruck.

Für *Menschenkind* haben Sie sicher sehr viele Geschichten versklavter Menschen gelesen.

Mein Interesse war es nicht, an Informationen zu kommen. Ich wusste ja, dass diese Geschichten von weißen Instanzen abgesegnet werden mussten und dass in ihnen folglich nicht alles ausgesprochen werden konnte, was zu sagen gewesen wäre. Das Publikum sollte nicht abgeschreckt werden; über manches mussten die Berichte sich ausschweigen. Sie würden also immer nur so gut und aufschlussreich sein, wie es unter den Umständen möglich war. Die Menschen sagen niemals klar, wie entsetzlich es war. Nur: »Ja, wissen Sie, es war schon schlimm, also schaffen wir die Sklaverei ab, damit das Leben weitergehen kann.« Die Berichte mussten deutlich abgeschwächt werden. Ich habe mir diese Dokumente also angesehen, mich mit der Sklaverei vertraut gemacht und von ihr überwältigt gefühlt, aber ich wollte, dass sie wahrhaft empfunden werden kann. Ich wollte das Historische ins Persönliche übersetzen. Es hat lange gedauert, mir darüber klar zu werden, was es mit der Sklaverei eigentlich auf sich hat, was sie so abstoßend, so persönlich, so gleichgültig, so intim und zugleich so öffentlich macht.

In diesen Dokumenten fand ich oft Verweise auf etwas, das aber nie genauer beschrieben wurde: das Mundeisen. Dieser Gegenstand wurde versklavten Menschen in den Mund gesteckt, um sie zu bestrafen und am Sprechen zu hindern, ohne sie dabei vom Arbeiten abzuhalten. Ich habe ewig gebraucht, um herauszufinden, wie das aussieht. Ständig las ich Aussagen wie »Ich legte Jenny das Mundeisen an«, oder, so steht es bei Olaudah Equiano: »Beim Gang durch das Haus begegnete mir eine Schwarze [...], die auf die grausamste Weise mit verschiedenen eisernen Maschinen beladen war. Eine [...] verschloss ihr den Mund [...]; später erfuhr ich, dass sie ›eiserner Maulkorb‹ genannt wird.« Ich fragte mich, was ist das? Dann erklärte es mir jemand, und ich sagte: »So etwas Furchtbares habe ich im Leben noch nicht gesehen.« Aber ich hatte immer noch kein richtiges Bild davon – sah es aus wie eine Pferdetrense oder wie?

Schließlich fand ich in einem Buch ein paar Skizzen, es ging darin um einen Mann, der seine Frau gefoltert hat. In Südamerika, in Brasilien und anderswo bewahrt man solche »Andenken« auf. Aber während der ganzen Suche kam mir noch ein anderer Gedanke, nämlich der, dass dieser Gegenstand, dieses Mundeisen, dieses ganz persönliche Folterinstrument ein direktes Erbe der Inquisition war. Und mir wurde klar, dass man so etwas natürlich nicht kaufen kann. Man kann nicht per Post ein Mundeisen für die versklavten Personen im Haushalt ordern. Im Versandkatalog von Sears gibt es das auch nicht. Man muss es also selbst herstellen. Man muss in den Garten hinausgehen, etwas Material zusammensuchen, so eine Vorrichtung bauen und sie anschließend einem Menschen anlegen. Der ganze Vorgang hatte also etwas sehr Persönliches, sowohl für den Menschen, der es gebaut, als auch für den Menschen, der das Ding getragen hat. In dem Moment wurde mir klar, dass es gar nichts nützen würde, es zu beschreiben; man musste es beim Lesen weniger *sehen*, als vielmehr *spüren*, wie es sich angefühlt hat. Es ist entscheidend, sich das Mundeisen als Instrument in Aktion vorzustellen, nicht einfach nur als Kuriosität oder als historische Tatsache. Auf die gleiche Weise wollte ich meinem Publikum zeigen, wie sich Versklavtsein angefühlt hat, nicht unbedingt, wie es aussah.

Im Buch gibt es eine Stelle, da sagt Paul D zu Sethe: »Ich hab noch nie drüber gesprochen. Hab's manchmal hinausgesungen, aber nie einer Menschenseele erzählt.« Er versucht ihr zu berichten, wie es war, das Mundeisen zu tragen, aber am Ende erzählt er nur von einem Hahn, von dem er schwören könnte, er habe gegrinst, als er, also Paul D, das Mundeisen trug – er fühlt sich herabgesetzt und minderwertig und glaubt, weniger wert zu sein als dieser Hahn, der auf dem Zuber in der Sonne sitzt. Ich erwähne noch den Drang auszuspucken, das Gefühl, am Eisen zu lecken und so weiter; aber mir schien, zu beschreiben, wie das Ding aussah, würde das Publikum nur von dem ablenken, was es aus meiner Sicht erfahren sollte, nämlich wie es sich anfühlte. Eine Information, wie man sie nur zwischen den Zeilen der Zeitgeschichte findet. Die fällt einem sozusagen entgegen, als kleiner Einblick, als Verweis. Sie sitzt genau an dem Scharnier, wo aus der Institution etwas Persönliches wird, das Historische zu Menschen mit Namen.

Wenn Sie eine Figur entwerfen, entspringt die dann ganz Ihrer Phantasie?

Ich nehme nie Menschen, die ich kenne. In *Sehr blaue Augen* habe ich an bestimmten Stellen ein paar Gesten und

Sätze meiner Mutter verwendet und ein paar geographische Angaben. Aber seither habe ich das nicht mehr gemacht. Da bin ich wirklich sehr gewissenhaft. Nichts basiert je auf irgendwem. Ich mache es nicht so wie viele andere Schreibende.

Warum nicht?

Viele Kunstschaffende – Fotografen noch mehr als andere, und Autorinnen – fühlen sich manchmal, als würden sie sich wie Dämonen verhalten … dieser Vorgang, einem Lebewesen etwas wegzunehmen und es für die eigenen Zwecke zu verwenden. Das kann man mit Bäumen machen, mit Schmetterlingen oder aber mit Menschen. Ob man sich selbst ein kleines Leben erschaffen soll, indem man das Leben anderer plündert, ist eine große Frage, die durchaus moralische und ethische Aspekte berührt.

Beim Romaneschreiben fühle ich mich immer dann besonders intelligent, besonders frei und besonders angeregt, wenn meine Figuren von Grund auf erfunden sind. Das ist doch gerade das Aufregende. Wenn sie auf jemandem basieren, grenzt das auf merkwürdige Weise an eine Urheberrechtsverletzung. Die reale Person ist die Inhaberin ihres Lebens, sie hat das Patent darauf. Das darf nicht zum Romanmaterial werden.

Haben Sie manchmal das Gefühl, dass Ihre Figuren Ihnen entgleiten, sich Ihrer Kontrolle entziehen?

Ich habe sie immer unter Kontrolle. Sie sind sehr sorgfältig ausgedacht. Mein Gefühl ist, alles über sie zu wissen, was es zu wissen gibt, sogar Dinge, über die ich nicht schreibe – wie sie ihren Scheitel tragen zum Beispiel. Sie sind wie Gespenster. Sie haben nur sich selbst im Kopf und interessieren sich auch für nichts anderes. Ich kann ihnen also nicht erlauben, das Buch für mich zu schreiben. Ich habe schon Bücher gelesen, denen ich anmerke, dass genau das passiert ist – dass die Autorin oder der Autor von der Figur komplett vereinnahmt wurde. Dann würde ich am liebsten rufen: »Das kannst du doch nicht machen! Wenn diese Leute Bücher schreiben könnten, würden sie es tun, aber sie können es nicht. *Du* kannst es. Und deswegen musst du ihnen sagen: Halt den Mund. Lass mich in Ruhe. Hier schreibe ich.«

Mussten Sie auch schon mal einer Figur sagen, sie solle den Mund halten?

Ja, bei Pilate. Darum sagt sie auch nicht viel. Sie hat diese lange Unterredung mit den beiden Jungen, und hin und wieder sagt sie noch etwas, aber sie hat nicht den gleichen Dialoganteil wie die anderen Figuren. Das musste sein, sonst hätte sie alle anderen erdrückt. Sie wurde ungeheuer spannend; bei manchen Figuren kann das eine Zeit lang passieren. Aber das musste ich ändern. Es ist mein Buch, und es trägt nicht den Titel »Pilate«.

Pilate ist eine sehr starke Figur. Ich habe den Eindruck, dass die Frauen in Ihren Büchern fast immer stärker und mutiger sind als die Männer. Woran liegt das?

Das stimmt gar nicht, aber ich höre es recht häufig. Ich glaube, wir erwarten von Frauen einfach nicht besonders viel. Wenn sich eine Frau mal dreißig Tage lang aufrecht hält, rufen gleich alle: »Oh! Wie tapfer!« Irgendjemand hat das auch über Sethe geschrieben und behauptet, sie sei eine so starke, überlebensgroße Frau, fast nicht mehr menschlich. Dabei kann sie am Ende des Buches kaum noch den

Kopf heben. Sie ist fix und fertig, kann nicht mal mehr alleine essen. Was ist daran stark?

Vielleicht wurde das wegen der harten Entscheidung so gelesen, die Sethe trifft, als sie Menschenkind die Kehle durchschneidet. Vielleicht wird das als Stärke betrachtet. Andere würden sagen, es ist einfach schlechtes Benehmen.

Zumindest Menschenkind hält es nicht für besonders stark. Sie hält es für Wahnsinn. Und wichtiger noch: »Woher willst du wissen, dass Totsein für mich das Beste ist? Du warst doch noch nie tot. Wie willst du es dann wissen?« Aber ich glaube, Paul D, Son, Stamp Paid und sogar Guitar treffen ähnlich schwierige Entscheidungen; sie haben Prinzipien. Ich glaube wirklich, wir sind zu sehr an Frauen gewöhnt, die sich nicht wehren und nur die Waffen der Schwachen einsetzen.

Was sind denn die Waffen der Schwachen?

Nörgeln. Gift. Gerede. Heimlichtuerei statt direkter Konfrontation.

Es gibt so wenige Romane über Frauen, die intensive Freundschaften mit anderen Frauen eingehen. Warum ist das wohl so?

Diese Art Verhältnis ist in Verruf geraten. Als ich an *Sula* schrieb, war mein Eindruck noch, dass ein sehr großer Teil der weiblichen Bevölkerung die Freundschaft zu Frauen als sekundäre Beziehung betrachtet. Die primäre war immer die Beziehung zum Mann. Frauen, die eigenen Freundinnen, standen immer an zweiter Stelle, wenn der Mann mal nicht da ist. Darum gibt es auch ein ganzes Bataillon von Frauen, die andere Frauen nicht mögen und lieber mit Männern zu tun haben. Wir mussten erst lernen, einander zu mögen. Die Zeitschrift *Ms.* wurde mit der Vorgabe gegründet, dass wir endlich aufhören müssen, uns übereinander zu beschweren, einander zu hassen, uns gegenseitig zu bekämpfen und den Männern in ihrem Urteil über uns zu folgen – ganz typisches Verhalten bei unterdrückten Gruppen. Das ist eine große Bildungsaufgabe. Und in der Literatur war es ja auch kaum anders – wenn man über Frauen untereinander liest (nicht über Lesben oder Frauen, die lange, insgeheim lesbische Beziehungen miteinander eingehen, so wie in den Büchern von Virginia Woolf), ist das ein offen männlicher Blick auf weibliches Zusammensein. Meist werden diese Frauen von Männern dominiert – so wie manche Figuren von Henry James –, oder sie reden nur über Männer, wie die Freundinnen bei Jane Austen … darüber, wer gerade geheiratet hat und wie man es schafft, geheiratet zu werden, wirst du ihn wieder verlieren, ich glaube, sie will ihn auch und so weiter. Heterosexuelle Frauen zu zeigen, die einfach befreundet sind und miteinander nur übereinander reden, das kam mir 1971, als *Sula* erschien, sehr radikal vor … aber das ist es heute natürlich nicht mehr.

Es wird immer mehr akzeptiert.

Ja, und bald wird es langweilig. Man wird es damit übertreiben, und dann läuft es wie üblich völlig aus dem Ruder.

Warum fällt es eigentlich allen so schwer, über Sex zu schreiben?

Es ist schwer, denn es ist schlichtweg nicht sexy genug. Man kann eigentlich nur darüber schreiben, wenn man nicht viel beschreibt. Jede Leserin, jeder Leser muss die eigene Sexualität mit in den Text bringen können. Eine Person, die ich sonst sehr bewundere, hat auf höchst abstoßende Weise über Sex geschrieben. Es wird einfach viel zu viel gesagt. Wenn man schon mit der »Wölbung« anfängt, klingt es über kurz oder lang nach Gynäkologie. Nur Joyce ist damit durchgekommen. Er hat all die verbotenen Wörter verwendet. Als er »Fotze« schrieb, war das ein Schock. Das verbotene Wort kann provozieren. Aber nach einiger Zeit wird es eher eintönig als erregend. Weniger ist da immer mehr. Oft glaubt man beim Schreiben, wenn man nur obszöne Wörter benutzt, hat man's schon geschafft. Und für kurze Zeit und eine sehr jugendliche Phantasie funktioniert das vielleicht sogar, aber es dauert nicht lange, dann bringt's das auch nicht mehr. Als Sethe und Paul D zum ersten Mal zusammenkommen, bringen sie den Sex auf einer knappen halben Seite hinter sich, und er ist nicht mal besonders gut – es geht sehr schnell, und sie schämen sich beide –, und hinterher liegen sie da und versuchen so zu tun, als lägen sie gar nicht in diesem Bett, als hätten sie sich nie kennengelernt, und dann denken sie unterschiedliche Gedanken, die miteinander verschmelzen, bis man nicht mehr sagen kann, wer was denkt. Dieses Verschmelzen ist für mich die viel sinnlichere Taktik als der Versuch, Körperteile zu beschreiben.

Wie ist es mit der Handlung? Wissen Sie immer genau, wo es hingeht? Könnten Sie das Ende schreiben, bevor Sie dort angekommen sind?

Wenn ich wirklich weiß, worum es geht, kann ich auch das Ende schreiben. Das Ende von *Menschenkind* habe ich nach etwa einem Viertel des Wegs geschrieben. Das Ende von *Jazz* habe ich sehr früh verfasst und das von *Solomons*

Lied noch früher. Für mich muss die Handlung immer darin bestehen, wie es passiert ist. Das ist dann fast wie ein Krimi. Man weiß, wer tot ist, und will herausfinden, wer es war. Also stellt man die auffälligsten Elemente an den Anfang, und das Publikum ist gefesselt und will wissen, wie es dazu kam. Wer hat es getan und warum? Man ist gezwungen, eine bestimmte Art von Sprache zu verwenden, damit die Menschen sich solche Fragen beim Lesen immer weiter stellen. Bei *Jazz*, wie auch schon bei *Sehr blaue Augen*, habe ich die komplette Handlung auf die erste Seite gestellt. In der ersten Auflage stand die Handlung sogar auf dem Cover, sodass man sie schon im Buchladen lesen konnte und wusste, wovon das Buch handelt, um es gegebenenfalls wieder wegzulegen und ein anderes zu kaufen. Für *Jazz* schien mir das genau die richtige Taktik, denn die eigentliche Handlung, das Dreiecksverhältnis, war für mich die Grundmelodie. Es ist einfach schön, die Melodie verfolgen und wiedererkennen zu können – sich zu freuen, wenn die Erzählerin zu ihr zurückkehrt. Das war für mich der eigentliche Kunstgriff bei dem Unterfangen – immer wieder auf die Melodie zu stoßen, sie aus verschiedenen Perspektiven zu betrachten und sie jedes Mal neu zu sehen, sie vorwärts und rückwärts zu spielen.

Wenn Keith Jarrett »Ol' Man River« spielt, entstehen Freude und Genuss ja nicht so sehr aus der Melodie selbst als daraus, sie zu erkennen, wenn sie auftaucht oder sich verbirgt, und zu hören, was an ihre Stelle tritt, wenn sie ganz verschwindet. Nicht so sehr aus der ursprünglichen Klangfolge als vielmehr aus all den Echos, Schattierungen, Windungen und Schleifen, mit denen Jarrett sie umspielt. Etwas Ähnliches wollte ich mit der Handlung von *Jazz* erreichen. Ich wollte die Geschichte zum Vehikel machen, das uns von der ersten Seite bis zum Ende trägt, aber die Freude sollte darin liegen, sich von der Geschichte zu entfernen und wieder zu ihr zurückzukehren, an ihr vorbei und durch sie hindurch zu schauen wie durch ein Prismenglas, das sich beständig dreht.

Gut möglich, dass dieser spielerische Aspekt von *Jazz* einiges an Unzufriedenheit bei Leserinnen und Lesern auslöst, die bloß die reine Melodie wollen und wissen möchten, was passiert ist, wer es getan hat und warum. Aber für mich ist die jazzhafte Struktur nicht zweitrangig – sie ist der Daseinsgrund für das ganze Buch. Das Prinzip von Trial and Error, nach dem die Erzählerin die Handlung aufdeckt, war ebenso wichtig und aufregend für mich wie das eigentliche Erzählen.

Auch in *Menschenkind* geben Sie die Handlung schon früh preis.

Es erschien mir wichtig, dass das Action-Element von *Menschenkind* – der Kindsmord – von Anfang an bekannt ist, aber verhalten, nicht ausgestellt. Mein Publikum soll alle Informationen haben und die Folgen rund um die Tat kennen, ich wollte ihm aber, und auch mir, den eigentlichen Akt der Gewalt ersparen. Ich weiß noch, dass ich den Satz, wie Sethe dem Kind die Kehle durchschneidet, erst sehr spät im Schreibprozess formuliert habe. Ich weiß noch, wie ich vom Tisch aufstand und draußen herumlief – einmal um den Garten, dann wieder zurück, um den Satz noch ein bisschen zu überarbeiten, dann wieder nach draußen und wieder hinein, um ihn noch mal und noch mal umzuschreiben … Jedes Mal baute ich den Satz so, dass er genau richtig war, zumindest glaubte ich das, aber dann konnte ich trotzdem nicht sitzen bleiben und musste wieder weg und zurückkehren. Ich fand, die Tat selbst sollte nicht nur verborgen, sondern auch ganz unauffällig bleiben, denn wenn die Sprache zur eigentlichen

Gewalt in Konkurrenz träte, dann wäre das obszön oder pornographisch.

Das Stilistische ist Ihnen offenbar sehr wichtig. Können Sie uns darüber im Zusammenhang mit *Jazz* noch mehr erzählen?

Mit *Jazz* wollte ich den gleichen Eindruck vermitteln, wie auch Musiker es tun – sie hätten noch mehr zu bieten, zeigen es uns aber nicht. Eine Praxis der Zurückhaltung, der Beschränkung – nicht, weil nichts vorhanden oder der Fundus erschöpft wäre, sondern gerade aufgrund des Reichtums. Und weil man ja immer wieder beginnen kann. Dieses Gespür dafür, wann man aufhören muss, kann man sich aneignen, ich hatte das keineswegs immer. Erst nachdem ich *Solomons Lied* geschrieben hatte, fühlte ich mich sicher genug, um mit Bildern und Sprache und alldem sparsam umgehen zu können. Beim Schreiben von *Jazz* war ich mir darüber im Klaren, dass ich alles Konstruierte, Künstliche mit Improvisation zu verbinden versuchte. Ich dachte mir mich selbst als Jazzmusikerin – die übt und übt, um schließlich selbst erfinderisch zu werden und ihre Kunst mühelos und anmutig klingen zu lassen. Der Aspekt des Konstruierten beim Schreiben war mir immer bewusst. Auch, dass Kunst nur natürlich und elegant wirken kann, wenn sie aus ständiger Übung und Kenntnis ihrer formalen Strukturen entspringt. Man muss die Sparsamkeit pflegen, um diese Qualität des genussvollen Verschwendens zu erreichen – dieses Gefühl, genug zu besitzen, um verschwenderisch sein zu können, aber immer etwas zurückzuhalten – und eigentlich gar nichts zu verschwenden. Man darf nie übersättigen, nie vollkommen befriedigen. Ich hatte immer schon den Eindruck, dass dieser ganz bestimmte Hunger am Ende eines Kunstwerks – diese Sehnsucht nach mehr –

eine sehr große Kraft hat. Und gleichzeitig liegt eine Art Zufriedenheit in dem Wissen, dass es irgendwann ja wirklich mehr geben wird, weil der Erfindungsreichtum der Künstlerin kein Ende hat.

Gab es noch andere Zutaten, strukturelle Gegebenheiten?

Nun ja, mir scheint, zu den entscheidenden Ereignissen in der Kulturgeschichte dieses Landes gehört die Einwanderung. Ich kann hier wirklich nur Vermutungen anstellen – deshalb schreibe ich wahrscheinlich Romane –, aber mir scheint, es hat sich nach dem Bürgerkrieg etwas Modernes, Neues vollzogen. Natürlich hat sich etliches verändert, aber diese Ära wird doch besonders von der Ausgrenzung und Zwangsenteignung ehemals versklavter Menschen gekennzeichnet. Manchmal fanden sie Eingang in den örtlichen Arbeitsmarkt, oft versuchten sie den Problemen zu entkommen, indem sie in die Großstädte abwanderten. Mich fasziniert die Frage, was Großstadt ihnen bedeutet haben muss, diesen ehemals versklavten Männern und Frauen in zweiter und dritter Generation, Menschen vom Land, die dort ganz unter sich lebten. Die Großstadt muss ihnen aufregend und wundersam erschienen sein, als ein sehr erstrebenswerter Ort.

Mich hat interessiert, wie so eine Großstadt funktioniert. Wie fanden Schichten, Gruppen und Nationalitäten ihre Sicherheit in der eigenen Anzahl, im eigenen Raum und Revier? Gleichzeitig war es spannend zu wissen, dass es noch andere Räume, andere Reviere gab. Sie müssen den wahren Glamour empfunden haben, das Aufregende daran, Teil dieser Menschenmenge zu sein. Mich hat interessiert, wie sich die Musik hier im Land verändert hat. Spirituals, Gospels und Blues repräsentierten eine bestimmte Art der

Reaktion auf die Sklaverei – sie gaben der Sehnsucht nach Flucht eine Stimme, aber verschlüsselt, buchstäblich noch auf der Underground Railroad.

Außerdem ging es mir um das Privatleben. Wie haben diese Menschen einander geliebt? Was verstanden sie unter »frei«? Als die ehemals versklavten Menschen damals in die Großstadt zogen, auf der Flucht vor etwas, das sie einengte, sie umbrachte, sie immer wieder neu enteignete, fanden sie sich zwar in einem anderen Umfeld wieder, aber auch das war sehr beschränkend. Hört man sich jedoch ihre Musik an – die Anfänge des Jazz –, dann wird einem klar, dass sie von etwas völlig anderem reden. Sie reden von Liebe, von Verlust. Dabei liegt so viel Größe, so viel Genugtuung in den Texten ... glücklich sind sie nie – irgendwer wird immer gerade verlassen –, aber sie jammern nicht. Als spielte die ganze Tragik – sich für jemanden zu entscheiden und Liebe zu wagen, Gefühle, Sinnlichkeit zu wagen und alles wieder zu verlieren – gar keine Rolle, weil sie selbst gewählt war. In der Liebe von seiner Wahlmöglichkeit Gebrauch machen zu können, das war die Hauptsache. Und die Musik verstärkte die Vorstellung von Liebe als einem Raum, in dem sich über Freiheit verhandeln ließ.

Selbstverständlich galt Jazz – wie jede neue Musikrichtung – als die Musik des Teufels: zu sinnlich, zu provokant und so weiter. Aber für viele Schwarze bedeutete Jazz, Anspruch auf den eigenen Körper zu erheben. Man kann sich ausmalen, was das für Menschen hieß, deren Körper Besitz gewesen war, die als Kinder versklavt worden waren oder sich an die Versklavung ihrer Eltern erinnern konnten. Blues und Jazz standen für das Besitzrecht an den eigenen Gefühlen. Also ist natürlich alles übertrieben und exzessiv: Im Jazz wird die Tragik genossen, fast so, als würde ein Happy End ihm etwas von seinem Glamour, seinem Flair rauben. Inzwischen setzt selbst die Fernsehwerbung Jazz ein, um Authentizität und Modernität zu kommunizieren, um Vertrauen zu vermitteln, zu zeigen, dass man hip ist.

Bis heute hat sich die Großstadt diese Qualität des Aufregenden erhalten, die sie im Jazz-Age besaß – nur dass wir die Aufregung jetzt mit einer anderen Art von Gefahr assoziieren. Wir brüllen, protestieren und geben uns betroffen, wenn es um Obdachlosigkeit geht; wir wollen die Straßen wieder für uns, aber letztlich erlangen wir unser Gefühl des Großstädtischen gerade über das Bewusstsein für die Wohnungslosen und die Strategien, die wir einsetzen, um damit klarzukommen. Das Gefühl, die nötige Rüstung zu besitzen, die Schutzschilde, den Mumm, die Stärke, die Widerstandskraft und den Grips, um uns auf die Begegnung mit dem Unvorhersehbaren, dem Fremden, dem Seltsamen und dem Gewalttätigen einzulassen, ist ein wesentlicher Teil dessen, was es heißt, in einer Großstadt zu leben. Wenn die Leute sich über Obdachlosigkeit »beschweren«, prahlen sie in Wirklichkeit damit: »New York hat mehr Obdachlose als San Francisco.« »Nein, nein, nein, San Francisco hat mehr Obdachlose.« »O nein, Sie waren wohl noch nie in Detroit.« Wir wetteifern förmlich um unser Durchhaltevermögen. Und das ist meiner Meinung nach mit ein Grund dafür, warum wir Obdachlosigkeit so einfach akzeptieren.

Dann hat die Großstadt also die ehemals Versklavten von ihrer Geschichte befreit?

Zum Teil, ja. Die Großstadt war deshalb so verführerisch, weil sie Vergessen versprach. Sie bot die Möglichkeit zur Freiheit – Freiheit von der Geschichte, wie Sie gesagt haben. Aber auch wenn die Geschichte nie zur Zwangsjacke werden darf, die einen überwältigt und bindet, darf sie doch auch nicht vergessen werden. Man muss sie kritisieren, prüfen, konfrontieren und begreifen, um dadurch eine Freiheit zu erreichen, die mehr ist als ein bloßer Freibrief, die wahre, erwachsene Handlungsfähigkeit bedeutet. Erst wenn man die Verführungskraft der Großstadt durchdringt, wird es möglich, sich der eigenen Geschichte zu stellen – zu vergessen, was vergessen werden sollte, und sich das Nützliche zunutze zu machen – so wird wahre Handlungsfähigkeit möglich.

Inwiefern beeinflussen Bilder Ihre Arbeit?

Ich hatte Schwierigkeiten, eine bestimmte Szene in *Solomons Lied* zu beschreiben … Es ging um einen Mann, der vor seinen Verpflichtungen und sich selbst davonläuft. Da habe ich dann buchstäblich auf ein Bild von Edvard Munch zurückgegriffen. Er läuft, und auf seiner Straßenseite ist sonst niemand. Alle sind auf der anderen Straßenseite.

Solomons Lied **wirkt tatsächlich sehr gemalt im Vergleich zu anderen Büchern von Ihnen.** *Menschenkind* **beispielsweise ist eher in einem Sepiaton gehalten.**

Teilweise hängt das mit den inneren Bildern zusammen, die entstanden, als mir klar wurde, dass sich Frauen und Schwarze historisch gesehen stark zu bunter Kleidung hingezogen fühlen. Die meisten Menschen haben ja Angst vor Farbe.

Warum?

Das ist einfach so. Hier in dieser Kultur gelten gedeckte Farben als elegant. Zivilisierte, westlich geprägte Menschen würden sich nie Bettwäsche oder Geschirr in Knallrot kaufen. Möglich, dass noch mehr dahintersteckt, als ich hier vermute. Aber der versklavte Teil der Bevölkerung hatte nicht mal zu den wenigen vorhandenen Farben Zugang, weil die Menschen Sklavenkleidung tragen mussten, Abgelegtes und Arbeitskleidung aus Jute oder Sackleinen. Ein buntes Kleid war da purer Luxus, egal ob es ein teurer oder billiger Stoff war … Hauptsache, es war ein rotes oder gelbes Kleid. Aus *Menschenkind* habe ich alle Farben entfernt, sodass nur noch die kleinen Momente übrig sind, wenn Sethe wie eine Verrückte Schleifen und Bänder kauft und sich daran genauso erfreut, wie Kinder sich an solchen Farben freuen. Die Sache mit der Farbe war auch der Grund, warum sich die Sklaverei so lange halten konnte. Es ging ja nicht um eine Schicht von Sträflingen, die sich verkleiden konnten und damit durchgekommen wären. Nein, es handelte sich um Menschen, die durch ihre Hautfarbe ebenso markiert waren wie durch andere Merkmale. Farbe ist also eine Kennzeichnung. Baby Suggs träumt von Farbe und sagt: »Bring mir ein bisschen Lavendelblau.« Das ist Luxus. Wir werden so sehr von Farben und Bildern überschwemmt. Ich wollte das einfach zurückschrauben, damit man den Hunger und den Genuss auch empfinden kann. Das wäre mir nicht gelungen, wenn ich ein ähnlich gemaltes Buch daraus gemacht hätte wie *Solomons Lied*.

Meinen Sie das, wenn Sie von der Notwendigkeit sprechen, ein beherrschendes Bild zu finden?

Manchmal, ja. In *Solomons Lied* gibt es drei oder vier davon. Ich wusste, es soll wie gemalt wirken, und den Anfang wollte ich in Rot, Weiß und Blau haben. Und ich wusste, der Protagonist würde in gewisser Weise »fliegen« müssen. In *Solomons Lied* stand zum ersten Mal in meinem Schreiben ein Mann im Zentrum und war die treibende Kraft der Erzählung; ich wusste nicht genau, inwieweit ich fähig sein würde, mich in ihm wohlzufühlen. Natürlich hätte ich ihn immer auch von außen betrachten und beschreiben können, aber das wären dann ja nur Wahrnehmungen gewesen. Ich musste in der Lage sein, ihn nicht nur zu betrachten, sondern nachzuempfinden, wie es sich tatsächlich angefühlt haben muss. Beim Nachdenken darüber entstand vor meinen Augen das Bild eines Zugs. In allen Büchern vorher waren Frauen im Zentrum, und die hielten sich meistenteils nur in der unmittelbaren Umgebung und im Garten auf; dieses Buch musste sich nach draußen begeben. Ich hatte also diese Vorstellung von einem Zug … der anfährt, beschleunigt, so wie der Protagonist, und am Ende einfach losrast; er wird immer schneller, bremst aber nicht, sondern rast einfach dahin und lässt uns gewissermaßen in der Luft hängen. Und so beherrschte dieses Bild für mich die Struktur, obwohl ich das nicht ausspreche oder auch nur darauf anspiele; wichtig ist nur, dass es für mich funktioniert. Andere Bücher sind spiralförmig, *Sula* beispielsweise.

Wie würden Sie das beherrschende Bild von *Jazz* beschreiben?

Jazz ist recht kompliziert, weil ich zwei einander widersprechende Aspekte darstellen wollte – Konstruktion und Improvisation, also ein Kunstwerk, das geplant und durchdacht ist, aber gleichzeitig erfinderisch wirkt, wie Jazzmusik eben. Ich dachte mir das Bild dann als Buch. Ein ganz physisches Buch, das sich aber selbst schreibt. Sich selbst erdenkt. Spricht. Sich seines Tuns bewusst ist. Sich beim Nach- und Ausdenken beobachtet. Das erschien mir wie eine Kombination aus Konstruktion und Improvisation – man übt und plant, um anschließend erfinderisch sein zu können. Dazu gehört auch die Bereitschaft zu scheitern, falschzuliegen. Jazz ist immer eine Darbietung. Bei einer Darbietung macht man Fehler, hat aber nicht den Luxus, sie nochmals zu überarbeiten, wie man das als Autorin tun kann; man muss aus jedem Fehler etwas machen, und wenn man es gut genug hinbekommt, führt einen das irgendwohin, wo man ohne diesen Fehler nie gelandet wäre. Man muss also riskieren können, den Fehler bei der Darbietung zu machen. Tänzerinnen und Tänzer tun das ständig, Jazzmusikerinnen und -musiker ebenfalls. *Jazz* sagt seine eigene Geschichte voraus. Manchmal täuscht es sich dabei auch, aufgrund einer Fehleinschätzung. Es hat sich die Figuren nicht gut genug ausgedacht, dann gibt es seinen Fehler zu, und die Figuren antworten, so wie Jazzmusiker es tun. Das Buch muss den Figuren zuhören, die es erfunden hat, und dann etwas von ihnen lernen. Es war das Verzwickteste, was ich je geschrieben habe, dabei wollte ich eine ganz schlichte Geschichte über diese Menschen erzählen, die nicht wissen, dass sie im Jazz-Age leben, und das Wort auch gar nicht verwenden.

Eine Möglichkeit, das auch auf struktureller Ebene zu erreichen, besteht darin, in jedem Buch mehrere Stimmen sprechen zu lassen. Ist das auch bei Ihnen der Grund?

Es ist wichtig, keine totalitäre Perspektive zu verwenden. In der amerikanischen Literatur geht es oft totalitär zu – als gäbe es immer nur eine Version. Aber wir sind kein unterschiedsloser Block von Menschen, die sich alle genau gleich verhalten.

Meinen Sie das mit »totalitär«?

Ja. Den ultimativen oder auch autoritären Blick von außen

oder von jemandem, der für uns spricht. Keine Einzigartigkeit, keine Vielfalt. Ich versuche, alle möglichen Stimmen glaubhaft zu gestalten, von denen jede grundlegend anders ist. Denn das Auffällige an der afroamerikanischen Kultur ist für mich gerade ihre Bandbreite. In der heutigen Musikkultur klingen so oft alle gleich. Aber wenn man an Schwarze Musik denkt, dann denkt man auch an die Unterschiede zwischen Duke Ellington und Sidney Bechet oder Satchmo oder Miles Davis. Die klingen kein bisschen gleich, trotzdem weiß man, dass sie alle Schwarze Künstler sind, wegen dieser einen Qualität, worin auch immer sie bestehen mag, die uns verdeutlicht: Ach ja, das ist Teil dessen, was man die afroamerikanische Musiktradition nennt. Keine bekannte Schwarze Pop-, Jazz- oder Bluessängerin klingt wie die andere. Billie Holiday klingt nicht wie Aretha Franklin, nicht wie Nina Simone und auch nicht wie Sarah Vaughan, sie klingt wie niemand sonst. Alle sind sie auf sehr kraftvolle Art unterschiedlich. Und sie erzählen auch selbst, dass sie es als Sängerinnen unmöglich geschafft hätten, wenn sie wie jemand anders geklungen hätten. Wenn da eine kommt und klingt wie Ella Fitzgerald, dann heißt es: »Ach, so eine haben wir doch schon.« Für mich ist es hochinteressant, dass jede dieser Frauen ein eigenes, unverkennbares Image hat. So möchte ich schreiben. Ich möchte Romane schreiben, die ganz unverkennbar meine sind, sich aber trotzdem an erster Stelle in die afroamerikanische Tradition einfügen und an zweiter in diese ganze Veranstaltung namens Literatur.

Aber erst in die afroamerikanische?

Ja.

Lieber als in die Literatur insgesamt?

O ja.

Warum?

Weil sie reicher ist. Sie hat die komplexeren Quellen. Sie schöpft aus etwas, das den Randbereichen nähersteht, ist viel moderner. Sie hat eine menschliche Zukunft.

Sie wären also nicht lieber bekannt als wichtige Vertreterin der Literatur insgesamt statt als afroamerikanische Autorin?

Mir ist es besonders wichtig, dass meine Werke afroamerikanisch sind; wenn sie sich dann noch in ein anderes oder auch größeres Spektrum einpassen, umso besser. Aber man sollte das nicht ausdrücklich von mir verlangen. Von Joyce verlangt man es nicht. Von Tolstoi auch nicht. Sie dürfen russisch, französisch, irisch oder katholisch sein, sie schreiben aus ihrer Herkunft heraus, und genau das tue ich auch. Es ist nur eben so, dass dieser Raum für mich der afroamerikanische ist; es könnte auch der Katholizismus sein oder der Mittlere Westen. Auch das gehört beides zu mir, und alles ist wichtig.

Warum sagen so viele: »Schreiben Sie doch mal was, das wir verstehen«? Wirken Sie bedrohlich, weil Sie nicht auf die typisch westliche, lineare, chronologische Art schreiben?

Ich glaube gar nicht, dass die Leute das so meinen. Ich glaube, sie meinen eigentlich: »Schreiben Sie doch mal ein Buch über Weiße.« Vielleicht ist das aus ihrer Sicht sogar eine Art Kompliment. Sie sagen: »Sie schreiben gar nicht schlecht, ich würde Sie sogar über mich schreiben lassen.«

Das könnten sie sonst zu niemandem sagen. Oder hätte ich vielleicht auf André Gide zugehen und zu ihm sagen können: »Alles gut und schön, aber wann nehmen Sie die Sache mal richtig ernst und schreiben über Schwarze?« Ich glaube, er hätte gar nicht gewusst, was er auf diese Frage antworten soll. Genau wie ich. Er hätte vielleicht gesagt: »Wie bitte? Das mache ich, wenn ich Lust dazu habe.« Oder auch: »Wer sind Sie denn?« Der eigentliche Hintergrund der Frage ist aber dieser: Es gibt das Zentrum, und das ist weiß, und dann gibt es solche lokalen Phänomene, Schwarze, Menschen aus dem asiatischen Raum oder andere, die am Rand der Gesellschaft stehen. So eine Frage kann man nur vom Zentrum aus stellen. Bill Moyers hat mir die »Wann schreiben Sie denn mal«-Frage sogar im Fernsehen gestellt. Ich habe nur gesagt: »Tja, irgendwann vielleicht.« Ich konnte ihm natürlich nicht antworten: »Sie wissen schon, dass Sie diese Frage nur vom Zentrum aus stellen können? Aus dem Zentrum der Welt!« Er ist schließlich weiß und ein Mann. Und er fragt eine Person, die am Rand steht: »Wann schaffen Sie es endlich ins Zentrum, wann schreiben Sie über Weiße?« Da kann ich doch nicht sagen: »Was soll diese Frage, Bill?« Oder: »Solange diese Frage noch angebracht erscheint, so lange werde und kann ich das nicht tun.« Tatsache bleibt, er ist herablassend; er sagt: »Sie schreiben so gut, Sie können auch ins Zentrum kommen, wenn Sie mögen. Sie brauchen nicht da draußen am Rand herumzustehen.« Und ich erwidere darauf: »Schön und gut – aber ich bleibe lieber hier am Rand und lasse mich vom Zentrum aufsuchen.«

Vielleicht ist das ein falscher Anspruch, aber sicher nicht vollkommen falsch. Ich bin überzeugt, er galt für alle, die wir heute als Giganten betrachten. Joyce ist ein gutes Beispiel. Er hat überall und nirgends gelebt, und wo immer er war, hat er über Irland geschrieben, ganz egal, wo er sich aufhielt. Und ich bin sicher, auch er bekam so ein »Schreiben Sie doch mal ...« zu hören. Vielleicht hat man ihn in Frankreich gefragt: »Wann schreiben Sie endlich über Paris?«

Was schätzen Sie besonders an Joyce?

Es ist wirklich erstaunlich, wie gut sich bestimmte Formen von Ironie und Humor übertragen. Joyce ist manchmal urkomisch. Ich habe *Finnegans Wake* erst nach dem Studium entdeckt und hatte das große Glück, es ganz ohne Anleitung lesen zu können. Gut möglich, dass ich es nicht richtig gelesen habe, aber es war urkomisch! Ich habe ununterbrochen gelacht! Oft wusste ich ganze Absätze lang nicht, worum es ging, aber das war egal, ich wurde ja nicht dafür benotet. Ich glaube, an Shakespeare freuen sich heute noch alle deshalb so sehr, weil er nichts mit Literaturkritik zu tun hatte. Er konnte einfach machen; Rezensionen gab es nur in Form der Leute, die alles Mögliche auf die Bühne warfen.

Hätte er weniger geschrieben, wenn er rezensiert worden wäre?

Oh, wenn er sich das zu Herzen genommen hätte, wäre er sicher befangen gewesen. So zu tun, als interessierte es einen nicht, als würde man nichts davon lesen, diese Haltung ist schwer durchzuhalten.

Lesen Sie Rezensionen?

Ich lese alles.

Ehrlich? Sie meinen das offenbar ernst.

Ich lese alles, was über mich geschrieben wird, sofern ich es mitbekomme.

Und warum?

Ich muss doch wissen, was läuft!

Wollen Sie Ihre Außenwirkung im Blick behalten?

Nein, nein. Es geht weder um mich noch um meine Arbeit, es geht um das, was läuft. Davon muss ich mir einen Eindruck verschaffen, vor allem im Zusammenhang mit weiblichem Schreiben oder afroamerikanischem Schreiben, mit zeitgenössischer Literatur. Immerhin unterrichte ich Literaturwissenschaft. Ich lese also alles, was mir beim Unterrichten helfen kann.

Überrascht es Sie eigentlich, wenn man Sie mit dem magischen Realismus vergleicht, etwa mit Gabriel García Márquez?

Ja, früher schon. Mir bedeutet das nichts. Solche Einordnungen sind nur in meinem Unterricht wichtig. Aber sie haben gar keine Bedeutung, wenn ich vor einem dicken Stoß leerer gelber Seiten sitze. Soll ich sagen, ich bin magische Realistin? Jedes Thema verlangt doch seine eigene Form.

Warum unterrichten Sie im Grundstudium?

Hier in Princeton erfahren auch die Studierenden im Grundstudium große Wertschätzung, was sehr schön ist, denn an vielen Universitäten werden nur die Studierenden im Master- oder im Promotionsstudium wirklich wertgeschätzt.

Mir gefällt die Einstellung in Princeton. Das hätte ich mir auch für meine eigenen Kinder gewünscht. Ich halte nichts davon, dass man Studierende im ersten oder zweiten Studienjahr als Versuchskaninchen benutzt, als Spielplatz oder Folie, damit der wissenschaftliche Nachwuchs an ihnen das Unterrichten üben kann. Sie brauchen die bestmögliche Lehre. Ich fand auch immer, dass an staatlichen Schulen nur die beste Literatur gelesen werden sollte. Ich habe immer mit allen *König Ödipus* gelesen, auch im Sonder- oder Förderunterricht, wie das damals hieß. Die Kinder werden in diese Klassen gesteckt, weil sie sich zu Tode langweilen; da kann man ihnen doch nicht mit langweiliger Lektüre kommen. Man muss ihnen das Bestmögliche an die Hand geben, um sie zu motivieren.

Einer Ihrer Söhne ist Musiker. Sind Sie selbst musikalisch, haben Sie mal ein Instrument gespielt?

Nein, aber ich komme aus einer musikalisch hochtalentierten Familie. Hochtalentiert heißt in dem Fall, dass die allermeisten keine Noten lesen, aber alles nachspielen konnten, was sie hörten, aus dem Stand. Meine Schwester und ich wurden zum Musikunterricht geschickt. Ich sollte etwas lernen, das sie wie von selbst beherrschten. Ich hielt mich für beschränkt, zurückgeblieben. Sie haben mir nicht erklärt, dass es womöglich wichtig ist, Noten lesen zu lernen, dass das etwas Gutes ist und nichts Schlechtes. Ich dachte, wir sind sozusagen die Lahmen, die das Laufen extra lernen mussten, während alle anderen einfach aufstanden und es schon konnten.

Kann man das Schreiben lernen? Durch Lesen vielleicht?

Das wird überschätzt.

Muss man die Welt bereisen? Soziologie- oder Geschichtskurse belegen?

Man kann auch einfach zu Hause bleiben. Ich glaube nicht, dass man sich groß wegbewegen muss.

Manche sagen aber: »Ich kann kein Buch schreiben, solange ich nicht ein Leben gelebt, Erfahrungen gesammelt habe.«

Das mag ja sein – vielleicht können sie das wirklich nicht. Aber schauen Sie sich die Menschen an, die nie irgendwo waren und sich alles nur ausgedacht haben. Thomas Mann. Ein paar kleinere Reisen hat er schon unternommen … Aber ich glaube, entweder hat man diese Phantasie, oder man legt sie sich zu. Manchmal braucht man vielleicht eine Inspiration. Aber ich persönlich fahre nie weg, um mich inspirieren zu lassen. Ich will gar nicht wegfahren. Ich wäre ganz zufrieden, wenn ich immer nur am selben Ort sitzen dürfte. Denen, die mir erzählen, ich müsste erst mal was unternehmen, bevor ich schreiben kann, traue ich nicht über den Weg. Ich schreibe ja nicht autobiographisch. Vor allem, weil mich reale Menschen als literarische Figuren nicht interessieren – das schließt mich selbst ein. Wenn ich über eine historische Figur schreibe, wie Margaret Garner, dann weiß ich im Grunde nichts über sie. Alles, was ich wusste, stammte aus zwei Interviews mit ihr, die ich gelesen hatte. Immer hieß es: Ist das nicht unglaublich? Diese Frau, die vor den Gräueln der Sklaverei nach Cincinnati floh und nicht verrückt war. Sie hat zwar ihr Kind umgebracht, wirkte aber nicht völlig übergeschnappt. Sie war absolut ruhig, sie sagte: »Ich würde es wieder tun.« Das reichte, um meine Phantasie anzuregen.

Sie hat einiges Aufsehen erregt?

Allerdings. Ihr tatsächliches Leben war sehr viel grauenvoller, als es im Roman dargestellt wird, aber hätte ich alles gewusst, was es über sie zu wissen gab, hätte ich ihn niemals schreiben können. Die Geschichte wäre schon abgeschlossen gewesen; es hätte keinen Platz mehr für mich darin gegeben. Wie ein Rezept, das schon nachgekocht ist. Bitteschön. Du bist bereits dieser Mensch. Warum sollte ich mich bei dir bedienen? So etwas gefällt mir nicht. Umso mehr gefällt mir aber der Vorgang des Erfindens. Figuren zu haben, die sich aus einem kleinen Knäuel zur ausgereiften Person entfalten, das ist spannend.

Schreiben Sie manchmal aus Wut oder aus einem anderen Gefühl?

Nein. Wut ist ein sehr intensives, aber auch sehr kleines Gefühl. Wut hält sich nicht. Sie bringt nichts hervor. Sie ist nicht kreativ, zumindest nicht für mich. So ein Buch zu schreiben dauert doch mindestens drei Jahre!

Eine lange Strecke, um wütend zu sein.

Eben. Und ich traue dem Ganzen ohnehin nicht. Ich halte nichts von diesen kleinen, schnellen Gefühlen wie: »Ich bin ja so einsam, o Gott!« Ich halte nichts von solchen Gefühlen als Treibstoff. Also, ich habe sie natürlich, aber …

… sie geben keine gute Muse ab?

Nein, und wenn das Hirn keine eiskalten Gedanken produziert, die man dann in jede Art von Stimmung kleiden kann, dann ist es nichts wert. Es müssen eiskalte Gedanken sein. Kalt oder kühl zumindest. Das Hirn. Nur darum geht es.

Aus dem Englischen von Tanja Handels

Toni Morrison, The Art of Fiction No. 134,
The Paris Review, 128 / Herbst 1993.

Susan Sontag

VIELLEICHT HABE ICH EIN AUFMERKSAMKEITSÜBERSCHUSSSYNDROM.

Mit Edward Hirsch (1994)

Susan Sontag lebt in einem spärlich möblierten Fünf-Zimmer-Apartment in der obersten Etage eines Hauses in Chelsea auf der Westseite von Manhattan. Bücher – ungefähr fünfzehntausend – und Papiere füllen jeden Raum. Man könnte ein halbes Leben damit verbringen, in Büchern über Kunst und Architektur, Theater und Tanz, Philosophie und Psychiatrie, die Geschichte der Medizin sowie die Geschichte der Religion, der Fotografie, der Oper und so weiter zu blättern. Die verschiedenen europäischen Literaturen – französisch, deutsch, italienisch, spanisch, russisch etc. sowie Hunderte von Büchern über japanische Literatur und Bücher über Japan sind grob chronologisch nach Sprachen geordnet. Ebenso die amerikanische und die englische Literatur, die von *Beowulf* bis, sagen wir, James Fenton reicht. Sontag ist eine Meisterin des Verzettelns, ihre Bücher sind gespickt mit Schnipseln (»Jedes Buch ist markiert und filetiert«, sagt sie), und an den Regalen kleben Zettel mit weiteren Lektüreempfehlungen.

Sontag schreibt gewöhnlich mit der Hand an einem niedrigen Marmortisch im Wohnzimmer. Schmale Schreibhefte zu verschiedenen Themen sind gefüllt mit Notizen zur Arbeit an ihrem aktuellen Roman *In Amerika*. Ein altes Buch über Chopin liegt auf einer Geschichte der Tischsitten.

Der Raum wird von einer eleganten Fortuny-Leuchte, vielleicht eine Imitation, erhellt. An den Wänden hängen Piranesi-Drucke (Architekturdrucke sind eine ihrer großen Leidenschaften).

Alles in Sontags Apartment bezeugt die große Bandbreite ihrer Interessen, aber es ist ihre Arbeit, genau wie ihre Konversation, die ihre leidenschaftliche Hingabe demonstrieren. Sie ist bereit, einem Thema überallhin zu folgen – und darüber hinaus. Was sie von Roland Barthes gesagt hat, trifft auch auf sie selbst zu: »Es war keine Frage von Wissen […], sondern von Wachheit, einer kritischen Umsetzung all dessen, was man über einen Gegenstand denken kann, war er einmal dem Strom der Aufmerksamkeit ausgesetzt.«

Das Interview fand im Juli 1994 an drei glühend heißen Tagen in Sontags Apartment in Manhattan statt. Sie flog zu der Zeit zwischen Sarajevo und New York hin und her und hatte sich dankenswerterweise Zeit für das Interview genommen. Sontag ist eine außergewöhnliche Rednerin – offen, zwanglos, gebildet, leidenschaftlich –, und jede unserer Sitzungen an ihrem hölzernen Küchentisch dauerte sieben bis acht Stunden. Die Küche wird für alles Mögliche genutzt, aber Faxgerät und Fotokopierer blieben stumm; das Telefon klingelte nur selten. Unsere Unterhaltung erstreckte sich über eine Vielzahl von Themen – die Transkripte wurden später bereinigt und überarbeitet –, kehrte aber stets zurück zu den Freuden und Merkmalen der Literatur. Sontag interessiert sich für alle Aspekte des Schreibens, vom technischen Prozess bis hin zum Ideal der schriftstellerischen Berufung. Sie vertritt zahlreiche Anliegen, aber an erster Stelle steht die Lebensaufgabe des Schriftstellers.

Wann haben Sie zu schreiben begonnen?

Ich bin mir nicht ganz sicher. Aber ich weiß, dass ich mit neun Jahren Dinge im Eigenverlag publizierte. Ich begann eine vierseitige Monatszeitschrift, die ich in einer Auflage von zwanzig Exemplaren hektographierte (eine sehr primitive Methode der Vervielfältigung) und für fünf Cent in der Nachbarschaft verkaufte. Die Zeitschrift existierte mehrere Jahre und enthielt Nachahmungen dessen, was ich gerade las. Es gab Erzählungen, Gedichte, und ich kann mich noch an zwei Theaterstücke erinnern, eines inspiriert von Čapeks *R. U. R.*, das andere von Edna St. Vincent Millays *Aria da Capo*. Und die Beschreibungen von Schlachten – Midway, Stalingrad und so weiter; Sie müssen bedenken, das war in den Jahren 1942, 1943, 1944 – sorgfältig zusammengefasst aus Artikeln in der Zeitung.

Wir haben dieses Interview mehrere Male verschieben müssen, aufgrund Ihrer zahlreichen Reisen nach Sarajewo. Sie haben mir gesagt, diese Reisen gehörten zu den eindrucksvollsten Erlebnissen Ihres Lebens. Ich musste daran denken, dass der Krieg in Ihren Schriften und in Ihrem Leben eine große Rolle spielt.

Das stimmt. Ich habe zwei Reisen nach Nordvietnam zur Zeit des amerikanischen Bombardements unternommen. Von der ersten habe ich in »Die Fahrt nach Hanoi« berichtet. Und zu Beginn des Jom-Kippur-Kriegs 1973 bin ich nach Israel gegangen, um einen Film an der Front zu drehen, *Promised Lands*. Der Krieg in Bosnien ist also mein dritter Krieg.

In *Krankheit als Metapher* kritisieren Sie den Gebrauch militärischer Metaphern. Der erzählerische Höhepunkt von *Der Liebhaber des Vulkans* besteht in einer schockierenden Beschwörung der Grausamkeit des Kriegs. Und

als ich Sie um die Mitarbeit an einem von mir herausgegebenen Buch bat, *Transforming Vision: Writers on Art***, entschieden Sie sich für einen Text über Goyas** *Die Schrecken des Krieges***.**

Manche Leute finden es vermutlich seltsam, in ein Kriegsgebiet zu reisen, und zwar nicht nur in der Phantasie, auch wenn ich aus einer Familie von Reisenden komme. Mein Vater, er war Pelzhändler im nördlichen China, starb während der japanischen Invasion, als ich fünf Jahre alt war. Ich erinnere mich noch an das Wort »Weltkrieg«, das ich im September 1939 bei meiner Einschulung hörte, und dass meine beste Freundin in der Klasse vor dem Spanischen Bürgerkrieg geflohen war. Ich erinnere mich auch noch, welche Angst ich am 7. Dezember 1941 verspürte. Einer der ersten Begriffe, über die ich längere Zeit nachdachte, war »für die Dauer (des Krieges)«, wie in »keine Butter für die Dauer (des Krieges)«. Ich weiß noch, wie sehr mich die Seltsamkeit und der in dem Begriff enthaltene Optimismus faszinierten.

In »Das Schreiben selbst: Über Roland Barthes« drücken Sie Ihr Erstaunen darüber aus, dass Barthes – dessen Vater im Ersten Weltkrieg (Barthes war noch ein Kind) getötet wurde –, obwohl er als junger Mann den Zweiten Weltkrieg und die Besatzungszeit erlebt hat, das Wort *Krieg* **in keinem seiner Texte erwähnt. Ihr Werk hingegen scheint vom Krieg verfolgt zu sein.**

Ich könnte darauf antworten, ein Schriftsteller ist jemand, der von der Welt Notiz nimmt.

Zu *Promised Lands* **haben Sie geschrieben: »Mein Thema ist der Krieg, und alles, was sich mit dem Krieg ausein-**

andersetzt und nicht die entsetzliche Faktizität der Zerstörung zeigt, ist eine gefährliche Lüge.«

Dieser bestimmende Ton lässt mich zusammenzucken. Aber … ja.

Schreiben Sie über die Belagerung von Sarajevo?

Nein. Ich meine, nicht jetzt, und vermutlich auch nicht in nächster Zeit. Und ganz bestimmt nicht in Form eines Essays oder eines Berichts. David Rieff, mein Sohn, ist schon vor mir dort gewesen und hat einen essayistischen Bericht unter dem Titel *Schlachthaus* geschrieben. Ich denke, *ein* Buch über den bosnischen Genozid in der Familie ist genug. Ich halte mich also nicht in Sarajevo auf, um darüber zu schreiben. Im Augenblick genügt es mir, wenn ich, so oft ich kann, dort bin – um Zeugin zu sein, zu klagen, ein Vorbild des Protests gegen jede Mittäterschaft zu behaupten, mit anzupacken. Die Pflicht eines menschlichen Wesens, das an das richtige Handeln glaubt, nicht die einer Schriftstellerin.

Wollten Sie immer Schriftstellerin werden?

Als ich sechs war, habe ich die Biographie von Madame Curie gelesen, geschrieben von ihrer Tochter, Ève Curie, und danach wollte ich Chemikerin werden. Und danach wollte ich beinahe meine ganze Kindheit lang Ärztin werden. Aber schließlich hat mich die Literatur gepackt. Tatsächlich wollte ich jede Art von Leben kennenlernen, und das Leben des Schriftstellers schien mir das umfassendste.

Hatten Sie Vorbilder für Ihre Vorstellung vom Schriftsteller?

Natürlich dachte ich, ich sei Jo aus *Little Women*. Aber ich wollte nicht das schreiben, was Jo schrieb. In *Martin Eden* fand ich einen Schriftsteller als Protagonisten, mit dessen Schreiben ich mich identifizieren konnte, und von da an wollte ich Martin Eden sein, natürlich ohne das grausame Schicksal, das Jack London ihm zugedenkt. Ich sah mich selbst (und war es vermutlich auch) als heldenhafte Autodidaktin. Ich sah den Kämpfen eines Schriftstellerlebens zuversichtlich entgegen. Ich verstand die Existenz eines Schriftstellers als heroische Berufung.

Gab es noch andere Vorbilder?

Später, als ich dreizehn war, las ich die Tagebücher von André Gide, die ein Leben voller Privilegien und unstillbarer Begierde beschreiben.

Können Sie sich erinnern, wann Sie zu lesen begonnen haben?

Mit drei, wurde mir gesagt. Jedenfalls erinnere ich mich, dass ich mit sechs Jahren richtige Bücher – Biographien, Reiseberichte – gelesen habe. Und danach der freie Fall in Poe und Shakespeare, Dickens, die Brontës, Victor Hugo, Schopenhauer, Pater und so weiter. Ich habe meine Kindheit in einem Delirium literarischer Hochgefühle verbracht.

Sie müssen sich von anderen Kindern stark unterschieden haben.

Meinen Sie? Ich konnte mich auch gut verstellen. Ich hielt mich nicht für etwas Besonderes, ich war nur froh, dass ich etwas Besseres entdeckt hatte. Aber ich sehnte mich danach, woanders zu sein. Und das Lesen verschaffte mir diese glückseligen, bestätigenden Entfremdungsmomente. Lektüre und Musik gaben mir das Gefühl, in einer Welt zu leben, in der sich die Leute einen Dreck um die intensiven Empfindungen scherten, denen ich mich verschrieben hatte. Ich fühlte mich, als käme ich von einem anderen Planeten, wie eine Phantasiefigur aus einem der harmlosen Comics dieser Zeit, denen ich ebenso verfallen war. Und natürlich hatte ich kaum ein Gespür dafür, wie die anderen mich wahrnahmen. Genau genommen dachte ich nicht einmal daran, andere Leute könnten sich für mich interessieren. Ich erinnere mich an eine Szene im Park – ich muss etwa vier Jahre alt gewesen sein –, da sagte meine irische Kinderfrau zu einer anderen Riesin in weiß gestärkter Uniform: »Susan ist ein sehr altkluges Kind«, und ich dachte: Das ist ein interessanter Ausdruck. Hat sie recht?

Erzählen Sie mir etwas über Ihre Schulzeit.

Ich war ausschließlich an staatlichen Schulen, und zwar einer ganzen Reihe, eine schlechter als die vorherige. Aber glücklicherweise wurde ich vor der Ära der Kinderpsychologen eingeschult. Da ich lesen und schreiben konnte, kam ich sofort in die dritte Klasse, und später übersprang ich ein weiteres Semester, sodass ich noch vor meinem sechzehnten Geburtstag die North Hollywood Highschool abschloss. Anschließend genoss ich eine großartige Ausbildung in Berkeley und danach am sogenannten Hutchins College an der University of Chicago. Fast die gesamten fünfziger Jahre verbrachte ich an der Uni, und ich hatte keinen Lehrer, von dem ich nicht etwas lernte. Aber an der University of Chicago, der für mich wichtigsten Universität, gab es nicht nur Lehrer, die ich bewunderte, sondern auch drei, deren Einfluss ich dankbar annahm: Kenneth Burke, Richard McKeon und Leo Strauss.

Wie war Burke als Lehrer?

Er ging völlig auf in seiner packenden Art, einen Text zu entschlüsseln. Wir verbrachten im Seminar fast ein ganzes Jahr damit, Conrads *Sieg* Wort für Wort und Bild für Bild zu lesen. Von Burke habe ich lesen gelernt. Ich lese immer noch so, wie er es mir beigebracht hat. Er zeigte ein gewisses Interesse an mir. Ich hatte bereits einige seiner Bücher gelesen, bevor er mein Lehrer im Kurs Humanities III wurde; vergessen Sie nicht, er war damals wenig bekannt und war noch nie einer Studentin begegnet, die ihn schon in der Highschool gelesen hatte. Er gab mir ein Exemplar seines Romans *Towards a Better Life* und erzählte mir davon, wie er in den 1920er-Jahren in Greenwich Village eine Wohnung mit Hart Crane und Djuna Barnes geteilt hatte. Sie können sich vorstellen, was das in mir bewirkte. Er war der erste Autor, den ich kennenlernte, von dem ich Bücher besaß. (Einmal abgesehen von einer Audienz bei Thomas Mann, in die ich als Vierzehnjährige hineingeschlittert war und die ich in der Erzählung »Wallfahrt« beschrieben habe.) Schriftsteller waren damals für mich so fern wie Filmstars.

Mit achtzehn machten Sie Ihren Bachelor of Arts an der University of Chicago. Wussten Sie damals schon, dass Sie Schriftstellerin werden würden?

Ja, aber ich habe trotzdem an der Uni weitergemacht. Es wäre mir nie in den Sinn gekommen, von der Schriftstellerei zu leben. Ich war eine dankbare, engagierte Studentin. Ich dachte, ich würde gern unterrichten, und das tat ich dann auch. Allerdings habe ich ganz bewusst nicht Literatur, sondern Philosophie und Religionsgeschichte unterrichtet.

Aber Sie haben nur in Ihren Zwanzigern unterrichtet, und danach zahllose Einladungen an Universitäten abgelehnt. Hatten Sie das Gefühl, ein akademisches Leben sei mit der Schriftstellerexistenz unvereinbar?

Ja. Schlimmer noch. Ich habe erlebt, wie das akademische Milieu die besten Schriftsteller meiner Generation zerstört hat.

Mögen Sie es, als Intellektuelle bezeichnet zu werden?

Nun, man mag nicht als irgendetwas bezeichnet werden. Und für mich ergibt das Wort als Adjektiv mehr Sinn denn als Substantiv, obwohl es selbst dann mit der Vorstellung reizloser Verschrobenheit verbunden ist, besonders wenn man eine Frau ist. Was meine polemische Haltung gegen die herrschenden anti-intellektuellen Klischees nur noch verstärkt – Herz gegen Verstand, Gefühl gegen Intellekt und so weiter.

Betrachten Sie sich als Feministin?

Das ist eine der wenigen Bezeichnungen, die ich akzeptiere. Aber auch hier die Frage ... passt es als Substantiv? Ich bezweifle es.

Welche Autorinnen waren für Sie bedeutend?

Viele. Sei Shonagon, Austen, George Eliot, Dickinson, Woolf, Zwetajewa, Achmatowa, Elizabeth Bishop, Elizabeth Hardwick ... die Liste ist noch viel länger. Als Angehörige einer Minderheit freue ich mich immer sehr über die Erfolge von Frauen. Frauen sind, kulturell gesprochen, eine Minderheit. Als Schriftstellerin freue ich mich über jeden Autor, zu dem ich aufschauen kann, egal ob Frau oder Mann.

Welche Vorstellungen des Schriftstellerberufs Sie auch immer als Kind inspiriert haben, mir scheint, Ihre Vorstellungen als Erwachsene sind eher europäisch als amerikanisch geprägt.

Ich bin mir da nicht sicher. Ich habe da, glaube ich, mein ganz eigenes Bild. Aber es stimmt, dass ich als Autorin, die in der zweiten Hälfte des 20. Jahrhunderts lebt, meinem europhilen Geschmack folgen konnte, ohne auszuwandern. Ich kann einen Großteil meines Erwachsenenlebens in Europa verbringen. Das ist meine Art, Amerikanerin zu sein. Wie Gertrude Stein bemerkte: »Wozu sind Wurzeln gut, wenn man sie nicht mitnehmen kann?« Man könnte sagen, das ist sehr jüdisch gedacht, aber es ist auch sehr amerikanisch.

Ihr dritter Roman, *Der Liebhaber des Vulkans*, scheint ein sehr amerikanisches Buch zu sein, selbst wenn die Geschichte im Europa des 18. Jahrhunderts spielt.

Das stimmt. Nur ein Amerikaner konnte *Der Liebhaber des Vulkans* schreiben.

Der englische Untertitel lautet: »A Romance«. Das ist eine Anspielung auf Hawthorne, nicht wahr?

Ganz genau. Ich dachte daran, was Hawthorne im Vorwort zu *Das Haus mit den sieben Giebeln* sagt: »Wenn ein Schriftsteller sein Werk als *romance* bezeichnet, muss man nicht extra darauf hinweisen, dass er damit eine gewisse Freiheit beansprucht, sowohl im Hinblick auf die Gestaltung als auch auf das Material, die ihm als Verfasser eines

Romans nicht zugestanden hätte.« Meine Vorstellungskraft ist stark von der amerikanischen Literatur des 19. Jahrhunderts geprägt, zuerst von Poe, den ich sehr jung gelesen habe und dessen Mischung aus Spekulation, Phantasterei und Düsterheit mich faszinierte. Poes Geschichten haben immer noch einen festen Platz in meinem Kopf. Danach waren es Hawthorne und Melville. Ich liebe Melvilles Besessenheit. *Clarel, Moby-Dick*. Und *Pierre* – noch ein Roman über das tragische Scheitern eines heroischen einsamen Schriftstellers.

Ihr erstes Buch war der Roman *Der Wohltäter*. Danach haben Sie Essays, Reisegeschichten, Erzählungen, Theaterstücke und zwei weitere Romane geschrieben. Haben Sie schon einmal etwas in einem Genre begonnen und sind später zu einem anderen gewechselt?

Nein. Ich weiß von Anfang an, wie etwas aussehen wird; bei mir entspringt der Impuls zu schreiben aus einer Vorstellung der Form. Um anfangen zu können, brauche ich einen Umriss, eine Struktur. Ich kann es nicht besser als mit Nabokov sagen: »Die Form einer Sache geht der Sache selbst voraus.«

Wie leicht fällt Ihnen das Schreiben?

Der Wohltäter habe ich sehr rasch geschrieben, beinahe mühelos, an Wochenenden und während zweier Sommer (ich hatte zu der Zeit einen Lehrauftrag an der Theologischen Fakultät des Columbia College); ich dachte, ich erzähle eine ansprechend schauerliche Geschichte über das Schicksal gewisser religiöser Ideen, die als Gnosis bezeichnet werden. Auch die frühen Essays haben sich wie von selbst geschrieben. Aber meiner persönlichen Erfahrung nach ist Schreiben keine Tätigkeit, die durch längere Übung einfacher wird. Ganz im Gegenteil.

Wie beginnt ein neues Projekt für Sie?

Es beginnt mit einzelnen Sätzen oder Wörtern, und dann weiß ich, dass etwas übermittelt wird. Häufig ist es ein Anfangssatz. Manchmal höre ich auch den Schlusssatz.

Wie schreiben Sie konkret?

Mit einem Filzstift, manchmal auch mit einem Bleistift, auf gelbe oder weiße Notizblöcke – der Fetisch amerikanischer Autoren. Ich liebe die langsame Bewegung des Schreibens mit der Hand. Anschließend tippe ich es ab und kritzle in den Seiten herum. Und dann tippe ich es wieder und wieder ab, füge jedes Mal Verbesserungen mit der Hand oder an der Maschine ein, bis ich nicht mehr weiß, wie ich es besser machen könnte. So habe ich es bis vor fünf Jahren gemacht. Dann hat ein Computer Einzug in mein Leben gehalten. Nach dem zweiten oder dritten Entwurf wandert der Text in den Computer, damit ich nicht immer das ganze Manuskript abschreiben muss, aber bis heute überarbeite ich meine Texte handschriftlich auf Ausdrucken.

Gibt es etwas, das Ihnen zu Beginn des Schreibens hilft?

Lesen – meistens aber nicht über das, worüber ich schreibe oder zu schreiben beabsichtige. Ich lese sehr viel über Kunstgeschichte, Architekturgeschichte, Musikwissenschaft, wissenschaftliche Bücher über eine Vielzahl von Themen. Und Lyrik. Mit dem Schreiben zu beginnen heißt zum Teil, den Prozess bewusst hinauszuzögern, etwa durch

Lesen oder Musikhören. Das gibt mir Energie und versetzt mich in Unruhe. Ich fühle mich dann schuldig, weil ich *nicht* schreibe.

Schreiben Sie jeden Tag?

Nein. Ich schreibe in Schüben. Ich schreibe, wenn ich muss, weil der Druck steigt und ich genügend Vertrauen spüre, dass etwas in meinem Kopf gereift ist und ich es nieder-schreiben kann. Aber wenn ich einmal angefangen habe, möchte ich nichts anderes mehr tun. Ich gehe nicht mehr aus, ich vergesse zu essen, ich schlafe sehr wenig. Es ist eine sehr undisziplinierte Arbeitsweise, nicht sehr produktiv. Aber ich bin an zu vielen anderen Dingen interessiert.

Es gibt den berühmten Satz von Yeats, man müsse zwischen Leben und Werk wählen. Stimmen Sie dem zu?

Wie Sie wissen, hat er tatsächlich gesagt, man müsse zwischen der Perfektion des Lebens oder der Perfektion des Werks wählen. Nun, das Schreiben *ist* ein Leben – ein sehr sonderbares Leben. Natürlich, wenn Sie mit Leben das gemeinsame Leben mit anderen Menschen meinen, trifft Yeats' Ausspruch zu. Das Schreiben erfordert sehr viel Einsamkeit. Ich versuche, die Härte dieser Wahl abzu-mildern, indem ich nicht ständig schreibe. Ich gehe gern hinaus, wozu auch das Reisen gehört; auf Reisen kann ich nicht schreiben. Ich rede gern mit Leuten. Ich höre gern zu. Ich gucke und beobachte gern. Vielleicht habe ich das Aufmerksamkeitsüberschusssyndrom. Für mich ist es die leichteste Sache der Welt, aufmerksam zu sein.

Überarbeiten Sie Ihre Entwürfe während des Schreibens, oder warten Sie damit bis zum Abschluss eines Textes?

Ich überarbeite, während ich schreibe. Und das ist eine sehr schöne Arbeit. Ich verliere nicht so schnell die Geduld und bin bereit, etwas wieder und wieder zu überarbeiten, bis es funktioniert. Der Anfang ist schwer. Zu Beginn empfinde ich immer große Angst und Beklemmung. Nietzsche sagt, der Entschluss zum Schreiben ist wie ein Sprung in einen kalten See. Erst wenn ich ein Drittel geschafft habe, kann ich sagen, ob es gut genug ist. Dann habe ich meine Karten in der Hand und kann sie ausspielen.

Gibt es einen Unterschied zwischen dem Schreiben fiktionaler Texte und dem Schreiben von Essays?

Essays zu schreiben fand ich immer anstrengend. Sie durchlaufen zahlreiche Entwürfe, und das Endresultat hat unter Umständen nicht mehr viel mit dem ersten Entwurf zu tun. Oft entschließe ich mich beim Schreiben für eine ganz andere Richtung. Fiktionale Texte zu schreiben ist sehr viel einfacher, weil der erste Entwurf schon alle wichtigen Details enthält – den Ton, das Vokabular, die Geschwindigkeit, die Leidenschaften.

Bereuen Sie irgendeinen Ihrer Texte?

Nichts in toto, abgesehen von zwei Texten für die Theaterchronik der *Partisan Review* Mitte der sechziger Jahre, die ich bedauerlicherweise in meine erste Essaysammlung *Kunst und Antikunst* aufnahm. Ich bin nicht geeignet für diese Art von kämpferischer, impressionistischer Auseinandersetzung. Natürlich stimme ich nicht mit allem aus meinen frühen Essays überein. Ich habe mich verändert, und ich weiß heute mehr. Außerdem hat sich der kulturelle Kontext, in dem sie entstanden, komplett verändert. Aber es wäre zwecklos, sie nachträglich zu überarbeiten. Bei meinen ersten beiden Romanen würde ich allerdings gerne den Rotstift ansetzen.

In *Der Wohltäter*, den Sie mit Ende zwanzig geschrieben haben, ist der Erzähler ein Franzose in den Sechzigern. War es leicht, sich in eine von Ihnen so sehr verschiedene Figur hineinzuversetzen?

Leichter, als über mich selbst zu schreiben. Aber Schreiben bedeutet, sich in jemand anderen hineinzuversetzen. Selbst wenn ich über Ereignisse aus meinem Leben schreibe, wie etwa in »Wallfahrt« oder »Projekt einer Reise nach China«, ist die darin auftretende Figur nicht ich. In *Der Wohltäter* allerdings war die Kluft zugegebenermaßen besonders groß. Ich war nicht sexuell enthaltsam, ich war kein Einsiedler, kein Mann, kein Senior und kein Franzose.

Der Roman scheint allerdings stark beeinflusst von der französischen Literatur.

Finden Sie? Anscheinend glauben viele Leute, er sei vom *nouveau roman* beeinflusst. Ich sehe das nicht so. Es gibt darin ironische Anspielungen auf zwei französische Bücher, die allerdings alles andere als zeitgenössisch sind, nämlich Descartes' *Meditationen* und Voltaires *Candide*. Aber auch hier kann man nicht von Einflüssen sprechen. Wenn es einen Einfluss auf *Der Wohltäter* gegeben hat, auch wenn ich mir zum damaligen Zeitpunkt dessen nicht bewusst war, dann war es *Towards a Better Life* von Kenneth Burke. Ich habe den Roman erst kürzlich nach mehreren Jahrzehnten wiedergelesen (vermutlich zum ersten Mal seit damals, als er mir im Alter von sechzehn Jahren ein Exemplar überreichte) und in dem programmatischen Vorwort eine Art Modell für *Der Wohltäter* entdeckt. Der Roman als eine

Folge von Arien und fiktiven Moralpredigten. Die Koketterie eines Protagonisten – Burke war mutig genug, ihn seinen Romanhelden zu nennen –, der so vollkommen von sich eingenommen war, dass kein Leser versuchen würde, sich mit ihm zu identifizieren.

Ihr zweiter Roman, *Todesstation*, ist ganz anders als *Der Wohltäter*.

Todesstation lädt zur Identifikation mit seinem unglücklichen Protagonisten ein. Ich befand mich zu der Zeit in einer niedergeschlagenen Stimmung – das Buch entstand vor dem Hintergrund des Vietnamkriegs. Es ist ein Trauerbuch, einschließlich Schleier und allem anderen.

Im Grunde keine unbekannte Stimmung in Ihrem Werk. Hieß Ihre erste veröffentlichte Erzählung nicht »Man with a Pain«?

Ein Jugendwerk. In der Sammlung *Ich, etc.* ist es nicht enthalten.

Wie kamen Sie dazu, Theaterkritiken für die *Partisan Review* zu schreiben?

Nun, damals bestimmten die sogenannten kleinen Zeitschriften die literarische Welt, was von heute aus gesehen schwer vorstellbar ist. Meine Idee vom Schriftstellerberuf war maßgeblich geprägt von der Lektüre literarischer Magazine – *Kenyon Review, Sewanee Review, The Hudson Review, Partisan Review*. Das war Ende der vierziger Jahre, als ich in Südkalifornien noch zur Highschool ging. Als ich 1960 nach New York kam, existierten diese Zeitschriften immer noch. Aber ihre Zeit ging zu Ende. Natürlich konnte ich das nicht wissen. Mein größter Ehrgeiz war immer gewesen, in einer dieser Zeitschriften zu veröffentlichen und von fünftausend Leuten gelesen zu werden. Mir erschien das geradezu himmlisch.

Kurz nach meinem Umzug nach New York sah ich William Phillips auf einer Party. Ich nahm all meinen Mut zusammen, sprach ihn an und fragte, wie man Mitarbeiterin der *Partisan Review* wird. Er antwortete: »Sie schauen in der Redaktion vorbei, und ich gebe Ihnen auf gut Glück ein Buch zur Rezension.« Gleich am nächsten Tag war ich dort. Und er gab mir einen Roman. Kein Buch, das mich interessierte, aber ich schrieb etwas Anständiges, und die Besprechung wurde abgedruckt. Und so hatte ich einen Fuß in der Tür. Aber dann wurde ich mit einer Aussicht konfrontiert, die mir ganz und gar nicht passte, nämlich »die neue Mary McCarthy« zu werden, wie Phillips mir eröffnete, als er mich bat, die Theaterchronik zu übernehmen. Sie wissen, Mary McCarthy hat sie lange geführt, sagte er. Ich sagte ihm, ich wolle keine Theaterkritiken schreiben, doch er ließ nicht locker. Und so kam es, dass ich mich wider besseres Wissen (ich hatte überhaupt nicht den Wunsch, die neue Mary McCarthy zu werden, die Autorin hat mir nie viel bedeutet) darauf einließ und zwei Kritiken verfasste. Ich besprach Stücke von Arthur Miller, James Baldwin und Edward Albee. Ich bezeichnete sie als schlecht, gab mir alle Mühe, geistreich zu sein, und hasste mich dafür. Nach dem zweiten Beitrag sagte ich Phillips, dass ich nicht weitermachen würde.

Aber Sie haben weitergemacht und jene berühmten Essays geschrieben, von denen einige in der *Partisan Review* erschienen.

Ja, aber es waren ausschließlich Themen, die ich mir selbst ausgesucht hatte. Ich habe so gut wie nie etwas auf Bestellung geschrieben. Ich habe nicht die geringste Lust, über Dinge zu schreiben, die ich nicht bewundere. Und selbst von den Dingen, die ich bewundere, habe ich weitgehend nur über solche geschrieben, die meiner Meinung nach zu wenig beachtet oder relativ unbekannt waren. Ich bin keine Kritikerin. Essayistin ist etwas anderes; meine Essays betrachtete ich als kulturelle Arbeit. Sie entstanden aus dem Gefühl heraus, dass sie geschrieben werden *mussten*.

Ich ging davon aus, eine der Hauptaufgaben der Kunst sei die Stärkung eines Widerspruchgeists. Und dies brachte mich dazu, mich weitgehend exzentrischen Werken zuzuwenden. Ich setzte voraus, dass der liberale kulturelle Konsens – ich war und bin eine große Bewunderin von Lionel Trilling – unangefochten bliebe, dass der traditionelle Kanon der Meisterwerke der Literatur nicht von grenzüberschreitenden oder spielerischen Werken herausgefordert werden könne. Aber der Geschmack ist in den dreißig Jahren meines Schreibens so sehr verkommen, dass heute schon das Eintreten für den Gedanken der Ernsthaftigkeit ein Akt der Gegenrede ist. Bloß ernst zu sein oder sich auf leidenschaftliche, uneigennützige Weise für gewisse Dinge einzusetzen wird den meisten Leuten zunehmend unverständlich. Vielleicht können nur die in den dreißiger Jahren Geborenen – und ein paar Nachzügler – verstehen, was es bedeutet, über Kunst im Gegensatz zu Kunstprojekten zu sprechen. Oder über Künstler im Gegensatz zu Berühmtheiten. Wie Sie sehen, bin ich voller Empörung über die Barbarei und die erbarmungslose Leere dieser Kultur. Es ist ermüdend, ständig entrüstet zu sein.

Ist es altmodisch zu glauben, Zweck der Literatur sei es, uns über das Leben aufzuklären?

Nun, sie tut genau das. Ohne bestimmte Bücher wäre ich nicht die Person, die ich bin, wüsste nicht, was ich weiß. Ich denke an die große Frage der russischen Literatur des 19. Jahrhunderts: Wie soll man leben? Ein Roman, der es wert ist, gelesen zu werden, ist eine Erziehung des Herzens. Er vergrößert deine Vorstellung von den Möglichkeiten des Menschen, von seiner Natur und von dem, was in der Welt geschieht. Er erschafft eine größere Innerlichkeit.

Entstammen die Essays und die fiktionalen Texte unterschiedlichen Teilen Ihres Selbst?

Ja. Der Essay folgt einer sehr strengen Form. Fiktion ist Freiheit. Die Freiheit, Geschichten zu erzählen, aber auch die Freiheit zu diskursivem Denken. Allerdings hat essayistische Diskursivität im Kontext eines Romans eine völlig andere Bedeutung. Sie ist immer an eine Stimme gebunden.

Es scheint, als hätten Sie das Schreiben von Essays weitgehend aufgegeben.

Zweifellos. Die meisten Essays, zu denen ich mich in den letzten fünfzehn Jahren habe hinreißen lassen, waren Nachrufe oder Würdigungen. Die Essays über Canetti, Barthes und Benjamin behandeln einzelne Aspekte ihres Werks und ihrer Sensibilität, denen ich mich verwandt fühle: Canettis Kult der Bewunderung und sein Hass auf Grausamkeit, Barthes' Version der ästhetischen Sensibilität und Benjamins Poetik der Melancholie. Ich war mir beim Schreiben sehr bewusst, dass sich noch vieles sagen ließe, auf das ich nicht eingehe.

Ja, man spürt, dass diese Essays verhüllte Selbstporträts sind. Aber haben Sie das nicht auch in Ihren frühen Essays gemacht, einschließlich einiger Texte aus *Kunst und Antikunst*?

Vermutlich lässt es sich nicht ändern, dass alles miteinander zusammenhängt. Und doch geschah beim Schreiben der Essays für meine jüngste Essaysammlung, *Im Zeichen des Saturn*, etwas Unerwartetes. Ich erlitt eine Art zeitlupenhaften, asymptomatischen Nervenzusammenbruch. Ich hatte so viele Empfindungen, Ideen und Vorstellungen, die ich alle noch in die Form des Essays zwängen wollte. Mit anderen Worten, ich war am Ende dessen angekommen, was die Essayform für mich tun konnte. Vielleicht waren die Essays über Benjamin, Canetti und Barthes Selbstporträts, aber sie waren ebenso sehr auch Fiktionen. Mein Liebhaber des Vulkans, der Cavaliere, ist die umfassende fiktionale Umsetzung dessen, was ich in komprimierter Form in den Porträt-Essays über Canetti und Benjamin sagen wollte.

Steht am Anfang eines Romans die Erfindung oder der Entwurf eines Plots?

Seltsamerweise scheint mir der Plot immer als Ganzes zuzufallen – wie eine Gabe. Es ist sehr geheimnisvoll. Dinge, die ich höre, sehe oder lese, beschwören die gesamte Geschichte in allen Details herauf – Szenen, Figuren, Landschaften, Katastrophen. Bei *Todesstation* sagte jemand den Spitznamen eines gemeinsamen Jugendfreundes namens Richard, der von allen Diddy genannt wurde. Bei *Der Liebhaber des Vulkans* stöberte ich in einem Antiquariat in der Nähe des British Museum und entdeckte einige Stiche von Vulkanlandschaften, die aus Sir William Hamiltons *Campi Phlegraei* stammten. Und bei meinem neuen Roman war es die Lektüre einer Stelle aus Kafkas Tagebüchern, einem meiner Lieblingsbücher. Ich muss den betreffenden Abschnitt, möglicherweise die Beschreibung eines Traums, bereits mehrere Male gelesen haben. Doch diesmal blitzte beim Lesen ein ganzer Roman in meinem Kopf auf, wie ein Film, den ich im Kino gesehen hatte.

Die gesamte Handlung?

Ja, die gesamte Handlung. Der Plot. Aber was sich um die Geschichte herum ansammelt, das entdecke ich erst beim Schreiben. Wenn *Der Liebhaber des Vulkans* auf einem Flohmarkt beginnt und mit Eleonoras Monolog jenseits des Grabes endet, ist es nicht so, als wüsste ich bereits im Vorhinein sämtliche Verwicklungen dieser Reise, beginnend mit der ironischen, banalen Vignette eines Sammlers auf Beutezug bis hin zu Eleonoras moralischer Rückschau auf die gesamte Geschichte, der der Leser gefolgt ist. Eleonoras Verurteilung der Protagonisten am Schluss ist denkbar weit von der zu Beginn des Romans eingenommenen Perspektive entfernt.

Am Anfang Ihres legendären Essays »Anmerkungen zu ›Camp‹«, der 1964 erschien, sagen Sie: »Camp zieht mich stark an und stößt mich fast ebenso stark ab.« Das scheint mir eine sehr typische Haltung für Sie zu sein: sowohl ja als auch nein zu Camp. Sowohl ja als auch nein zur Fotografie. Sowohl ja als auch nein zur erzählenden …

Es ist nicht so, dass ich etwas mag und nicht mag – das wäre zu einfach. Oder, wenn Sie so wollen, es ist nicht »sowohl ja als auch nein«. Es ist vielmehr »dies, aber auch das«. Ich würde mich gerne auf eine starke Empfindung oder Reaktion festlegen. Aber wann immer ich etwas erkannt habe, mache ich mir weiter Gedanken und erkenne etwas Neues. Ich sehe sehr schnell die Grenzen bei allem, was ich sage, oder bei den Urteilen, die ich treffe. Es gibt eine wunderbare Bemerkung von Henry James: »Nichts ist mein letztes Wort über irgendetwas.« Es gibt immer noch mehr zu sagen und mehr zu fühlen.

Die meisten Leute unterstellen vermutlich, dass Sie ein theoretisches Programm haben bei der Auseinandersetzung mit Fiktion – wenn schon nicht als Autorin von Romanen, dann zumindest als deren Leserin.

Aber das stimmt nicht. Eine Lektüre muss mir etwas bedeuten und mich ansprechen. Ein Buch, das nichts zum Projekt der Lebensweisheit beiträgt, lässt mich kalt. Und ich besitze eine große Schwäche für kunstvolle Prosa. Nüchterner ausgedrückt, mein Vorbild für Prosa ist dichterische Prosa. Viele der von mir am meisten bewunderten Schriftsteller waren in jungen Jahren Dichter oder hätten es sein können. Nicht die Spur eines theoretischen Programms. Tatsächlich ist mein Geschmack eingeschworen vielseitig. Ich habe kein Problem damit, gleichzeitig für Dreisers *Jennie Gerhardt* und Didions *Demokratie*, Glenway Westcotts *Der Wanderfalke* und Donald Barthelmes *Der tote Vater* zu schwärmen.

Unter den von Ihnen bewunderten Autoren sind einige Zeitgenossen. Würden Sie sagen, dass Sie von ihnen auch beeinflusst wurden?

Immer wenn ich auf Einflüsse zu sprechen komme, weiß ich nicht, ob es eigentlich stimmt. Aber gut. Ich glaube, von Donald Barthelme habe ich viel über Interpunktion und

Geschwindigkeit gelernt, und über Adjektive und Satz-rhythmen von Elizabeth Hardwick. Ich weiß nicht, ob ich etwas von Nabokov und Thomas Bernhard gelernt habe, aber ihre einzigartigen Bücher helfen mir, an mein eigenes Schreiben so hohe Standards anzulegen, wie es sein sollte. Und Godard – Godard hat meine Sensibilität und damit unweigerlich auch mein Schreiben in entscheidender Weise geprägt. Und ich habe als Schriftstellerin zweifellos etwas gelernt von der Art, wie Artur Schnabel Beethoven spielt oder Glenn Gould Bach oder Mitsuko Uchida Mozart.

Lesen Sie Kritiken Ihrer Arbeiten?

Nein. Nicht einmal die angeblich positiven. Kritiken regen mich auf. Aber meine Freunde geben mir eine grobe Rückmeldung, ob sie insgesamt eher positiv oder negativ ausfallen.

Nach *Todesstation* haben Sie mehrere Jahre lang nur wenig geschrieben.

Ich habe mich nach 1964 stark in der Antikriegsbewegung engagiert, als man von einer Bewegung noch gar nicht sprechen konnte. Das hat mehr und mehr Zeit gekostet. Ich wurde depressiv. Ich wartete. Ich lebte in Europa. Ich verliebte mich. Ich entdeckte Leute, die ich bewunderte. Ich machte einige Filme. Ich verlor das Vertrauen in mein Schreiben, weil ich immer geglaubt hatte, ein Buch müsse etwas Notwendiges sein und jedes meiner Bücher sollte besser sein als das davor. Sehr rigide Standards, aber ich folge ihnen immer noch.

Wie kam es zu Ihrem Buch *Über Fotografie*?

Ich saß Anfang 1972 mit Barbara Epstein von der *New York Review of Books* beim Lunch und erzählte ihr von der Diane-Arbus-Ausstellung im Museum of Modern Art, die ich kurz zuvor gesehen hatte, und sie sagte: »Warum schreibst du nicht über die Ausstellung?« Die Idee gefiel mir. Als ich zu schreiben anfing, kam mir der Gedanke, einige allgemeine Überlegungen zur Fotografie voranzustellen und mich dann Arbus zuzuwenden. Doch schon bald wuchsen sich diese Überlegungen immer weiter aus, und ich konnte mich nicht mehr daraus befreien. Immer mehr Essays kamen hinzu – oft fühlte ich mich wie der unglückselige Zauberlehrling –, und es wurde immer schwieriger, sie zu schreiben, ich meine, die Gedanken richtig auszudrücken. Aber ich bin dickköpfig – erst in meinem dritten Essay gelang es mir, ein paar Absätze über Arbus und die Ausstellung einzuflechten – und wollte nicht aufgeben, nachdem ich einmal Feuer gefangen hatte. Insgesamt schrieb ich fünf Jahre an den sechs Essays in *Über Fotografie*.

Ihr nächstes Buch, *Krankheit als Metapher*, schrieben Sie dann sehr schnell.

Nun, es ist auch kürzer. Ein langer Essay, die nichtfiktionale Entsprechung einer Novelle. Und krank zu sein – während des Schreibens war ich Krebspatientin mit einer düsteren Prognose – erwies sich als sehr fokussierend. Die Vorstellung, dass mein Buch anderen Krebspatienten und ihren Angehörigen helfen würde, gab mir die Energie.

Sie haben immer Erzählungen geschrieben ...

Als Vorübungen für einen Roman.

Kurz nach *Der Liebhaber des Vulkans* begannen Sie die Arbeit an einem neuen Roman. Heißt das, Sie neigen eher zu längeren als zu kürzeren fiktionalen Texten?

Ja. Einige meiner Erzählungen mag ich sehr – aus *Ich, etc.* »Debriefing« und »Ohne Reiseführung«, und »Wie wir jetzt leben«, die ich 1987 geschrieben habe. Aber ich fühle mich mehr zu polyphonen Geschichten hingezogen, die lang sein müssen oder zumindest eine gewisse Länge haben.

Wie lange haben Sie an *Der Liebhaber des Vulkans* geschrieben?

Vom ersten Satz des ersten Entwurfs bis zu den Korrekturfahnen zweieinhalb Jahre. Für mich ist das schnell.

Wo waren Sie zu der Zeit?

Ich begann das Buch im September 1989 in Berlin. Ich war dorthin gezogen, weil ich an einem Ort leben wollte, der isoliert und zugleich das Berkeley Mitteleuropas war. Auch wenn sich Berlin zwei Monate nach meiner Ankunft radikal veränderte, behielt die Stadt doch ihre zwei großen Vorzüge für mich – ich lebte nicht inmitten der vielen Bücher in meiner New Yorker Wohnung, und ich war nicht an dem Ort, über den ich schrieb. Diese doppelte Art von Distanz tut mir sehr gut.

Etwa die Hälfte von *Der Liebhaber des Vulkans* entstand zwischen Ende 1989 und Ende 1990 in Berlin. Die zweite Hälfte entstand in meinem Apartment in New York, bis auf zwei Kapitel. Das eine schrieb ich während eines zweiwöchigen Aufenthalts in einem Hotelzimmer in Mailand und das andere im Mayflower Hotel in New York. Das war der innere Monolog des Cavaliere auf dem Sterbebett.

Ich war sicher, ihn an einem Stück und in strenger Isolation schreiben zu müssen, und ich wusste – keine Ahnung, warum –, dass ich ihn in drei Tagen schreiben könnte. Also verließ ich meine Wohnung und quartierte mich für drei Tage mit Schreibblöcken, Filzstiften und meiner Schreibmaschine im Hotel ein und ließ mir Sandwiches aufs Zimmer bringen, bis ich fertig war.

Entstand der Roman in der Reihenfolge der Kapitel?

Ja. Ich schreibe ein Kapitel nach dem anderen, und ich beginne erst mit einem neuen Kapitel, wenn das alte in seiner endgültigen Form steht. Das war zuerst sehr frustrierend, denn ich wusste schon zu Beginn vieles von dem, was die Figuren in ihren Schlussmonologen sagen würden. Aber ich befürchtete, ich würde nicht wieder zur Mitte zurückkehren können, wenn ich sie gleich zu Anfang aufschriebe. Andererseits befürchtete ich aber auch, am Ende möglicherweise einige Ideen vergessen oder das damit verbundene Gefühl verloren zu haben. Für das erste Kapitel, das vierzehn maschinenschriftliche Seiten umfasst, brauchte ich vier Monate. Für die letzten fünf Kapitel, die über einhundert Seiten lang sind, brauchte ich zwei Wochen.

Wie viel von dem Buch hatten Sie im Kopf, als Sie mit der Arbeit anfingen?

Ich hatte den Titel; ich kann nichts schreiben, solange ich nicht den Titel habe. Ich hatte die Widmung; ich wusste, ich würde es meinem Sohn widmen. Ich hatte das Motto aus *Così fan tutte*. Und natürlich hatte ich in groben Zügen die Geschichte und den Umfang des Buches. Und was am hilfreichsten war, ich hatte eine sehr genaue Vorstellung

von der Struktur. Ich hatte sie von einem Musikstück übernommen, Hindemiths *Die vier Temperamente* – ein Stück,
das ich sehr gut kenne, da es die Musik zu einem von Ba-
lanchines großartigsten Ballettstücken ist, das ich schon
unzählige Male gesehen habe. Hindemiths Musik beginnt
mit einem dreifachen Prolog, drei sehr kurze Stücke. Dann
kommen vier Sätze – melancholisch, sanguinisch, phlegmatisch, cholerisch. In dieser Reihenfolge. Ich wusste, dass ich
einen dreifachen Prolog haben würde und daran anschließend die vier den vier Temperamenten entsprechenden Abschnitte oder Teile, obwohl ich es nicht als notwendig an-
sah, die einzelnen Teile entsprechend als »melancholisch«,
»sanguinisch« etc. zu bezeichnen. All das stand vorher fest,
genau wie der letzte Satz des Buchs: »Verflucht seien sie
alle.« Natürlich wusste ich nicht, wer ihn sagen würde. In
gewisser Weise bestand die gesamte Arbeit an dem Roman darin, etwas entstehen zu lassen, das auf diesen Satz
hinauslief.

**Das klingt, als hätten Sie vor Beginn des Romans schon
sehr viel gewusst.**

Ja, aber mir war noch nicht klar, was daraus werden
konnte. Zuerst dachte ich, *Der Liebhaber des Vulkans* sei
die Geschichte des Vulkanliebhabers Sir William Hamilton, des Mannes, den ich den Cavaliere nenne, und dass
sich die Handlung auf ihn konzentrieren würde. Und
dann würde ich die Figur der unscheinbaren ersten Lady
Hamilton, Catherine, ausführlich darstellen, auf Kosten
der Geschichte seiner zweiten Frau, die allgemein bekannt
ist. Ich wusste, dass ihre Geschichte und ihr Verhältnis zu
Nelson im Roman vorkommen müssten, aber ich wollte
sie in den Hintergrund rücken. Die drei Prologe und Teil 1
mit seinen zahlreichen Variationen zum Thema Melancho-

lie (oder Depression, wie wir sagen) – die Melancholie des Sammlers, die ekstatische Sublimation dieser Melancholie –, das alles lief wie geplant. Teil 1 gehört ganz dem Cavaliere. Doch dann, als ich mit Teil 2 begann – in dem es um Variationen zum Thema Blut gehen sollte, angefangen von der sanguinischen Emma, einer vor Energie und Vitalität strotzenden Person, bis zum real vergossenen Blut der neapolitanischen Revolution –, kaperte Emma das Buch. Die Folge war, dass sich der Roman für ein befreites Erzählen öffnete (die Kapitel wurden länger und länger) und für Reflexionen über Gerechtigkeit, Krieg und Grausamkeit. Zugleich bedeutete es das Ende der Erzählung aus der Perspektive der dritten Person. Der Rest des Romans musste aus der Ich-Perspektive geschrieben werden. Teil 3 war sehr kurz; der Cavaliere – im Fieberwahn, »phlegmatisch« – inszeniert, in Worten, sein Sterben. Der Teil lief wie geplant, aber plötzlich befand ich mich wieder in der auf den Cavaliere hin ausgerichteten Welt von Teil 1. Und es gab weitere Überraschungen beim Schreiben der »cholerischen« Monologe in Teil 4, gesprochen von zornigen Frauen von jenseits des Grabes.

Warum von jenseits des Grabes?

Eine fiktive Verstärkung. So ist es plausibler, dass sie mit einer so eindringlichen, tief empfundenen, herzzerreißenden Wahrhaftigkeit sprechen. Mein Äquivalent zur unmittelbaren, jähen Klage einer Opernarie. Und wie sollte ich der Herausforderung widerstehen, die Figuren am Ende ihres Monologs ihren eigenen Tod beschreiben zu lassen?

Stand von Anfang an fest, dass es ausschließlich Frauen sein würden?

Ja, definitiv. Ich wusste immer, dass das Buch mit Frauenstimmen enden würde, den Stimmen einiger weiblicher Figuren des Buchs, die endlich zu Wort kommen.

Und die weibliche Perspektive vertreten.

Nun, damit unterstellen Sie, dass es eine weibliche Perspektive gibt. Ich glaube das nicht. Ihre Frage erinnert mich daran, dass – wie groß auch immer ihre Zahl ist – Frauen immer als Minderheit betrachtet und im kulturellen Verständnis zur Minderheit erklärt werden. Minderheiten gegenüber pochen wir auf der Existenz einer einheitlichen Sichtweise. Lieber Himmel, was wollen die Frauen nur? Etc. Hätte ich am Ende des Romans vier männliche Stimmen sprechen lassen, würde niemand darin die Wiedergabe einer männlichen Perspektive sehen; die Unterschiede der vier Stimmen wären zu offensichtlich. Die vier Frauen sind untereinander genauso verschieden, als hätte ich vier männliche Figuren aus dem Roman gewählt. Jede erzählt die Geschichte (oder einen Teil davon), die der Leser bereits kennt, aus ihrer eigenen Perspektive. Jede hat eine eigene Wahrheit zu erzählen.

Verbindet die Frauen auch etwas?

Natürlich. Sie alle wissen, auf unterschiedliche Weise, dass die Welt von Männern regiert wird. Im Hinblick auf die großen gesellschaftlichen Ereignisse, die ihr Leben beeinflusst haben, können sie den Standpunkt der Entrechteten einnehmen. Aber sie sprechen nicht nur über gesellschaftliche Ereignisse.

Wussten Sie, wer diese Frauen sein würden?

Ich wusste schon sehr früh, dass die ersten drei Monologe von jenseits des Grabes von Catherine, Emmas Mutter und Emma sein würden. Die Sprecherin des vierten und letzten Monologs fand ich allerdings erst, als ich am sechsten Kapitel von Teil 2 schrieb und mich in die Geschichte der neapolitanischen Revolution von 1799 versenkt hatte. Dabei stieß ich auf Eleonora de Fonseca Pimentel, die am Ende des Kapitels, dem erzählerischen Höhepunkt des Romans, einen kurzen Auftritt hat. Als ich sie entdeckte, verstand ich endlich auch die Bedeutung des letzten Satzes, der mir zugefallen war, bevor ich überhaupt mit dem Schreiben begonnen hatte. Sie war diejenige, die das Recht hatte, ihn zu sagen. Die öffentlichen und privaten Ereignisse ihres Lebens wie auch ihr grausamer Tod folgen den historischen Aufzeichnungen, aber ihre Prinzipien, ihre moralische Leidenschaft, sind eine Erfindung der Autorin. Während ich für die Figuren in *Der Wohltäter* und *Todesstation* Sympathie empfunden hatte, empfinde ich für die Figuren in *Der Liebhaber des Vulkans* Liebe (ich musste mir sogar den Bühnenschurken Scarpia ausborgen, um wenigstens eine Figur im Buch zu haben, die ich nicht liebe). Aber ich kann damit leben, dass sie am Ende ganz klein werden. Ich meine, es *ist* das Ende des Romans. Ich dachte, wie schon während der Arbeit an Kapitel sechs in Teil 2, in filmischen Kategorien. Denken Sie nur an die vielen französischen Filme der frühen sechziger Jahre, in denen die Kamera in einer langen Einstellung immer weiter zurückfährt, sodass die Figuren immer kleiner werden und im Bildhintergrund verschwinden, bis der Abspann einsetzt. Die moralische Perspektive von Eleonora de Fonseca Pimentel erlaubt ihr, harsch über Nelson, den Cavaliere und Emma zu urteilen. Obwohl sie alle auf die eine oder andere Weise böse enden, sind sie außerordentlich privilegiert, sie sind immer noch die Gewinner – ausgenommen die arme Emma, doch auch sie hatte eine lange Glückssträhne. Das letzte Wort sollte jemandem gehören, der für die Opfer spricht.

Es gibt in dem Roman so viele Stimmen, Geschichten und Nebengeschichten.

Bis zum Ende der achtziger Jahre spielten sich meine fiktionalen Texte fast alle in einem einzelnen Bewusstsein ab, sei es in Form eines Ich-Erzählers wie in *Der Wohltäter* oder eines Er-Erzählers wie in *Todesstation*. Bis zu *Der Liebhaber des Vulkans* hatte ich mir nie gestattet, eine Geschichte zu erzählen, eine wirkliche Geschichte, statt der Abenteuer, die sich im Bewusstsein eines Menschen abspielen. Der Schlüssel lag in der Struktur, die ich von Hindemiths Komposition borgte. Lange Zeit schwebte mir für meinen dritten Roman der Titel »Die Anatomie der Melancholie« vor. Aber ich sträubte mich dagegen – nicht gegen das Erzählen als solches, sondern gegen *diesen* Roman, dessen Geschichte ich noch nicht kannte. Heute ist mir klar, dass ich ihn nicht schreiben wollte. Ich meine, einen Roman mit einem Titel, der nichts anderes besagt als »Im Zeichen des Saturn«. Die meisten meiner Schriften hatten immer nur eines der antiken Temperamente behandelt – die Melancholie. Ich wollte nicht nur über Melancholie schreiben. Die musikalische Struktur, mit ihrer willkürlichen Anordnung, befreite mich. Jetzt konnte ich über alle vier Temperamente schreiben.

Mit *Der Liebhaber des Vulkans* öffnete sich die Tür und weiteten sich die Möglichkeiten des Erzählens. Strebt nicht jeder Schriftsteller nach einem größeren Zugriff auf die Welt und nach mehr Ausdrucksmöglichkeiten? Philip Larkin hat gesagt: Man schreibt nicht die Romane, die man tatsächlich schreiben möchte. Aber ich denke, ich komme dem Ziel näher.

Es scheint so, als schlügen sich einige Ihrer essayistischen Impulse auch in der Form des Romans nieder.

Es stimmt vermutlich, dass man sämtliche Passagen über das Sammeln in *Der Liebhaber des Vulkans* zu einem diskontinuierlichen, aphoristischen Essay aneinanderreihen könnte. Trotzdem erscheint mir das Maß essayistischer Reflexion in *Der Liebhaber des Vulkans* moderat, verglichen mit einer zentralen Tradition des europäischen Romans. Denken Sie nur an Balzac, Tolstoi oder Proust, in deren Werken sich seitenlange Passagen finden, die als Essays durchgehen könnten. Oder an den *Zauberberg*, den vielleicht großartigsten philosophischen Roman von allen. Theoretische Überlegungen, Reflexion und direkte Leseransprache sind grundlegende Bestandteile des Romans. Der Roman ist ein großes Schiff. Es ist nicht so, dass ich die verbannte Essayistin in mir gerettet hätte. Vielmehr war die Essayistin in mir immer schon Teil der Romanautorin, zu der ich mich endlich aufgeschwungen habe.

Recherchieren Sie viel?

Sie meinen, ob ich viel nachlese? Ja, einiges. Die Akademikerin in mir, die ich selbst des Amtes enthoben hatte, empfand gerade diesen Teil der Arbeit an einem in der Vergangenheit spielenden Roman als sehr reizvoll.

Warum einen Roman schreiben, der in der Vergangenheit spielt?

Um den mit der Zeitgenossenschaft verbundenen Zwängen zu entkommen, dem Gefühl für die korrumpierte und würdelose Art, wie wir heute leben, fühlen und denken. Die Vergangenheit ist größer als die Gegenwart. Natürlich ist die Gegenwart immer präsent. Die Erzählstimme in *Der Liebhaber des Vulkans* ist eindeutig eine Stimme des ausgehenden 20. Jahrhunderts, die den Belangen des 20. Jahrhunderts verpflichtet ist. Es war nie meine Absicht, einen Roman zu schreiben, der den Leser in eine andere Zeit entführt, auch wenn es mir wichtig war, die historische Substanz des Romans so dicht und akkurat wie möglich zu gestalten. Er wird dadurch sogar noch weitläufiger. Aber nachdem ich mich zu einem weiteren Ausflug in die Vergangenheit entschlossen habe – mit *In Amerika*, der Roman, an dem ich gerade schreibe –, bin ich mir nicht sicher, ob es auch dieses Mal funktionieren wird.

Wann spielt der Roman?

Von Mitte der 1870er-Jahre bis zum Ende des 19. Jahrhunderts. Er basiert, wie *Der Liebhaber des Vulkans*, auf einer wahren Geschichte, der einer gefeierten polnischen Schauspielerin und ihrer Entourage, die von Polen nach Südkalifornien auswandern, um dort eine utopische Lebensgemeinschaft zu gründen. Die Einstellungen meiner Hauptfiguren sind für mich wunderbar exotisch, viktorianisch, wenn Sie so wollen. Aber das Amerika, in dem sie sich niederlassen, ist weit weniger exotisch. Ich hatte gedacht, ein Buch im Amerika des späten 19. Jahrhunderts anzusiedeln würde sich genauso weit entfernt anfühlen wie das Neapel oder London des 18. Jahrhunderts. Tut es aber nicht. Es gibt in unserem Land eine erstaunliche Kontinuität kultureller Einstellungen. Ich bin immer wieder überrascht, dass das von Tocqueville Anfang der 1830er-Jahre beschriebene Amerika sich in vielerlei Hinsicht im Amerika am Ende des 20. Jahrhunderts wiederfindet, auch wenn sich die demographische und ethnographische Zusammensetzung des Landes vollkommen verändert hat. Es ist, als hätte man Griff und Klinge eines Messers ausgetauscht, hat aber immer noch das gleiche Messer.

In Ihrem Theaterstück *Alice im Bett* geht es auch um eine Person des späten 19. Jahrhunderts.

Ja, um Alice James und die berühmteste Alice des 19. Jahrhunderts, die von Lewis Carroll. Ich inszenierte Pirandellos *Wie du mich willst* in Italien, und eines Tages sagte Adriana Asti, die die Hauptrolle spielte, im Scherz zu mir: »Bitte, schreib ein Stück für mich.« Und vergiss nicht, ich muss die ganze Zeit auf der Bühne stehen. Und da fiel mir Alice James, gescheiterte Schriftstellerin und professionelle Invalidin, ein. Ich erfand spontan das Stück und erzählte es Adriana. Aber ich schrieb es erst zehn Jahre später auf.

Werden Sie noch weitere Stücke schreiben? Sie waren dem Theater immer eng verbunden.

Ja. Ich höre Stimmen. Deshalb schreibe ich gern Theaterstücke. Und ich habe die meiste Zeit meines Lebens in der Welt der Theaterschauspieler verbracht. Als ich jung war, hatte ich nur als Schauspielerin Zugang zur Bühne. Mit zehn Jahren bekam ich mehrere Kinderrollen in Broadwaystücken, die von einem Laientheater aufgeführt wurden (das war in Tucson); als Studentin an der University of Chicago spielte ich Sophokles und Shakespeare; und mit Anfang zwanzig machte ich bei einigen Sommerproduktionen mit. Dann hörte ich auf. Heute würde ich viel lieber Stücke inszenieren (allerdings nicht meine eigenen). Und Filme machen (ich hoffe, noch bessere Filme zu machen als meine bisherigen vier Filmproduktionen, die in den siebziger und achtziger Jahren in Schweden, Israel und Italien entstanden). Und ich möchte Opern inszenieren, was ich noch nie gemacht habe. Ich fühle mich sehr zur Oper hingezogen, der Kunstform, die mich am häufigsten und verlässlichsten in Ekstase versetzt. Die Oper ist eine der Inspirationsquellen von *Der Liebhaber des Vulkans* – Geschichten aus Opern und opernhafte Emotionen.

Kann Literatur den Leser in Ekstase versetzen?

Sicherlich, aber weniger zuverlässig als Musik oder Tanz; Literatur hat Größeres im Sinn. Man muss streng mit Büchern sein. Ich möchte nur solche Bücher lesen, die es wert sind, wiedergelesen zu werden.

Lesen Sie manchmal auch Ihre eigenen Bücher wieder?

Nein. Nur wenn ich Übersetzungen prüfe. Ich bin nicht neugierig. Ich hänge nicht an dem, was ich bereits gemacht habe. Vielleicht möchte ich auch nicht sehen, dass es immer wieder das Gleiche ist. Vielleicht weigere ich mich, alles, was älter als zehn Jahre ist, erneut zu lesen, weil es die Illusion des ständigen Neubeginns zerstören würde. Das ist der amerikanischste Teil an mir: das Gefühl, immer wieder neu zu beginnen.

Aber Ihr Werk ist so vielfältig.

Nun, es wirkt vielfältig, aber natürlich ist alles durch ein einheitliches Temperament, bestimmte wiederkehrende Vorlieben und Emotionen, Leidenschaft und Melancholie miteinander verbunden. Und durch eine obsessive Beschäftigung mit der menschlichen Grausamkeit, ob nun der in persönlichen Beziehungen oder der Grausamkeit des Kriegs.

Glauben Sie, Ihre beste Arbeit liegt noch vor Ihnen?

Das hoffe ich. Oder … ja.

Haben Sie eine Vorstellung von Ihren Lesern?

Nein. Das will ich auch gar nicht. Im Übrigen schreibe ich nicht, weil es ein Publikum gibt. Ich schreibe, weil es die Literatur gibt.

Aus dem Englischen von Georg Deggerich

Susan Sontag, The Art of Fiction No. 143,
The Paris Review, 137 / Winter 1995.

Lydia Davis

ICH STÜRZE MICH KOPFÜBER HINEIN.

Mit Andrea Aguilar und
Johanne Fronth-Nygren (2013 / 2014)

Dieses Interview begann im September 2013 in Oslo als
öffentliche Diskussion zwischen Lydia Davis und ihrer
Übersetzerin Johanne Fronth-Nygren während des Nor-
wegian-American Literature Festival. Tags zuvor hatten
sich Davis und Fronth-Nygren zu einer Einführungslek-
tion ins Norwegische getroffen. »Bald schon redeten wir
über Katzen und Gärten und Familienmitglieder – alles auf
Norwegisch«, erinnert sich Fronth-Nygren. »Dieses Wissen um Katzen und Gärten und Familienmitglieder beglei-
tete uns bis hinauf auf die Bühne.«

Ergänzt wurde ihr öffentliches Gespräch im darauffol-
genden Frühling durch zwei private Arbeitssitzungen, eine
mit Fronth-Nygren und eine weitere mit der spanischen
Journalistin Andrea Aguilar. Beide hatten Davis in ihrem
Haus besucht – einem umgebauten Schulgebäude, das sie
gemeinsam mit ihrem Mann, dem Maler Alan Cote, in Upstate New York bewohnt. Fronth-Nygren beschreibt das
Szenario so: »Auf dem Feld jenseits der Straße sind jene
Kühe, über die Davis in ›Die Kühe‹ geschrieben hat. Genauer gesagt: Zwei der von ihr beobachteten Kühe wurden
geschlachtet und durch andere ersetzt, die dritte aber, die
sich geweigert hatte, in den Lastwagen zu steigen, der sie
zum Schlachter bringen sollte, grast immer noch auf dem

Feld. Im Inneren des großen Ziegelbaus flitzen die Katzen die Steinstiegen hinauf und hinunter und liegen faul in Vierecken aus Sonnenlicht unter den hohen Klassenzimmerfenstern.«

Beide Interviewerinnen beschreiben Davis als liebenswürdige und aufmerksame Gastgeberin. Im Falle von Aguilar ging das Frage- und Antwortspiel weiter, noch als Davis und Cote sie zum Bahnhof von Albany brachten. (Da der Zug Verspätung hatte, führte Davis Aguilar durch den Bahnhof und zeigte ihr die Toiletten, den Zeitungsstand und den Warteraum.)

Davis hat einen Roman veröffentlicht, *Das Ende der Geschichte* (1995), und sechs Sammlungen von »stories«. Ihre Übersetzungen aus dem Französischen enthalten neue Versionen von *Du côté de chez Swann* [dt. *Eine Liebe Swanns*] (2002) und *Madame Bovary* (2020). 2003 erhielt sie eine MacArthur Fellowship und 2013 den Man Booker International Prize. Kürzlich wurde ihr von der französischen Regierung der Ordre des Arts et des Lettres verliehen. Davis hat mittlerweile an ihren Norwegischkenntnissen weitergearbeitet und ihren ersten norwegischen Roman gelesen, nämlich *Det uoppløselige episke element i Telemark i perioden 1591–1896* von Dag Solstad.

Viele Ihrer Stories behandeln, was man als Ethik der Kindererziehung bezeichnen könnte. So zum Beispiel »Das alte Wörterbuch«, wo sich die Erzählerin Sorgen macht, denn »obwohl mir mein Sohn wichtiger sein sollte als mein altes Wörterbuch, [kann] ich nicht behaupten [...], dass es, wenn ich mich mit meinem Sohn beschäftige, jedes Mal mein wichtigstes Anliegen wäre, ihm keinen Schaden zuzufügen.« Wo nahm diese Story ihren Ausgang?

Ach, der Ausgangspunkt war meine Erkenntnis, dass ich dieses alte Buch besser behandelte als meinen Sohn.

Also sind Sie die Erzählerin? Ist das oft der Fall?

Bloß weil eine Geschichte Material aus dem Leben einer Schriftstellerin verarbeitet, kann man meiner Meinung nach nicht sagen, dass es ihr Leben und sie die Erzählerin sei. Sobald man Material aus dem eigenen Leben auswählt, es arrangiert und in stilisierter Form niederschreibt, ist es nicht mehr wirklich identisch mit diesem Leben und dieser Person. Aber oft nimmt etwas in meinem realen Leben seinen Anfang. Damit bin ich wieder bei dem Wörterbuch. Und da stellt sich nun ein Problem, ein Rätsel. Eine Frage führt zu anderen Fragen, die mir logisch erscheinen. Was behandle ich am besten und warum? Aber noch einmal: Es ist stilisiert. Ich lasse eine ganze Menge weg. Es ist kein vollständiges Bild.

Im Großen und Ganzen stimmt es, dass ich ständig überprüfe – wie ich mein Leben lebe. Ständig. Es ist irgendwie gnadenlos. Nicht bloß: Habe ich gesund gefrühstückt?, sondern alles und jedes. Ständig ist da jemand, der richtet. Vielleicht ist es meine arme Mutter, die in meinem Kopf weiterlebt. Sie hat immerzu bewertet, und ihre Mutter hat auch immerzu bewertet. Die Reihe der bewertenden Mütter ist lang, und manchmal ist das sehr beklemmend. Wenn ich meine Arbeit kurz unterbreche und mich auf das Sofa lege, um zu lesen, und eine halbe Stunde bleibe anstatt zehn Minuten – wie schlimm ist das? Ist es wirklich schlimm? Angenommen, ein lieber Mensch schreibt einen Brief und man freut sich darüber, beantwortet ihn aber zwei Monate lang nicht. Das ist deutlich schlimmer, als fünf Minuten länger lesend auf dem Sofa zu verbringen.

Ich denke an die Erzählerin in »Glenn Gould«. Sie fragt sich, ob es möglich ist, egoistisch zu sein, ohne jemand anderen zu verletzen.

Indem man nicht heiratet und alleine lebt und mitten in der Nacht lange Gespräche mit einer Freundin oder einem Freund führt. Und indem man diesen Menschen niemals trifft.

In »Schreiben« sagt die Erzählerin: »Das Leben ist zu ernst für mich, um weiterzuschreiben.« Ist das für Sie so? Könnten Sie jemals zu schreiben aufhören?

Etappenweise höre ich tatsächlich auf. Aber ich kann mir nicht vorstellen, überhaupt aufzuhören, ganz einfach weil's mir so viel Spaß macht. Ich habe mir diese Frage selbst gestellt. Wenn du allein auf einer einsamen Insel wärst und wenn es keine Welt mehr gäbe und keine anderen Menschen, würdest du dann weiterschreiben? Vorausgesetzt, ich hätte Papier und Bleistift, würde ich's wahrscheinlich tun.

Wie viele meiner Geschichten ging diese einfach einem plötzlichen Einfall nach. Was tu ich da – reihe sonderbare Sätze aneinander und fabriziere ein kleines unsinniges Irgendwas, während auf der anderen Seite des Planeten Menschen sterben und unsere Regierung zum Teufel geht? Ich bin mir sicher, viele Künstler empfinden das manchmal, dass sie Zeit vergeuden oder dass ihr Tun frivol ist. Anstatt mir selbst eine Antwort zu geben oder darüber hinwegzugehen, arbeitete ich das als einen kleinen Gedanken aus. Ich wusste nicht, was ich von dieser Story halten sollte. Ich zeigte sie einer sehr strengen Kritikerin, und der gefiel sie, also entschied ich, dass sie bestanden hatte.

In »Der Brief an die Stiftung« aus derselben Sammlung schreiben Sie offenbar über die Hürden beim Schreiben und beim Unterrichten.

Es geht darin mehr ums Unterrichten als um das Schreiben. Ich versuche in die Rolle oder die Figur einer nicht besonders interessanten Mittelbau-Akademikerin zu schlüpfen, die ein unbedeutendes Stipendium erhält, das zwar in ihrer kleinen Welt Bedeutung hat, ansonsten aber nicht. Diese Story besteht hauptsächlich aus Klagen über das Unterrichten. Ich tu mich mit dem Unterrichten schwer und lasse das alles in der Story heraus. Das war der Teil, der mir beim Schreiben am meisten Spaß gemacht hat: all diese verrückten Probleme beim Unterrichten, all die Schrecken.

Sie geben Ihren Figuren selten Namen. Warum?

Ich fand Namensgebung immer künstlich. Getan habe ich's aber schon. Ich habe über eine Frau geschrieben und sie Mrs Orlando genannt, weil die Frau, die als Vorlage diente, in Florida lebte. Unlängst schrieb ich eine Story mit dem Titel »Die zwei Davises und der Teppich«, weil ich einen Nachbarn habe, der Davis heißt, und weil wir versuchten zu entscheiden, wer von uns beiden einen bestimmten Teppich kriegen sollte. Es machte mir großen Spaß, diesen Namen zu verwenden, obwohl es für keinen anderen einen großen Unterschied machen würde, wenn ich die Story »Die zwei Harrise und der Teppich« genannt hätte.

Mit etwa zwölf schrieb ich für die Schule eine Geschichte über ein Mädchen namens Wimple. Ich hätte sie Jane oder Betsy nennen können, aber schon damals gab ich meinen Figuren keine gebräuchlichen Namen. Ich weiß nicht genau, warum.

Wovon handelte diese Geschichte?

Von einem Mädchen, das nicht einschlafen kann und beschließt, aus dem Fenster zu klettern und über die Feuertreppe hinunterzusteigen und ein Abenteuer zu erleben.
Also tut sie das ... aber es ist eine ziemlich kurze Geschichte. Sie handelt in der Hauptsache davon, wie sie
über die Feuertreppe abwärtssteigt und den Nachbarn mit
ihrem Lärm auf die Nerven geht und wie ihr in der Folge
klar wird, dass sie es niemals schaffen wird, die Feuertreppe wieder hochzuklettern. Also beschließt sie, sich
einfach dem Unmut ihrer Eltern zu stellen und auf die
übliche Art und Weise ins Haus zu kommen. Aber es gibt
einen längeren Dialog, als sie aus dem Fenster steigt und
dabei Lärm macht. Ihre Mutter ruft im Haus: »Beruhig
dich, Wimple, versuch zu schlafen«, oder so was in der
Art – etwas Typisches für die Redeweise meiner Mutter
halt.

**Sie verfassen nicht eben viele Dialoge, und Beschreibun-
gen auch nicht.**

Nun, ich mag Beschreibungen sehr. In meinem Roman *Das
Ende der Geschichte* gibt es Beschreibungen der Landschaft
von Südkalifornien. Wenn mich eine Landschaft oder was
auch immer berührt, dann möchte ich darüber schreiben,
aber der Gedanke, dass Beschreibung ein notwendiger
Bestandteil wäre, missfällt mir – etwa so: Wenn man eine
Szene mit Dialogen an den Anfang gesetzt hat, dann muss
unbedingt eine Beschreibung folgen, und dann muss man
dies tun und dann das.

Das führt uns von Ihrer Frage weg, aber wie James Wood
geschrieben hat, steckt in diesem Roman etwas von Thomas Bernhard. Wenn ich eine neue Form ausprobiere – et-

was zu tun versuche, das ich für gewöhnlich nicht tue, und das traf für den Roman zu –, dann suche ich bewusst ein Modell für das, was ich mir vorstelle. Im Fall von *Das Ende der Geschichte* dienten mir Thomas Bernhards lange monologische Schimpftiraden als Vorbild und dazu Elizabeth Hardwicks *Schlaflose Nächte*, ein Roman in Fragmentform. Wieder ein anderes Vorbild war Marguerite Duras' *Der Liebhaber.* Alle drei erwecken den Eindruck, man trete in den Kopf eines anderen Menschen ein. Das ist der Grund, weshalb ich keine Freundin von Kapiteleinteilungen bin oder, wie in diesem Roman, nicht war. Sobald es eine Unterteilung in Kapitel gibt, weiß man: Da ist ein Autor, der beschlossen hat, das Kapitel an dieser Stelle abzubrechen. Das unterbricht die Illusion, man sei in den Kopf eines anderen hineingeschlüpft und dieser denke nun weiter und immer weiter fort. Ebenso finde ich Dialoge aufgesetzt. Sogar die Anführungszeichen, die eins nach dem anderen und nach dem nächsten kommen. Etwas anderes ist es, wenn der Erzähler sagt: »Ich erinnere mich daran, dass er in der Tür auftauchte und sagte: ›Was tun Sie hier?‹« Wir erinnern uns an einzelne Sätze, aber nicht an die ganze Unterhaltung. Zumindest kann ich mich nicht an ganze Unterhaltungen erinnern.

Sie lassen Ihre Texte immer als Sammlung von »stories« erscheinen, nie aber als Sammlung von »short stories«. Warum das?

Für mich ist eine Short Story eine genau umrissene Form, in der Tradition von Hemingway oder Katherine Mansfield oder Tschechow. Sie ist länger, detaillierter ausgeführt, mit erzählerisch wiedergegebenen Szenen und Dialogen und so weiter. Man kann einige meiner Geschichten zu Recht »short stories« nennen. Die meisten anderen würde ich nicht »short stories« nennen, obwohl viele sehr kurz sind. Manche – nicht viele – könnte man als Gedichte bezeichnen.

Das heißt, Sie betrachten manche Ihrer Stories als Gedichte?

Ja. Es kommt auf den Impuls dahinter an. Manche wünsche ich mir ganz platt und prosaartig. Sie haben immer noch ihre eigene Musik und ihren Rhythmus, aber Songs werden das nie. Und in anderen sehe ich Songs. Und das sind dann Gedichte, auch wenn sie auf der Buchseite nicht wie Gedichte aussehen. Ich denke, ich habe von allen literarischen Formen die Poesie immer am höchsten geschätzt und tue das heute noch. Nicht, dass es keine faszinierenden Stories oder faszinierenden Romane gäbe. Aber was ein Gedicht kann, das fasziniert mich mehr.

Planen Sie bewusst, welche Art von Geschichte Sie schreiben? Oder entsteht jede intuitiv?

Ich bin misstrauisch, was vorangehende Planung angeht. Meine Stories entstehen fast ausnahmslos aus einer Idee oder Wendung, und ich stürze mich dann kopfüber hinein, um sie auszuloten. Ich glaube, es würde mich hemmen, würde ich innehalten und denken: Das hier sollte in der ersten Person Plural stehen, oder: Diesen Absatz sollte ich nicht unterbrechen, oder was auch immer. Sie sind intuitiv. Es mag sein, dass alle ein erzählerisches Moment enthalten, weil ich das Erzählerische liebe. Ich mag Geschichten und Geschichtenerzählen sehr – ich glaube, das gilt für die meisten. Fast jeder Mensch sperrt die Ohren auf, wenn jemand sagt: »Hör mal, was mir gestern passiert ist.«

Ein weiteres Problem mit der Terminologie ist, dass

meine sogenannten Stories zu vielen verschiedenen Kategorien gehören. Ich möchte nicht innehalten und denken müssen: Heute hab ich eine philosophische Meditation geschrieben, oder: Heute hab ich eine Anekdote geschrieben. Heute hab ich eine Skizze geschrieben. Heute hab ich ein Epi… was ist es nun, ein Epigramm oder ein Epigraph? Ich vergesse das ständig. Der Punkt ist, dass ich mir nicht diese Art Sorgen machen möchte.

Und was hat es mit Ihren Geschichten in Briefform auf sich? Haben Sie diese Briefe tatsächlich abgeschickt?

Ja. Die kategorisiere ich als Beschwerdeschreiben. Das erste war der »Brief an ein Bestattungsunternehmen«, in dem ich mich über das Wort »Kremage« beschwerte. Es ist ein schreckliches Wort, das die Worte »Kremation« und »Hommage« miteinander verbindet. Nur Menschen aus dem Bestattungswesen gefällt das. Ich glaube nicht, dass »Kremage« irgendeiner trauernden Familie gefällt. Ich fing den Brief in ernstem Ton an, bis mir seine humoristischen Möglichkeiten bewusst wurden. Dann geriet er mir aber zu literarisch fürs Abschicken. Dann nach einer Weile dachte ich, ich würde ihn aber doch gerne abschicken. Also überarbeitete ich ihn zu einem seriöseren Beschwerdeschreiben und schickte ihn tatsächlich ab. Man hat mir nicht darauf geantwortet. Es folgten weitere Beschwerdebriefe, weil mir klar wurde, dass ich eine Menge Gründe für Beschwerden hatte.

Darin sind Sie sehr gut, wenn ich so sagen darf.

Ich bin sehr gut, was Beschwerden angeht. Ich habe fast alle abgeschickt.

Aber keine Antworten bekommen?

Einmal habe ich sehr wohl eine Antwort bekommen. Eine meiner Beschwerden ging an einen Tiefkühlerbsenproduzenten. Die Erbsen schmeckten uns sehr gut, aber das Design der Packung war ganz erbärmlich, und ich fand, es brachte einfach nicht rüber, wie gut die Erbsen waren. Die Erbsen schmeckten uns gut, und ich fand, sie sollten die graphische Gestaltung verbessern. Sie antworteten auf einem Umweg, indem sie mir Gutscheine schickten. Das kleine Bio-Unternehmen gehörte nämlich einem viel größeren Nahrungsmittelproduzenten, und der brachte selbst andere Tiefkühlerbsen auf den Markt. Also bekam ich Gutscheine für diese anderen, und das war's.

Aber das ist das Problem mit jeder Form. Ich fange oft mit einem ernsten Stück an und sehe sofort seine Möglichkeiten für eine kleine Story.

Sie scheinen mehr und mehr Fundstücke in Ihrer Literatur zu verwenden.

In den frühen achtziger Jahren wurde mir bewusst, dass man eine Geschichte schreiben konnte, die wirklich bloß die Erzählung über etwas war, das einem geschehen war. Man brauchte es bloß ein wenig zu verändern, ohne es wirklich fiktionalisieren zu müssen. In einem gewissen Sinn sind das Fundstücke. Es ist schwer, eine Linie zu ziehen und zu sagen, etwas *ist kein* Fundstück. Denn wenn mir eine Freundin eine Geschichte oder einen Traum *erzählt*, so ist das, denke ich, ein Fundstück. Wenn ich eine E-Mail erhalte, die sich für eine gute Story eignet, so ist das ein Fundstück. Wenn ich aber feststelle, dass der Maisgrieß ein wenig bröckelig wird – ist das dann ein Fundstück? Es gehört mir. Ich verwende keinen Text, sondern eine Situation im Hier und Jetzt. Ich erfinde sie nicht. Das, was in der Realität passiert, finde ich interessant. Ich habe kein großes Bedürfnis, Dinge zu erfinden. Aber Geschichten, die mir erzählt wurden, erzähle ich gerne wieder.

Als ich das letzte Mal hier war, erwähnten Sie, dass Sie Dinge auf Papierschnipsel kritzeln. Was passiert mit diesen Schnipseln?

Sie häufen sich in meinem Arbeitszimmer an. Und dann verwende ich sie. Manchmal, wenn ich bloß aufräume, gehe ich sie durch und tippe sie in den Computer, und entweder mache ich auf der Stelle etwas aus ihnen, oder ich lasse sie für später liegen. Wenn ich reise, habe ich ein Notizbuch bei mir. Ich verwende häufig Notizbücher, weil mein Gehirn dazu neigt, im Augenblick zu leben. Ich befürchte ständig, etwas zu vergessen.

Für Hochdramatisches scheinen Sie sich nicht besonders zu interessieren.

Scheint nicht so zu sein. Der Maisgrieß, zum Beispiel, ist fraglos nichts Dramatisches, aber ich beobachtete, was er tat, und plötzlich schien mir der Maisgrieß ein kleines lebendiges Etwas zu sein. Er erzeugte etwas ganz aus sich selbst heraus. Manche Leute würden das gar nicht bemerken oder denken, es sei ein dummer Einfall. Aber wenn es für mich interessant ist, dann versuche ich das zu vermitteln. Das hat zum Teil damit zu tun, dass ich immer ein Notizbuch bei mir habe. Man kann etwas Unwichtiges, aber auch etwas Wichtiges hineinschreiben.

Manchmal verwenden Sie auch Ihre Notizen über das Schreiben als Material.

Ja, und in einem gewissen Sinn sind das ebenfalls Fundstücke, denn ich mache mir Notizen, wenn ich eine Story korrigiere. Und wenn ich diese Notizen durchlese, gefallen sie mir als Texte, und dann korrigiere ich wiederum diese Notizen.

Sie korrigieren die Notizen für eine Korrektur?

Ja. Ich denke, nun gibt es eine »Korrektur 3« und eine »Korrektur 4«.

Es bekommt den Charakter einer Notiz, wenn man den Artikel weglässt, wie Sie das bisweilen tun. Ein Beispiel wäre »Ehefrau Eins auf dem Land«.

Vielleicht sind Notizen eine Möglichkeit, etwas Schwieriges aufzuschreiben. Wenn die eine weint und die andere versucht, sie zu trösten, dann sagt sie vielleicht: »Kann jetzt nicht drüber reden« – und lässt das »Ich« weg. Das »Ich« an sich ist zu schwer, um es über die Lippen zu bringen.

Ich habe eine Menge Bücher über Zen-Buddhismus. Einer meiner Lieblingstitel ist *Open Mouth Already a Mistake*. Da wird das Weglassen von Artikeln vielleicht verständlicher. Es hat etwas von der Art eines Sprichworts oder eines Aufklebers oder einer Ankündigung.

Ihre Lektüre des Zen-Buddhismus erlaubt Einblick in viele Ihrer Stories – zum Beispiel »Neujahrsvorsatz«.

»Mein Neujahrsvorsatz ist zu lernen, mich selbst als nichts zu sehen.« Daran hatte ich meinen Spaß, denn »nichts«, müssen Sie wissen, ist dieser Denkschule zufolge etwas Gutes, aber meiner Erziehung und Freud und dem Konzept der Familiendynamik zufolge ist »nichts« etwas sehr

Problematisches. Also behandelt diese Story die Kollision zweier Denkschulen und den armen Kopf dazwischen, der sagt: »Oh, Moment mal ...«

Denken Sie, dass Sie von der Kurzform angetan sind, weil sie sich zwischen anderes einschieben lässt – das Unterrichten und Übersetzen, Kindererziehung, Haushalt?

Das ist schwer zu sagen. Als ich anfing, ernsthaft Short Stories zu schreiben, fiel das in eine Phase, in der ich massenhaft Zeit hatte. Ich hatte kein Geld, aber ich bemühte mich auch nicht wirklich, Geld zu verdienen. Ich arbeitete als Hausmeisterin in einem Haus von jemand anderem. Also hatte ich ein Haus, ein bisschen Taschengeld und von morgens bis abends Zeit in Hülle und Fülle. Keine Kinder. Ich hätte Zeit gehabt, einen ganzen Roman zu schreiben, aber stattdessen schrieb ich sehr kurze Stories. Allerdings: Die allerkürzesten aller kurzen Stories kamen wiederum zustande, als ich Proust übersetzte. Ich verbrachte den ganzen Tag mit Proust, von zehn bis drei, um diese langen, komplexen Sätze zu übersetzen, sodass mir zum Schreiben nicht wirklich viel Zeit blieb. Ich konstruierte diese Sätze sehr gerne, aber ich glaube, ebenso sehr musste ich ein wenig Widerstand leisten, indem ich sehr, sehr kurze Sachen schrieb. Bloß ein Titel und zwei oder drei Zeilen.

Wie beeinflussen sich die Übersetzerin und die Schriftstellerin Lydia Davis gegenseitig?

Ich kann nicht genau sagen, welchen Einfluss das Übersetzen auf mein Schreiben hat, denn es gibt kein paralleles Leben, in dem ich *nicht* übersetzt habe. Ich denke, dank des Interesses meiner Familie an anderen Kulturen, anderen Sprachen, ist ein Teil meiner Gedanken immer in einem anderen Land. Vieles von dem, was mich beeinflusst hat, kam von außerhalb, hauptsächlich aus Europa, und ich wollte diese Einflüsse mit einer sehr amerikanischen Sensibilität verbinden. Ich weiß, dass die Übersetzungsarbeit mein Verständnis für das Englische und das, was ich mit dem Englischen tun kann, vertieft hat. Denn als Übersetzerin müssen Sie – Sie wissen das – diesen einen ganz bestimmten Satz übersetzen, das ist unvermeidlich. Also müssen Sie alle möglichen Varianten durchdenken, wie Sie das in Ihrer eigenen Sprache zustande bringen können. Das ist eine großartige Disziplin.

Wie wirkt sich mein eigenes Schreiben auf das Übersetzen aus? Ich zwinge dem, was ich übersetze, niemals meinen eigenen Stil auf. Das hielte ich fast für moralisch oder ethisch nicht in Ordnung. Ich mag am Übersetzen, dass ich vollständig in den Kopf, den Stil des anderen Schriftstellers, der anderen Schriftstellerin hineinschlüpfen, mich da aufhalten und im Englischen so schreiben muss, dass es dem Schreibstil des Originals so genau wie möglich entspricht.

Welchen der von Ihnen übersetzten Schriftsteller oder Schriftstellerinnen fühlen Sie sich besonders nah verwandt?

Ich habe Blanchots Texte übersetzt, weil ich da das Gefühl einer Verwandtschaft hatte. Mir gefiel seine unprätentiöse Art, die Art und Weise, wie tief er in einen kleinen, geheimnisvollen Augenblick der Interaktion zwischen Menschen einstieg – oder zwischen Abstraktionen, die er wie Figuren behandelte. Mir gefiel, dass er keinen dramatischen Handlungsverlauf brauchte.

Gibt es bestimmte Qualitäten des Englischen, zum Bei-

spiel im Gegensatz zum Französischen, die Sie beim Schreiben schätzen?

Ich schätze es sehr, dass das Englische zwei parallel laufende Vokabulare hat – das germanische und das vom Lateinischen abgeleitete. Wir haben das Wort »undersea« und daneben »submarine«. Oder »underground« und »subterranean«, »all powerful« und »omnipotent«. So können wir zwischen Sprachregistern wechseln. Wir können etwas auf ganz simple, angelsächsische Weise rundheraus sagen, zum Beispiel: »I will not do that« – lauter einsilbige angelsächsische Worte. Oder aber wir können es auf geschraubte, distanzierte, abstrakte, vom Lateinischen abgeleitete Art und Weise ausdrücken wie zum Beispiel: »I prefer not to permit myself to approach such a notion.« Man kann auch in eine Passage aus simplem Angelsächsisch unerwartet und effektvoll ein vom Lateinischen abgeleitetes Wort einwerfen.

Das Französische hat natürlich seine eigenen verblüffenden Möglichkeiten. So kann man zum Beispiel ausgeklügelte und elegante Konstruktionen hinsetzen, indem man das Wort *dont* verwendet, was so viel wie »von dem«, »in dem«, »worüber«, »über wen« bedeutet. Es war eine echte Herausforderung, die entsprechenden Konstruktionen auf Englisch hinzukriegen, als ich Proust übersetzte – nie klingen sie so sauber wie im Französischen. Es gibt viele Dinge in der Syntax des Französischen, die im Englischen nicht möglich sind.

Jemand meinte mal, Ihre Figuren klingen oft wie intelligente Ausländer, die zwar die Sprache sehr gut gelernt haben, aber die Umgangssprache nicht ganz beherrschen, was für einen überraschenden, komischen, erhellenden Effekt sorgt. Sind Sie sich dessen bewusst, wenn Sie schreiben?

Ich bemühe mich nicht darum, aber mir ist bewusst, dass ich ein annähernd sauberes Standard-Englisch spreche. So rede ich, und so schreibe ich. Eine Story allerdings habe ich absichtlich mit Slang vollgepackt: »Die Besprechung«. Sie beruhte auf einer real geführten Unterredung, Typ Jobinterview, bei dem ich die Interviewte war. Die Ich-Erzählerin hält einen kleinen Monolog darüber, wie frustrierend es war und wie sehr sie sich gewünscht hätte, ihre Mutter wäre da gewesen, um die Interviewerin zu vermöbeln. Ich dachte: Das ist der Moment, um reichlich Slang zu verwenden. Da ich normalerweise keinen Slang benutze, schlug ich in einem alten Slang-Wörterbuch nach. Mit dem Ergebnis, dass ich eine Menge völlig aus der Mode gekommenen Slang oder Slang aus dem Britischen verwendete. Am Ende der Story nenne ich die Interviewerin »Montezumas Rache« und »Schlamassel«. Das hat Spaß gemacht.

Ihre Übersetzungen gelten als sehr genau und von großer Klarheit. Neben der Klarheit haben sie auch eine gewisse Fremdartigkeit im Ton. Kann es sein, dass Sie Ihren Übersetzungen einen persönlichen Stempel aufdrücken?

Ich würde das bestimmt nicht absichtlich tun – nie-niemals. Wenn ich Proust übersetze, dann versuche ich, Proust auf Englisch zu sein. Vergleicht man die frühe, stark verschnörkelte Übersetzung von *Swann's Way* [dt. *Der Weg zu Swann*] von Scott Moncrieff mit meiner Übersetzung, ja, dann ist meine die schlichtere. Das gilt aber auch für Proust! Scott Moncrieffs Übersetzung ist weitschweifig, ausgeschmückt. Ich versuche mich ganz herauszuhalten und Prousts Stil im Englischen durchscheinen zu lassen. Wenn Leute bemerken, dass Proust in meiner Übersetzung sauber und klar herauskommt, so liegt das nicht an meinem persönlichen Stil, sondern daran, dass ich Prousts Stil originalgetreuer wiedergebe als der frühere Übersetzer. Bei Proust heißt es zum Beispiel »l'entrée des Enfers« – in einfachem Französisch, und so übersetze ich es, »the entrance to the Underworld« – in einfaches Englisch. Scott Moncrieff macht daraus »the jaws of hell« – und führt eine Metapher ein, die bei Proust gar nicht steht.

Es gibt allerdings etwas, worüber ich weniger Kontrolle habe. Immer öfter denke ich, dass wir, als Schriftstellerinnen oder Schriftsteller, alle einen bevorzugten Wortschatz haben. Und auch wenn ich versuche, mich so eng wie möglich an Prousts Syntax zu halten, könnte meine Wortwahl meine persönlichen Vorlieben widerspiegeln. Wenn Proust »entrée« sagt, so kann man dafür im Englischen »entrance« sagen, Eingang – aber auch Pforte, die Pforte zur Unterwelt. Das wäre eine denkbare Entscheidung. In diesem Sinne findet der persönliche Stil sehr wohl seinen Ausdruck.

Sie haben sich für »entrance« entschieden – das englische Wort ist mit dem französischen »entrée« etymologisch verwandt.

Ja, ich verwende sowohl bei Proust als auch bei Flaubert sehr gern stammverwandte Worte, obwohl sie das Englische vielleicht eine Spur förmlicher erscheinen lassen. Als Übersetzerin schreibe ich vermutlich ein förmlicheres Englisch als in meinen eigenen Texten. Das steht natürlich im Widerspruch zu dem, was ich gerade über den bevorzugten Wortschatz gesagt habe. In dem Bestreben, so nah wie möglich am Französischen zu bleiben, verwende ich wohl mehr Wörter lateinischen Ursprungs, als ich es in meinem eigenen Schreiben tun würde. Es ist also kompliziert. Aber sollten sich die Leute in meine Übersetzungen von Proust und Flaubert und des niederländischen Schriftstellers A. L. Snijders einlesen und überall etwas Ähnliches heraushören, dann präge ich ihnen möglicherweise – ohne es zu wollen – tatsächlich etwas von meinem eigenen Stil auf.

Mir scheint, in Ihrem eigenen Schreiben mögen Sie Metaphern nicht so gern.

Verwende ich keine Metaphern oder Vergleiche? Bewusst vermeide ich sie eigentlich nicht. Vielleicht kommen sie bei mir selten vor, weil ich das, worüber ich schreibe, an sich so fesselnd finde, dass ich es nicht mit etwas anderem vergleichen will. Vielleicht möchte ich keine vollständig andere Welt, kein anderes Bild einführen. Im Fall vom Maisgrieß etwa, der in »Die Polenta« zu kleinen Tropfen eindickt, könnte ich sagen: »Wie kleine Nippel am Boden des Tellers«, aber dann wären »Nippel« in die Story eingeführt. Oder Tautropfen – »wie kleine Tautropfen«, dann aber bringt man eine Landschaft der Außenwelt ins Spiel. Wenn es einen Grund dafür gibt, warum ich Metaphorisches vermeide, dann weil ich von der einen Sache, auf die ich mich konzentriere, nicht ablenken möchte. Eine Metapher lenkt sofort ab. Sie führt ein anderes, vielleicht sogar inkongruentes Bild und eine andere Welt ein. Das kann wunderbar funktionieren, aber vielleicht will ich den Schauplatz dessen, was ich beschreibe, nicht verlassen.

Sie verwenden in Ihren Stories keine Symbole, stimmt das?

Nein, ich denke überhaupt nicht in Symbolen.

Von welcher Art von Büchern fühlten Sie sich als Kind angesprochen?

In jüngster Zeit habe ich an einem Projekt gearbeitet, in dem ein Kinderbuch über Hunde vorkam: *Bob, Son of Battle*. Dieses Buch hat mich sehr berührt, aber da könnte ich viele nennen. Manche sind noch immer sehr bekannt, etwa *Der geheime Garten* und *Der König von Narnia* und *Der kleine Hobbit*. Andere sind in Europa vielleicht weniger bekannt, wie etwa *Frühling des Lebens* über einen Jungen und ein von ihm adoptiertes Rehkitz. Den tiefsten Eindruck hinterließen Bücher, in denen es um einen zwischenmenschlichen Konflikt, eine Tragödie, ein Leid ging und die manchmal gut ausgingen und manchmal nicht, oder solche wie *Der kleine Hobbit*, wo eine so märchenhafte und glaubwürdige Alternativwelt erschaffen wird, dass ich einfach hingerissen war. Aber ich habe erkannt, dass selbst Geschichten, die vollständig auf die Phantasie und die »andere Welt« angewiesen sind, sehr wohl komplexe Charaktere brauchen. In *Der König von Narnia* gibt es vier Kinder, die von Buch zu Buch weiterleben, und ihre Charaktere sind für die Story sehr wichtig. Es sind nicht unbedingt glückliche Geschichten, aber es gibt in ihnen glückliche, bereichernde Augenblicke oder Elemente.

Was haben Sie gelesen, als Sie älter wurden?

Ein Gutteil meiner Lektüre war für die Schule. Ich habe Robert Frosts Dichtung sehr eingehend und gerne gelesen. Ich war sehr aufgeregt, als ich Nabokovs sogenannte kleinere Bücher las, etwa *Pnin*. James Agees *Preisen will ich die großen Männer* hat großen Eindruck auf mich gemacht. Es ist ein sehr exzentrisches Werk, aber auch wunderbar geschrieben, sehr detailgenau. Für mich war es ein wichtiges Buch.

Sie erwähnten die Geschichte, die Sie sich als Zwölfjährige ausdachten. Haben Sie immer geschrieben?

Besser als ans Schreiben erinnere ich mich ans Lesen. Im Alter zwischen zehn und fünfzehn ging ich in New York City zur Schule, und die Schule hatte eine Bibliothek, insbesondere für die jüngeren Jahrgänge. Sie war – was ich an Bibliotheken liebe – düster, an allen Wänden, aber auch frei im Raum standen Bücherregale, und es gab Fensterplätze, wo man's sich auf einem Kissen bequem machen konnte. All die Regale voller Bücher, die Kinder gerne lesen. Drei Jahre lang war das für mich der Himmel. Doch dann, zu Beginn der achten Schulstufe, ging ich voller Vorfreude zu dieser Bibliothek, um mich mit einem Buch hinzufläzen, und da erklärte man mir: Nein, Oberstufenschüler benutzen nicht mehr diese Bibliothek, sondern die für die Oberstufe. Damit war mir dieser Garten Eden verschlossen. Die Bibliothek für die Oberstufe war viel stärker auf Forschung ausgerichtet, so wie man sich eine Bibliothek für erwachsenere Schülerinnen vorstellt, mit Lexika und hell beleuchteten Schreibtischen. Es gab damals noch keine Computer. Aber es war eben nicht die düstere Höhle, in die man ging, um zu lesen, lesen, lesen. Mir wurde bewusst, ganz klar und deutlich, dass ich erwachsen werden musste, um etwas zu werden oder etwas zu tun, und dabei wollte ich nichts als lesen. Ich wollte erwachsen werden und eine Leserin, einfach eine Person, die liest. Schon damals war mir klar, dass das kein Beruf war.

Wie auch immer – um Ihre Frage zu beantworten: Ich schrieb, weil es eine Schulaufgabe war, aber aus eigenem Impuls eher nicht. Aus eigenem Impuls spielte ich Klavier und las Partituren. Und ich spielte mit wirklich großem Vergnügen Klavier. Bestimmte Musikstücke liebte ich leidenschaftlich, und dann kaufte ich mir die Partitur, um mitzulesen, während ich mir eine Aufnahme anhörte. In der Schule bekamen wir eine Menge schriftlicher Aufgaben. Ich habe noch immer ein paar der Arbeiten, die mir meine Lehrerin, sehr sorgfältig mit roter Tinte korrigiert, zurückgab, als ich zwölf war. Vor sieben oder acht Jahren habe ich Kontakt zu ihr aufgenommen. Seitdem haben wir uns ein paarmal getroffen. Sie ist eine große Leserin und hat meine Proust-Übersetzung gelesen. Ich freue mich sehr darüber. Ihr gewissenhafter Unterricht hat den Grundstein dafür gelegt, dass ich nach all den Jahren so gewissenhaft an der Proust-Übersetzung arbeitete, und die fand sie ihrerseits dann bei ihrer Französischlektüre hilfreich. Mich freut dieser Austausch sehr – sie hat eine Schülerin unterrichtet, die für sie dann wiederum hilfreich war.

Ihre Mutter schrieb Erzählungen, ihr Vater schrieb Kritiken. War das ein Ansporn für Sie selbst?

Es waren ja nicht nur meine Eltern. Praktisch alle ihre Freunde waren Schriftsteller oder Schriftstellerinnen oder aber mit solchen verheiratet, oder es waren Professoren oder Professorinnen. Und auch wenn weder meine Schwester noch mein Bruder letzten Endes Schriftsteller wurden, so stand doch außer Zweifel, dass man in seinem Leben so etwas tun konnte. In diese Welt hineingeboren zu sein gab mir vielleicht Selbstvertrauen. Ich hatte nie das Gefühl, ich muss produzieren, produzieren, produzieren. Und ich schreibe aus ureigenem Interesse. Wenn mich etwas interessiert – sei es etwas Sprachliches oder eine Verwandtschaftsbeziehung oder eine Kuh –, dann schreib ich darüber. Ich bewerte es niemals vorher. Ich frage mich nie: Ist es wert, dass ich darüber schreibe?

Haben Sie Ihre Eltern zu Hause schreiben sehen?

Wir wohnten in der Nähe der Columbia University, und mein Vater arbeitete viel in seinem dortigen Büro. Meine

Mutter arbeitete zu Hause, während ich in der Schule war. Mir war zweifellos bewusst, dass sie schrieben, denn wenn meine Mutter eine Geschichte schrieb oder mein Vater ein Buch rezensierte, dann las der andere das und gab Kommentare ab, bevor das Ding abgeschickt wurde. Ich erinnere mich sehr genau an die Anspannung, die im Haus herrschte, wenn einer der beiden die Arbeit des anderen durchlas. »Schschsch, Daddy liest meine Story.« »Mutter liest meine Rezension, stör sie nicht.« Als ich anfing, Stories zur Veröffentlichung einzureichen, hatte ich wohl das Beispiel meiner Eltern im Hinterkopf – man schreibt etwas, man stellt es fertig, man zeigt es einem Freund oder einer Freundin, man kriegt es so gut wie möglich hin, und man schickt es an eine Zeitschrift.

Wurden Sie jemals in Gespräche über ihr Schreiben miteinbezogen?

Ich kann mich nicht erinnern, dass sie mir ihre Arbeiten zeigten, als ich jung war. Später haben sie es sicher getan. Und ich zeigte ihnen meine. Ich erinnere mich an eine Geschichte, die ich im College schrieb, in der eine nicht eben freundliche Mutter vorkam. Ich gab sie meiner Mutter, damit sie sie las und sich dazu äußert. Ich bin sehr berührt, wenn ich jetzt daran zurückdenke. Obwohl das Mutterbild in der Geschichte ihr ähnelte und wenig schmeichelhaft war, schrieb sie etwas wie: »Es macht mich traurig, wenn ich die Beschreibung dieser Mutter lese«, nur um fortzufahren: »Dieser Teil ist gut«, und: »An diesem Teil sollte man vielleicht noch arbeiten« und so weiter.

Wir hinterließen einander auch Kommentare, wenn es Familienstreitigkeiten gegeben hatte. Ich glaube, es war die Idee meiner Mutter, dass wir uns schriftlich äußern oder dass wir es formulieren sollten, denn ich erinnere mich noch bildlich an die diversen handschriftlichen Bemerkungen über dieses oder jenes Problem, egal was es war, und wie sie hin und her gingen. Ich fand es irgendwie schrecklich, dass wir das in meiner Familie taten. Weil das Schreiben dadurch so … oh, der Text wurde hoch emotional. Ich habe noch immer ein paar von den Kommentaren, die mir meine Mutter hinterließ. Es waren regelrecht kleine Dialoge, die wir da führten.

Ich habe immer bewundert, wie Ihre Stories versuchen, Emotionen zu ordnen.

Ich denke, das war Teil des familiären Trainings – lass uns das auf die Reihe kriegen. So empfinde ich es, und du sagst mir, wie du es empfindest. Das ist eine Möglichkeit, bestimmte emotionale Situationen abzuarbeiten, und zweifellos lief es bei uns zu Hause so ab. Es ist bloß so, dass ich jedes Mal traurig werde, wenn ich diese langen Botschaften meiner Mutter in Händen halte.

Es gab in unserer Familie aber auch eine Tradition von fröhlichem Schriftverkehr. Zu Weihnachten schrieben wir zu jedem unserer Geschenke ein kleines lustiges vier- bis sechszeiliges Gedicht. Meinen Eltern gelang das sehr gut, allen beiden. Ich war nicht so besonders gut, aber ich probierte es eben.

Haben Sie im College Kurse in kreativem Schreiben belegt? Erinnern Sie sich an die ersten Geschichten, die Sie als Erwachsene geschrieben haben?

Ich dachte immer, ich hätte im College keine Kurse in kreativem Schreiben belegt – und hätten Sie mich damals gefragt, hätte ich geantwortet, dass ich nicht einmal wusste, dass es sie gab. Aber es gab doch Kurse, und ich habe in meinem letzten Jahr einen besucht. Ich besuchte auch einen Sommerkurs bei Grace Paley. Aber im College schrieb ich andere Stories, nur für mich. Nachdem mein Bruder zur Armee gegangen war, schrieb ich eine ziemlich traditionelle Geschichte über ein Mädchen und seinen älteren Bruder. Er bricht auf, um in die Armee einzutreten, und sie beglei- tet ihn zur Subway, etwas in der Art, und sie sagt zu ihm, dass es ohne ihn zu Hause sehr schwer für sie wird – al- lein mit ihren Eltern. Und ich schrieb eine Geschichte über meine Klavierlehrerin. Ich bin ziemlich sicher, dass das in meinem ersten oder zweiten Jahr am College war, weil ich mich daran erinnere, dass ich damals Klavierstunden nahm und dass ich das vor meinen Eltern geheim gehalten habe. Vermutlich bildete ich mir ein, ich müsse ein Privatleben haben, und mein Privatleben war, Klavierstunden zu neh- men, ohne es ihnen zu sagen. Und mit neunzehn schrieb ich dann im Kurs von Grace Paley eine Geschichte über Buenos Aires, wo ich als Achtzehnjährige zwei Monate verbracht hatte. Seltsamerweise spiegelt sich darin der Ein- fluss von Hemingway. Das mag zum Teil am fremden Set- ting liegen und an den Figuren, die ein wenig Spanisch spra- chen, aber auch die Beschreibungen waren hemingwayesk. Es war eine ziemlich gute Geschichte. Ich hab sie übrigens vor ein paar Jahren online gestellt. Aber ich habe sicher erst nach meinem Abgang von der Schule mehr für mich selbst und aus Eigeninteresse geschrieben.

War Grace Paley für Sie als Schriftstellerin wichtig? Ha- ben Sie aus ihrem Werk etwas Bestimmtes gelernt?

Ich mochte ihre Stories sehr, und lange Zeit war sie eine der wenigen zeitgenössischen – ich meine lebenden – Schrift- stellerinnen, die ich gelesen und bewundert habe. Ihren Humor und ihre Sparsamkeit, ihren Realismus, ihren Gesprächsstil und welche Priorität sie dem politischen Aktivismus einräumte, das alles habe ich sehr bewundert. An den Workshop allerdings erinnere ich mich bedauerlicherweise nicht allzu gut – sie war sehr leise, da vorne am Kopfende des Tisches.

Was hat sich Ihrer Meinung nach im Lauf der Jahre an Ihrem Schreibprozess geändert?

Nun, das ist schwer zu beantworten, denn ich schreibe jetzt ganz andere Kurzprosa. Der Prozess verändert sich mit der Art der Story, die ich gerade schreibe. Als ich jünger war, hätte ich zum Beispiel niemals Fundstücke verwendet und umgeformt und zu eigenen Stories gemacht, wie ich das jetzt tue. Es war damals viel schwieriger, zum Teil, weil es für mich neues Terrain war. Ich hatte keine jahrelange Praxis hinter mir.

Und wenn man jung ist, dann ist die Hauptsache, dass man Schriftstellerin sein möchte, dass man etwas schreiben möchte. Es ist nicht so, dass die Sache von sich aus danach schreit, aufgeschrieben zu werden. Also muss man nachdenken: Worüber kann ich schreiben? Und dann sieht man sich um. Das ist wahrscheinlich der Grund, weshalb ich Familiengeschichten geschrieben habe oder eine Geschichte über meine Musiklehrerin. Jetzt ist es andersrum, und das schon seit Langem – das Material spricht mich an, und ich reagiere darauf.

Sie haben nur einen einzigen Roman geschrieben. Liegt es daran, dass nicht das richtige Material da war?

Ich könnte über jedes meiner Familienmitglieder einen ganzen Roman schreiben. Hin und wieder habe ich angefangen, über Familienmitglieder zu schreiben, ließ es dann aber sein, weil es kein Ende zu nehmen schien – die Erfahrung mit der Familie oder die Erfahrung eines einzelnen Mitglieds, Mutter, Vater, Schwester, Bruder. Es gibt so viele Erinnerungen, so viele Gefühle, dass ich gar nicht anfangen will. Es würde ewig weitergehen. Es gibt zweifellos Roman*formen*, die ich gerne ausprobieren würde – zum Beispiel die von Sebald, Handke oder Bernhard –, aber ich habe auch deshalb nur einen einzigen Roman geschrieben, weil ich so arbeite, wie ich arbeite. Immer kommen mir andere Dinge dazwischen, kürzere schriftstellerische Projekte oder Übersetzungsprojekte.

Sie haben in den frühen Siebzigern drei Jahre in Frankreich gelebt. Haben die französischen Romane der fünfziger Jahre, der *nouveau roman*, Ihre Arbeit beeinflusst?

Im College belegte ich einen Kurs über den *nouveau roman*, insbesondere über Robbe-Grillet und Michel Butor. Butors Roman *Stufen* hat einen Rieseneindruck auf mich gemacht. Er handelt von einer Schule und einem Klassenzimmer. Mir gefiel besonders die große Sorgfalt, die aufs Detail verwendet wurde. Man könnte meinen, wo ich doch in Frankreich lebte, hätte ich voller Freude sämtliche Werke der zeitgenössischen Schriftsteller kennenlernen wollen und mich in sie vertieft. Aber nein – hab ich nicht. Eine Zeit lang las ich gerne die Bücher aus der Série noire – vor allem die amerikanischen Kriminalromane auf Französisch. Das waren die ersten Bücher, bei denen ich vergaß, dass ich eine fremde Sprache las. Dadurch war mein Umgang mit dem Französischen entspannter. Aber mein oberstes Ziel war es, an meinem eigenen Schreiben zu arbeiten, und zu diesem Zweck las ich also Sachen auf Englisch.

Wenn es nicht der *nouveau roman* war, was brachte Sie dazu, Geschichten auf andere Art und Weise erzählen zu wollen?

Warum ich nicht einfach weiter traditionelle Short Stories schrieb wie meine Mutter? Warum ich damit nicht glücklich und zufrieden war? Ich weiß es nicht. Ich war immer ein eher rebellisches Kind. Einmal bin ich von der Schule fortgelaufen, ich habe mich meinen Eltern regelmäßig widersetzt und solche Sachen. Zu rebellieren – und eigensinnig zu sein –, das mag mit meiner späteren Entwicklung als Schriftstellerin zu tun gehabt haben. Ich fand die traditionelle Form der Story sehr beschränkt, sehr einengend. Es machte mir keinen Spaß, so etwas zu schreiben. Dann las ich die Stories von Russell Edson, einem amerikanischen Dichter. Er nannte diese Stories gerne *poems*, aber das tue ich nicht. Es sind bizarre kleine Erzählungen, absurd und sonderbar, und plötzlich begriff ich, dass ich Textstücke wie diese probieren könnte und dass es mir großen Spaß machen würde. Ich war glücklich, etwas Neues auszuprobieren. Von da an drängte es mich nicht mehr, etwas Traditionelles zu schreiben. Ich bin ganz sicher, es war im Herbst 1973. Ich war sechsundzwanzig Jahre alt. Mag sein, dass man sich dergleichen im Rückblick auf das eigene Leben so zurechtlegt, dass es sich ein wenig glatter anhört, als es in Wahrheit war. Aber ich führte damals sehr gewissenhaft Tagebuch, daher weiß ich es. Es war mächtig anstrengend, aber es war aufregend.

Sind Sie wirklich von der Schule fortgelaufen?

Ja, ich war fünfzehn, wir lasen Thoreau, und ich begeisterte mich für die Ideen in *Walden*, und deshalb lief ich mit einem Ranzen voller kleiner Shakespeare-Bände von der Schule fort. Ich dachte, ich würde im Wald leben und Shakespeare lesen. Ich weiß nicht, was ich mir vorstellte, wie ich mich ernähren würde. Ich haute ab, als das Licht aus war, und wanderte den Highway hinunter.

Wie weit sind Sie gekommen?

Bis zum Dorf unterhalb der Schule. Ein Fußmarsch von circa drei Meilen. Dann hielt mich eine Polizeistreife an. Ich beharrte darauf, ich sei auf einem Schulwanderausflug. Natürlich wurde ich zum Wohnheim zurückgebracht. Ich versuchte nicht noch einmal wegzulaufen.

Na ja, streng genommen stimmt das nicht. Ungefähr ein Jahr später verkündete ich, ich würde den Zug von Brattleboro nach New York City nehmen, um übers Wochenende nach Hause zu fahren; stattdessen nahm ich den Zug in die entgegengesetzte Richtung und verbrachte das Wochenende allein in Montreal, übernachtete in einem YMCA und machte Fotos.

Denken Sie, dass Ihre frühe musikalische Ausbildung Sie als Schriftstellerin geprägt hat?

Ganz bestimmt, auch wenn ich es bis vor ein paar Jahren nicht realisiert habe. Zum einen legte man in meinem Highschool-Unterricht in Musiktheorie Gewicht auf die Struktur eines Musikstücks. Im Literaturunterricht kriegt man nicht die gleiche Instruktion. Oder, richtiger: Er ist nicht so lebendig, zumindest war es für mich nicht so. Angenommen, im Unterricht wird eine Kurzgeschichte von Tschechow behandelt. Die Lehrerin spricht vielleicht über ihre Struktur – den Anfang, das Ende, den Mittelteil, sich wiederholende Themen –, aber im Unterricht in Musiktheorie spielt Ihnen die Lehrerin ein Stück vor, und Sie hören zu, und sie übertönt es lautstark mit ihrer Stimme: »Jetzt kommt die Überleitung, nun die Dominante, und jetzt kehrt es zur Tonika zurück.« Das ist ein ganz unmittelbares Geschehen. Ich bekam eine Menge zu hören und eine Menge Hörtraining. Besonders fürs Geigenspiel, aber auch fürs Klavierspielen, und wenn ich im Chor und im Madrigalensemble sang. Ich habe immer hingehört, hingehört und hingehört. Ist die Geige richtig gestimmt? Ich glaube, das half mir dabei, den Menschen immer noch genauer zuzuhören, wie sie redeten und wie sie intonierten, in welcher Stimmung sie waren – auf Basis des Klangs ihrer Stimmen. Und einfach insgesamt genauer aufzupassen. Wenn Sie eine Lehrerin haben, die sagt: »Das ist fast ganz rein gespielt, aber es ist ein bisschen schrill«, oder: »Es ist ein wenig glatt«, dann muss man noch genauer hinhören.

Vielleicht auch in anderer Hinsicht. Ich habe bis jetzt noch nie darüber nachgedacht, aber einer meiner Lieblingskomponisten ist immer Bach gewesen, noch heute. Denken Sie an die Fugen. Da haben Sie eine ganz zerebrale Struktur, etwas fast Mathematisches. Und doch ist es gleichzeitig sehr emotional. Und so haben Sie innerhalb einer hoch mathematischen und disziplinierten Struktur diese enorme emotionale Wirkung.

Sehen Sie die Spannung zwischen Ordnung und Emotion eher in Ihren frühen Arbeiten?

Zu sagen, in meinen frühen Stories ginge es nur um den Versuch, Ordnung in Gefühle zu bringen, ist zu sehr schwarzweiß gedacht. In manchen war es so. Andere waren mehr fabelartig, kleine Mythen oder Phantasien, die nichts mit Familie oder Beziehungen zu tun hatten. Und schon ziemlich früh, in der langen Erzählung »Lord Roystons Tour«, nahm ich Material aus Briefen. Aber andererseits gibt es eine Art Weiterentwicklung. Denn nach einer Weile wird man es müde, Emotionen und Beziehungen auszuknobeln. Die Welt ist voll von so vielen anderen Dingen. Im neuen Buch [dt. *Kanns nicht und wills nicht*], wo ich Stories aus diesen Briefen von Flaubert oder aus den Träumen von Leuten mache, da bin ich sehr berührt von der Schönheit des Schreibens selber. Von der Schönheit eines Satzes in den Schriften anderer Leute. Oder von der Schönheit eines ganz einfachen Satzes, wenn mir jemand einen Traum erzählt. Auf diese Weise genieße ich das Material mehr, als wenn ich es für meine eigenen Zwecke dienlich machen würde. Das Geschriebene mag nicht besonders kunstvoll sein, aber es gefällt mir. Einfach.

Könnten wir uns noch eine Geschichte gemeinsam genauer ansehen?

Head, Heart

Heart weeps.
Head tries to help heart.
Head tells heart how it is, again:
You will lose the ones you love. They will all go. But even the earth will go, someday.
Heart feels better, then.
But the words of head do not remain long in the ears of heart.
Heart is so new to this.
I want them back, says heart.
Head is all heart has.
Help, head. Help heart.

Hirn, Herz

Herz weint.
Hirn versucht, Herz zu helfen.
Hirn erklärt Herz noch einmal, wie es ist:
Du wirst die, die du liebst, verlieren. Sie werden alle
fortgehen. Aber selbst die Erde wird, eines Tages, fort sein.
Herz fühlt sich nun besser.
Aber Hirns Worte bleiben nicht lange in Herzens Ohren.
Herz ist solch ein Neuling auf diesem Gebiet.
Ich will sie wiederhaben, sagt Herz.
Hirn ist alles, was Herz hat.
Hilf, Hirn. Hilf Herz.

Es ist eine Geschichte über Trauer. Als ich schließlich versuchte, diese spezielle Art von Trauer auszudrücken, da
wollte ich eigentlich ein Gedicht. Keine »story«, kein Gespräch, sondern dieses Destillat. Diese schiere Schwierigkeit zu sprechen. Aber ich verstehe mich nicht als Dichterin,
also fiel es mir schwer, mich hinzusetzen und ein Gedicht
zu schreiben. Es war sehr nah an mir dran und sehr persönlich. Seltsam, wie ich jetzt darüber sprechen kann – damals
hatte ich, obwohl ich es schreiben wollte und obwohl ich
wollte, dass es gut wird und fertig wird, nicht die Absicht,
es zu veröffentlichen oder in die Welt hinauszulassen. Ich
schrieb es und machte es fertig und kriegte es hin, und dann
legte ich es zur Seite. Erst Jahre später hatte ich das Gefühl,
ich hätte genug Distanz, etwas so Persönliches zu veröffentlichen. Es hat seine Wurzeln in der angelsächsischen Literatur, vor allem bei Gerard Manley Hopkins, der seinerseits
sehr von der angelsächsischen Literatur beeinflusst war. All
diese Alliterationen – »help«, »head«, »heart«. Das kommt
aus der angelsächsischen Dichtung. Und dann das Vokabular. »Remain« ist aus dem Lateinischen abgeleitet, aber alle

anderen Worte sind angelsächsisch. Sie sind sehr schlicht. Fast alle sind einsilbig. Für mich kommt die Schlichtheit des Vokabulars, die Wiederholung, die Alliteration, all das, sehr nah an die grundsätzlichsten und heikelsten Gefühle heran. Da gibt's keine raffinierte Sprache als Zutat. Wenn man das schafft, ohne dass es einfältig wirkt, dann hat es große Kraft. Ich habe davon eine frühere Version, die wortreicher und nicht so sparsam war. Ich glaube, sie begann mit: »Heart is disturbed« oder »Heart is having some trouble dealing with this«. Sie war länger und narrativer. Dann kürzte ich sie zu »Heart weeps« zusammen. Die letzte Version war sehr schlicht. Die beiden letzten Zeilen lauteten etwa: »Help, head. Help, heart. / You are all heart has.« Und das gefiel mir nicht. Es gefiel mir nicht, ich wusste aber nicht, was ich damit machen sollte. Dann begriff ich, dass ich die Zeilen bloß umzustellen brauchte, aber mit der Bedingung, dass ich mich erst in der letzten Zeile an das Hirn wende, weshalb die Zeile davor nicht »You are all heart has« lauten kann. Es muss in einer dritten Person stehen – »Head is all heart has«. Was sowieso besser ist. Die Erzählerin wendet sich erst ganz am Ende an das Hirn. Dann kommt dieses unerlässliche Komma. Das zeigt einfach, wie wichtig ein kleines Satzzeichen ist, wie viel Kraft es hat. Hier signalisiert es den Befehl an das Hirn. Es ist die Befehlsform des Verbs. Und dann, ohne das Komma, bleibt die Befehlsform, aber nun ist »heart« das direkte Objekt. Das kleine Komma macht so einen Unterschied.

Aus dem Englischen von Klaus Hoffer

Lydia Davis, The Art of Fiction No. 227,
The Paris Review, 212 / Frühling 2015.

Elena Ferrante

MEINE ABWESENHEIT HAT EINEN KREATIVEN RAUM AUFGETAN.

Mit Sandra, Sandro und Eva Ferri (2014)

Für dieses lange Gespräch trafen wir uns mit Elena Ferrante in Neapel, der Stadt, in der die Tetralogie *Meine geniale Freundin* spielt. Ursprünglich wollten wir durch den Rione schlendern, den Schauplatz der neapolitanischen Romane, und anschließend einen Spaziergang über den Lungomare machen, aber dann überlegte Elena es sich anders. Sie sagte, die Orte der Phantasie besuche man lieber in den Büchern, in der Realität seien sie oft nicht wiederzuerkennen. Sie könnten sogar unecht wirken, und dann sei man enttäuscht. Immerhin gingen wir ein paar Schritte am Meer entlang, doch angesichts des regnerischen Wetters flüchteten wir uns in die Lobby des Hotel Royal Continental, gegenüber vom Castel dell'Ovo.

Von dort aus konnten wir zumindest ein paar verstohlene Blicke auf das rege Straßentreiben werfen und uns die Figuren vorstellen, die unsere Phantasie und unsere Herzen so lange beschäftigt haben. Das Interview führten wir zu dritt, wir: Verleger Sandro und Sandra und unsere Tochter Eva, also die ganze Familie Ferri. Es gab keinen besonderen Grund für ein Treffen in Neapel, doch Elena hatte dort Familienangelegenheiten zu regeln und uns eingeladen, und wir nutzten die Gelegenheit, um den Abschluss der Tetralogie zu feiern. Wir unterhielten uns bis spät in die

Nacht, setzten das Gespräch am nächsten Mittag fort (es gab Muscheln) und trafen uns noch einmal in Rom bei uns zu Hause (zum Tee). Am Ende waren unsere Notizbücher vollgeschrieben. Wir glichen unser Material ab und ordneten es nach Elenas Vorgaben.

Wie entstehen deine Bücher?

Das kann ich nicht so genau sagen. Ich glaube, niemand weiß wirklich, wie eine Erzählung Gestalt annimmt. Im Nachhinein versucht man, es zu erklären, doch diese Erklärungsversuche sind, zumindest nach meiner Erfahrung, alle unzureichend. Es gibt ein *Vorher* aus Erinnerungsfetzen und ein *Nachher*, in dem die Erzählung entsteht. Doch *vorher* und *nachher* sind, offen gestanden, nur Hilfskonstruktionen, mit denen ich deine Frage strukturiert beantworten möchte.

Was verstehst du unter Erinnerungsfetzen?

Kennst du das, wenn du dich nur an ein paar Takte einer Melodie erinnerst und versuchst, sie zu summen, und dann kommt ein ganz anderes Lied dabei heraus als das, was dir unentwegt im Kopf herumgeht? Oder wenn du dich an eine Straßenecke erinnerst, aber dir will nicht einfallen, wo sie sich befindet? Für solche Bruchstücke verwende ich ein Wort, das meine Mutter immer gebrauchte: *frantumaglia*. Das sind kleine und kleinste Gedankensplitter, deren Ursprung unklar ist, sie rumoren im Kopf, und manchmal tun sie auch weh.

Und jeder davon könnte am Anfang einer Erzählung stehen?

Ja und nein. Man kann einzelne herausgreifen und sie identifizieren: Orte der Kindheit, Familienmitglieder, Schulkameraden, aggressive oder sanfte Stimmen, Momente großer Spannung. Wenn man sie einigermaßen sortiert hat, beginnt man zu erzählen. Doch fast immer funktioniert etwas nicht. Als entwickelten sich aus diesen Bruchstücken einer möglichen Geschichte gleich starke entgegengesetzte Kräfte: einerseits das Streben, offen zutage zu treten, und andererseits der Drang, in der Tiefe zu versinken. Nehmen wir *Lästige Liebe*: Jahrelang trug ich viele Episoden vom Stadtrand Neapels mit mir herum, wo ich geboren und aufgewachsen bin. Ich erinnerte mich an Geschrei, an häusliche Gewalt, die ich als Kind miterlebt hatte, an Haushaltsgegenstände, Straßen. Aus diesen Erinnerungen ist die Protagonistin Delia entstanden. Die Figur der Mutter Amalia dagegen tauchte auf und zog sich sofort wieder zurück, sie war fast gar nicht da. Als Delias Körper in meiner Phantasie den ihrer Mutter berührte, empfand ich sogar Scham vor mir selbst und wandte mich lieber anderen Dingen zu. Aus diesem fragmentarischen Material entstanden im Laufe der Jahre viele kurze, längere und sehr lange Geschichten, die mich alle nicht befriedigten, und keine meiner Gestalten hatte irgendetwas mit der Figur der Mutter zu tun. Dann verschwanden plötzlich viele Bruchstücke, und andere verschmolzen miteinander und loteten die dunklen Tiefen der Mutter-Tochter-Beziehung aus. So entstand in wenigen Monaten *Lästige Liebe*.

Und wie war das bei *Tage des Verlassenwerdens*?

Wie dieses Buch entstand, ist mir noch unklarer. Jahrelang ging mir die Geschichte einer Frau im Kopf herum, die am Abend die Wohnungstür schließt und am nächsten Morgen feststellt, dass sie sie nicht mehr öffnen kann. Mal wurden ihre Kinder krank, mal gab es einen vergifteten Hund. Dann gruppierte sich alles wie von selbst um eine Erfahrung, die ich gemacht hatte und die ich für nicht erzählbar hielt: die Demütigung des Verlassenwerdens. Aber wie ich aus den ungeordneten Bruchstücken, die mir jahrelang durch den Kopf geisterten, plötzlich eine Auswahl treffen und eine überzeugende Geschichte zusammenfügen konnte, weiß ich nicht, ich kann es nicht mehr nachvollziehen. Ich fürchte, das ist genauso wie mit den Träumen. Noch während man sie erzählt, merkt man, dass sie anders waren.

Schreibst du deine Träume auf?

Ja, die seltenen Male, wenn ich glaube, mich an sie zu erinnern. Das tue ich seit meiner Kindheit und kann es nur jedem empfehlen. Einen Traum der Logik des Wachzustands zu unterwerfen ist eine enorme schriftstellerische Herausforderung. An Träumen wird deutlich, dass es aussichtslos ist, sie exakt wiedergeben zu wollen. Doch auch die Wahrheit in Worte zu fassen, die in einer Geste, in einem Gefühl oder in einer Kette von Ereignissen liegt, ohne sie dabei zu zähmen, ist nicht so leicht, wie man denkt.

Was meinst du mit »die Wahrheit zähmen«?

Auf abgedroschene Ausdrucksformen zurückzugreifen.

Und das heißt?

An einer Erzählung aus Faulheit Verrat zu begehen, aus Gefügigkeit, aus Gründen der Konvention, aus Angst. Es ist leicht, eine Geschichte auf Klischees einzuschrumpfen und massentauglich zu machen.

James Wood und andere Kritiker haben die Ehrlichkeit, um nicht zu sagen die Brutalität deines Schreibens betont. Was bedeutet für dich Ehrlichkeit in der Literatur?

Für mich ist sie zugleich die Qual und der Antrieb jeder literarischen Suche. Die passenden Ausdrucksmittel zu finden ist eine Lebensaufgabe. Für gewöhnlich scheint die dringlichste Frage für einen Autor zu sein: Welchen Erfahrungen kann ich meine Stimme geben, was kann ich erzählen? Aber so ist es nicht. Viel dringlicher ist die Frage: Welches Wort, welcher Satzrhythmus, welcher Ton ist den Dingen angemessen, die ich weiß? Ohne die richtigen Wörter, ohne eine lange Übung darin, sie zu kombinieren, kann nichts Lebendiges und Authentisches entstehen. Es genügt nicht zu sagen, wie man es heute immer häufiger hört: »Das hat sich wirklich so zugetragen, das ist mein wahres Leben, die Namen sind authentisch, und ich schildere die Originalschauplätze der Ereignisse.« Eine unangemessene Schreibweise kann auch die ehrlichste biographische Tatsache grundlegend verfälschen. Die literarische Wahrheit basiert nicht auf einer autobiographischen, journalistischen oder juristischen Legitimation. Sie ist nicht die Wahrheit eines Biographen oder eines Reporters, eines Polizeiberichts oder eines Gerichtsurteils, und sie liegt auch nicht in der Glaubwürdigkeit einer professionell aufgebauten Erzählung. Die literarische Wahrheit wird ausschließlich durch ein treffend verwendetes Wort freigesetzt, sie erschöpft sich vollkommen in den Wörtern, mit denen sie formuliert wird. Sie verhält sich direkt proportional zu der Energie, die einem Satz gegeben werden kann. Und wenn es funktioniert, ist sie stärker als jedes Klischee, als jeder Gemeinplatz, als jede Plattitüde der seichten Literatur. Sie kann alles mit neuer Kraft, neuem Leben erfüllen und ihren Bedürfnissen anpassen.

Wie gelangt man zu dieser Wahrheit?

Sie erwächst sicherlich aus einem Talent, das sich stetig verfeinern lässt. Doch meistens taucht diese Energie einfach auf, *sie erscheint*, und du weißt nicht, warum, und auch nicht, wie lange sie bleibt. Du zitterst bei dem Gedanken, sie könnte plötzlich wieder verschwinden und dich auf halbem Weg sitzen lassen. Wer schreibt, muss, wenn er ehrlich zu sich selbst ist, außerdem zugeben, dass er nie weiß, ob er den richtigen Stil gefunden und das Beste herausgeholt hat. Jeder, der das Schreiben ins Zentrum seines Lebens stellt, gerät letztlich in die Lage eines Dencombe wie in Henry James' *Die mittleren Jahre*, der sich schwer krank und auf dem Gipfel seines Erfolgs eine zweite Gelegenheit wünscht, um auszuprobieren, ob er es nicht noch besser machen könnte als bisher. Oder ihm liegt der verzweifelte Ausruf von Prousts Bergotte auf der Zunge, der vor Vermeers kleinem gelben Mauerstück feststellt: »So hätte ich schreiben sollen!«

Wann hattest du zum ersten Mal das Gefühl, *diese* Wahrheit erreicht zu haben?

Spät, bei *Lästige Liebe*. Ohne dieses Gefühl hätte ich das Buch nicht veröffentlicht.

Du hast gesagt, dass du lange vergeblich an diesem Stoff gearbeitet hast.

Ja, aber das heißt nicht, dass *Lästige Liebe* das Ergebnis einer langen mühseligen Arbeit war. Ganz im Gegenteil. Mühselig war die Arbeit an den unbrauchbaren Geschichten aus den Jahren davor. Diese Texte waren sehr bemüht, sie waren sicherlich dicht dran an der Wahrheit oder besser gesagt an der klischeehaften Wahrheit mäßig gut geschriebener Geschichten über Neapel, seine Vorstädte, sein Elend, eifersüchtige Männer und so weiter. Dann hatte ich plötzlich den Eindruck, den richtigen Ton gefunden zu haben. Und zwar vom ersten Absatz an. Und *dieses Schreiben* hat dann eine Geschichte aufs Papier gebracht, an der ich mich bis dahin nie versucht hatte, zu der es noch nicht einmal einen Entwurf gab. Es geht darin um die Liebe einer Frau zu ihrer Mutter, um eine innige, sinnliche Liebe, gepaart mit einem ebenso sinnlichen Abscheu. Diese Geschichte tauchte plötzlich aus den Tiefen meiner Erinnerung auf, ohne dass ich nach Worten suchen musste, vielmehr schienen die Worte meine geheimsten Empfindungen aufgestört zu haben. Obwohl mich die Geschichte noch immer in Verlegenheit brachte und erschreckte, entschloss ich mich, *Lästige Liebe* zu veröffentlichen, denn ich hatte erstmals das Gefühl: So muss ich schreiben.

Meinst du damit, du hast nur eine Art zu schreiben? Ich frage das, weil einige italienische Kritiker denken, deine Bücher kämen von verschiedenen Autoren.

Offensichtlich führt die Entscheidung einer Autorin, nicht persönlich in Erscheinung zu treten, in einem Umfeld, in dem es fast keine philologische Bildung und keine Textkritik mehr gibt, zu solchen Gehässigkeiten und Hirngespinsten. Die Experten starren auf den leeren Fleck, an dem sich das Bild des Autors befinden müsste, verfügen aber nicht über das Handwerkszeug oder schlichtweg nicht über die Leidenschaft und die Sensibilität des wahren Lesers, um an die Stelle des Autors sein Werk treten zu lassen. So gerät etwas Naheliegendes in Vergessenheit, dass nämlich jeder individuelle Stil seine eigene Geschichte mit oftmals beträchtlichen Brüchen hat, die manchmal sogar die vorhandene Kontinuität überlagern können. Nur durch den Namen auf dem Buchdeckel oder nach einer sorgfältigen philologischen Analyse können wir sicher sein, dass der Autor von *Dubliner* auch *Ulysses* und *Finnegans Wake* geschrieben hat. Zum Wissensschatz jedes Gymnasiasten sollte gehören, dass Autoren ihre Ausdrucksweise zeit ihres Lebens neuen Erfordernissen anpassen. Seit einer Weile hat sich die Überzeugung durchgesetzt, man müsse nur ein bisschen lesen und schreiben können, um eine Geschichte zu verfassen. Dabei ist die Arbeit des Schriftstellers in erster Linie ein hartes Ringen um ein anpassungsfähiges Handwerkszeug für die verschiedensten Versuche. Der Ausgang ist immer ungewiss.

Lästige Liebe war nach langen Jahren des Übens wie ein kleines Wunder für mich. Ich hatte das Gefühl, zu einem entschlossenen, klaren, kontrollierten Schreiben zu finden, das dennoch plötzlichen Abstürzen ausgesetzt sein konnte. Aber meine Freude währte nicht lange. Ich hielt dieses Ergebnis für zufällig und brauchte zehn weitere Jahre, um mein Schreiben von diesem konkreten Buch zu lösen und es zu einem selbstständigen Instrument zu entwickeln, das sich auch unabhängig von diesem Buch verwenden ließ, wie eine solide Kette, die einen Eimer Wasser aus der Tiefe des Brunnens heraufziehen kann. Ich habe viel gearbeitet, doch erst *Tage des Verlassenwerdens* hielt ich dann wieder für einen druckreifen Text.

Wann ist ein Buch in deinen Augen druckreif?

Wenn es eine Geschichte erzählt, die ich unbewusst lange von mir geschoben habe, weil ich glaubte, sie nicht erzählen zu können, weil es mir unangenehm war, sie zu erzählen. Auch *Tage des Verlassenwerdens* habe ich in kurzer Zeit konzipiert und niedergeschrieben, in nur einem Sommer.

Jedenfalls die ersten beiden Teile. Dann ging ich plötzlich in eine falsche Richtung. Ich verlor den mir passend erscheinenden Ton, den ganzen Herbst über schrieb ich den letzten Teil immer wieder um. Das war eine Zeit großer Anspannung. Es braucht nicht viel, um sich einzureden, dass man nicht mehr schreiben kann. Man hat das starke Gefühl, nicht mehr weiterzukommen und die Geschichte für immer verloren zu haben. So war das auch beim letzten Teil von *Tage des Verlassenwerdens*. Ich konnte Olga nicht mit derselben Authentizität aus ihrer Krise herausholen, mit der ich ihren Absturz beschrieben hatte. Mein Werkzeug war dasselbe, die Schreibweise war dieselbe, auch Wortwahl, Satzbau und Zeichensetzung waren dieselben, und trotzdem war der Ton nun falsch. Monatelang hatte ich das Gefühl, dass die vorhergehenden Seiten auf eine Art gelungen waren, die ich nie für möglich gehalten hätte, und nun fühlte ich mich meiner eigenen Arbeit nicht mehr gewachsen. Es liegt dir mehr, dich zu verlieren, als dich zurechtzufinden, sagte ich mir. Dann kam alles wieder in Gang. Aber bis heute traue ich mich nicht, das Buch noch einmal zu lesen. Ich habe Angst, dass der letzte Teil nur aussieht wie gut geschrieben.

Hältst du dieses Streben nach einer hohen literarischen Qualität für etwas typisch Weibliches? Muss sich eine Frau mehr anstrengen als ein Mann, um Texte zustande zu bringen, die nicht als »Frauenliteratur« abqualifiziert werden können? Gibt es einen grundlegenden Unterschied zwischen weiblichem und männlichem Schreiben?

Ich will mit meiner eigenen Geschichte antworten: Mit zwölf oder dreizehn Jahren war ich der festen Überzeugung, dass ein gutes Buch zwangsläufig einen männlichen Helden braucht. Das deprimierte mich. Mit fünfzehn fing ich an, über sehr mutige Mädchen in großen Schwierigkeiten zu schreiben. Trotzdem glaubte ich noch immer, und wohl mehr denn je, dass die großen Erzähler immer Männer sind und man lernen müsse, wie sie zu schreiben. Damals verschlang ich Unmengen Bücher, und ich orientierte mich, ehrlich gesagt, an männlichen Vorbildern. Selbst wenn ich über Mädchen schrieb, versuchte ich, ihnen einen Erfahrungsschatz, eine Freiheit und eine Entschlossenheit zu geben, wie ich sie aus den großen von Männern geschriebenen Romanen kannte. Ich wollte nicht schreiben wie Madame de La Fayette, Jane Austen oder die Brontë-Schwestern – die zeitgenössische Literatur kannte ich damals so gut wie gar nicht –, sondern wie Defoe, Fielding, Flaubert, Tolstoi, Dostojewski oder sogar Hugo. Während es kaum weibliche Vorbilder gab, die mir zudem meistens unbedeutend zu sein schienen, war die Zahl der männlichen, die noch dazu fast immer beeindruckend waren, immens. Kurz, diese Phase hielt lange an, bis ich über zwanzig war, und sie hat tiefe Spuren hinterlassen. Für mich besaß die männliche Erzähltradition einen gestalterischen Reichtum, den es in der weiblichen nicht zu geben schien.

Hältst du die weibliche Erzählkunst demnach grundsätzlich für schwächer?

Nein, keineswegs, ich rede hier über die Bestrebungen in meiner Jugendzeit. Die Tradition des weiblichen Schreibens ist aus historischen Gründen weniger ausgeprägt und nicht so breit gefächert wie die des männlichen, weist aber große Höhepunkte auf und hat einen außergewöhnlichen bahnbrechenden Wert, die Werke von Jane Austen, zum Beispiel. Für die Frauen brachte das 20. Jahrhundert einen radikalen Wandel. Feministisches Denken und Handeln setzten viele Energien frei und leiteten einige der radikalsten, tiefgreifendsten Veränderungen des vergangenen Jahrhunderts ein. Ich kann mir nicht vorstellen, was ich ohne den Kampf der Frauen wäre, ohne ihre Streitschriften, ohne ihre Literatur. All das hat mir geholfen, erwachsen zu werden. Mein Schreiben ab Mitte zwanzig war in meinen unveröffentlichten Werken ebenso wie in den veröffentlichten vollkommen darauf ausgerichtet, auf angemessene Weise von meinem Geschlecht zu erzählen, von seiner Andersartigkeit. Aber seit Langem bin ich der Ansicht, dass wir bei der Pflege *unserer* Erzähltradition nicht auf all die Techniken der Vergangenheit verzichten dürfen. Wir müssen, gerade weil wir Frauen sind, zeigen, dass wir Welten erschaffen können, die ebenso groß, mächtig und reich sind wie die der männlichen Autoren. Daher müssen wir gut gerüstet sein, müssen bis auf den Grund unserer Andersartigkeit vordringen, mit dem modernsten Werkzeug. Vor allem dürfen wir uns unsere Freiheit nicht nehmen lassen. Jede Schriftstellerin sollte, was auch für andere Bereiche gilt, nicht nur danach streben, die Beste unter den Schriftstellerinnen zu sein, sondern unter allen, die sich dem Schreiben mit großer Kunstfertigkeit widmen, egal ob Mann oder Frau. Dafür müssen wir uns jeder Art ideologischen Gehorsams entziehen, jeder Inszenierung einer Gesinnung oder einer Parteilinie, jedem Kanon. Wer schreibt, sollte sich nur darum kümmern, bestmöglich zu erzählen, was er weiß und fühlt, Schönes, Hässliches, Widersprüchliches, ohne irgendwelche Vorschriften zu befolgen, nicht einmal die der eigenen Mitstreiter. Das Schreiben erfordert höchste Ansprüche, höchste Unvoreingenommenheit und einen programmatischen Ungehorsam.

Wo siehst du das in deinem eigenen Werk?

Bei dem Buch, das die stärksten Schuldgefühle in mir ausgelöst hat, *Frau im Dunkeln*. Ich habe die Protagonistin viel weiter getrieben, als ich selbst glaubte, beim Schreiben ertragen zu können. Leda sagt: »Die Dinge, die wir selbst nicht verstehen, sind am schwierigsten zu erzählen.« Dieses Motto – kann ich es so nennen? – liegt all meinen Büchern zugrunde. Die Erzählung muss immer einen schwierigen Weg einschlagen, und die Frau, die in der Fiktion schreibt – die Ich-Erzählerin meiner Bücher ist nie eine monologisierende Stimme, sondern immer eine schreibende –, wird vor eine schwierige Aufgabe gestellt: Sie muss das, was sie weiß, aber noch keineswegs klar durchschaut, in einen Text ordnen. Das geschieht Delia, das geschieht Olga, das geschieht Leda und auch Elena. Aber Delia, Olga und Elena gehen ihren Weg und kommen zerschlagen, aber gerettet ans Ende der Erzählung. Leda dagegen entwickelt eine Art des Schreibens, die sie dazu bringt, Dinge zu erzählen, die für sie als Tochter wie als Mutter oder Freundin einer anderen Frau unerträglich sind. Und vor allem muss sie sich für eine unüberlegte Tat rechtfertigen – das Herzstück des Romans –, deren Sinn nicht nur für sie selbst unbegreiflich ist, sondern die sie auch schreibend nicht entschlüsseln kann. Dabei habe ich mir wahrscheinlich mehr abverlangt, als eigentlich für mich machbar war: eine packende Geschichte, deren Sinn die Erzählerin nicht erfassen kann, und wenn sie es könnte, ginge sie vielleicht daran zugrunde. Von all meinen veröffentlichten Büchern bin ich mit *Frau im Dunkeln* am schmerzlichsten verbunden.

Du verweist immer wieder auf die zentrale Rolle des Schreibstils. Du hast ihn mit einer Kette verglichen, die das Wasser aus der Tiefe des Brunnens heraufholt. Wie würdest du deinen Stil beschreiben?

Ich weiß nur eines sicher: Ich habe den Eindruck, gut zu arbeiten, wenn ich den nüchternen Ton einer Frau treffe, die stark, intelligent und gebildet ist, ganz wie die Frauen der Mittelschicht es heute sind. Ich brauche eine anfängliche Zurückhaltung, knappe, klare Formulierungen ohne Getue und ohne die Vorführung einer schönen Form. Erst wenn die Erzählung durch diesen Ton Gestalt annimmt, beginne ich gespannt darauf zu warten, dass ich die Kette aus gut geschliffenen Ringen, die fast keinen Lärm verursacht, durch eine rostige, quietschende ersetzen kann, durch deren abgehackten, unruhigen Lauf sie zunehmend zu zerreißen droht. Der Augenblick, in dem ich erstmals das Register wechsele, ist aufregend und beängstigend zugleich. Es macht mir Spaß, den Panzer der Bildung und der guten Manieren meiner Figur zu zerschlagen, ihr Selbstbild und ihre Entschlossenheit infrage zu stellen und eine andere, ungeschliffenere Seele zu enthüllen, die ich laut und vielleicht vulgär werden lasse. Darum arbeite ich daran, dass einerseits der Bruch zwischen den beiden Tonarten überraschend ist und andererseits die Rückkehr in das entspannte Erzählen wie selbstverständlich geschieht. Während mir der Bruch tatsächlich leicht von der Hand geht, ich sogar auf diesen Moment warte und freudig hineingleite, fürchte ich mich sehr vor dem Moment des erneuten Zusammenfügens. Ich habe Angst, dass sich das erzählende Ich nicht beruhigen lässt. Vor allem aber wissen die Leser nun, dass diese Ruhe nur vorgetäuscht ist.

Deine Romananfänge werden oft gelobt, besonders von der angelsächsischen Kritik. Hat das etwas mit diesem Wechsel zwischen epischem Erzählen und plötzlichen Brüchen zu tun?

Ich glaube, ja. Für gewöhnlich bemühe ich mich von der ersten Zeile an um einen ruhigen Ton, der aber bereits unerwartete Verwerfungen aufweist. Seit *Lästige Liebe* mache ich das immer so, es sei denn, ich stelle einen Prolog voran – wie in *Frau im Dunkeln* und in *Meine geniale Freundin* –, der naturgemäß einen gedämpfteren Ton hat. Doch jedes Mal, wenn ich zur eigentlichen Einleitung der Erzählung komme, neige ich zu einer längeren Passage in eiskaltem Ton, unter dem aber zugleich die unerträgliche Hitze von brodelndem Magma spürbar wird. Ich möchte, dass die Leserinnen und Leser von Anfang an wissen, womit sie es zu tun haben werden.

Wie wichtig sind für dich die Leser? Interessiert dich die Wirkung deines Schreibens auf die Leser?

Ich veröffentliche, um gelesen zu werden. Nur das interessiert mich. Also setze ich alle mir bekannten Strategien ein, um Aufmerksamkeit und Neugier zu wecken und jede Seite so gehaltvoll wie möglich zu machen und das Umblättern so leicht wie möglich. Wenn ich die Aufmerksamkeit des Lesers habe, darf ich sie in jede mir passende Richtung lenken. Ich glaube allerdings nicht, dass man den Leser bedienen sollte wie einen Konsumenten, denn das ist er nicht. Literatur, die sich nach dem Geschmack der Leser richtet, ist heruntergekommene Literatur. Ich versuche im Gegenteil, die üblichen Erwartungen zu enttäuschen und neue zu wecken.

Allgemein hat der Roman von Anfang an auf eine hohe Erzählspannung gesetzt. Im 20. Jahrhundert dann hat sich das geändert. Welche Richtung schlägt die Literatur im 21. Jahrhundert ein?

Ich begreife die literarische Tradition als einen einzigen großen Fundus, aus dem jeder, der schreiben möchte, sich das
nimmt, was ihm nützlich ist, ohne Einschränkungen. Ein
ambitionierter Erzähler muss sich heute mehr denn je eine
umfassende literarische Bildung aneignen. Man muss sein
wie Diderot, der *Die Nonne* aber auch *Jacques der Fatalist
und sein Herr* geschrieben hat, also in der Lage, sowohl auf
Fielding als auch auf Sterne zurückzugreifen. Ich verzichte
auf nichts, was dem Leser Vergnügen bereiten könnte, auch
dann nicht, wenn es heißt, es sei alt, abgenutzt, billig. Wie
gesagt, die literarische Wahrheit ist das, was alles neu und
wertvoll wirken lässt. Hat ein Roman diese Qualität – und
kein Marketingtrick kann sie ihm verschaffen –, braucht
er sonst nichts, er kann seinen Weg machen und die Leser
mitreißen, wenn es sein muss, auch in sein Gegenstück, den
Antiroman.

**Viele amerikanische Rezensenten stellen einen direkten
Zusammenhang zwischen deiner Arbeit am Stil, der
Ehrlichkeit und Aufrichtigkeit und deiner Scheu vor der
Öffentlichkeit her. Als wollten sie sagen: Je weniger man
in Erscheinung tritt, umso besser schreibt man.**

Zwanzig Jahre sind eine lange Zeit, und die Gründe für
meine Entscheidung aus dem Jahr 1990, als wir uns zum
ersten Mal mit meinem Bedürfnis auseinandersetzten, mich
von den üblichen Ritualen fernzuhalten, die die Veröffentlichung eines Buches begleiten, haben sich verändert. Damals machte mir die Vorstellung Angst, womöglich aus
meinem Schneckenhaus herauskommen zu müssen, meine
Schüchternheit und mein Wunsch, nicht angetastet zu werden, überwogen. Dazu kam später meine Abneigung gegen
die Medien, gegen ihre mangelnde Aufmerksamkeit für
die Bücher an sich, ganz zu schweigen von ihrer Neigung,

einem Text vor allem dann Beachtung zu schenken, wenn sein Autor bereits anerkannt ist. So ist es frappierend, dass viele der gefeierten italienischen Schriftsteller und Dichter auch eine akademische Reputation haben, an herausgehobener Stelle im Verlagswesen tätig sind oder in anderen prestigeträchtigen Bereichen. Es ist, als wäre die Literatur nicht in der Lage, ihre Ernsthaftigkeit nur durch ihre Texte unter Beweis zu stellen, als wäre sie auf »externe« Referenzen angewiesen, die für die Qualität der Werke bürgen. Nicht anders verhält es sich auch abseits von Universitäten und Verlagen mit den literarischen Beiträgen von Politikern, Journalisten, Sängern, Schauspielern, Regisseuren, TV-Moderatoren und anderen. Auch ihre Werke beziehen ihre Daseinsberechtigung nicht aus sich selbst. Sie benötigen eine Art Passierschein, der sich auf ihre Arbeit in einem anderen Bereich bezieht. »Ich hatte mit diesem und jenem Erfolg, habe ein Publikum gefunden, und *dann* habe ich einen Roman geschrieben und veröffentlicht.« Auf diese Verbindung legt die Medienlandschaft großen Wert. Nicht das Buch zählt, sondern die Aura seines Autors. Ist diese Aura schon vorhanden und potenzieren die Medien sie noch, öffnet das Verlagswesen bereitwillig Tür und Tor, und der Markt heißt dich hocherfreut willkommen. Fehlt diese Aura, und das Buch verkauft sich wie durch ein Wunder trotzdem, dann wird der Autor von den Medien *erfunden* und ein Mechanismus in Gang gesetzt, in dem derjenige, der schreibt, nicht mehr nur sein Werk verkauft, sondern auch sich selbst, sein Bild.

Du sagst, die Gründe für dein Fernbleiben vom Literaturbetrieb haben sich etwas verändert.

Ich wende mich nach wie vor vehement gegen eine Art Kult um die Person des Künstlers, der von den Medien obsessiv befeuert wird. Er schwächt das konkrete Werk, um welche Kunst es sich auch handeln mag, und ist inzwischen universell. Als ginge ohne die entsprechende Medienpersönlichkeit rein gar nichts. Dabei gibt es kein literarisches Produkt, das nicht aus einer Tradition heraus entstanden ist, aus vielfältigen Kompetenzen, aus einer kollektiven Intelligenz. Die Bedeutung dieser kollektiven Intelligenz wird zu Unrecht geschmälert, wenn wir darauf bestehen, dass hinter jedem Kunstwerk ein einzelner Mensch steht. Natürlich ist das Individuum notwendig – aber ich spreche nicht über das Individuum, ich spreche über das gefertigte Image.

Eines hat allerdings in den vergangenen zweieinhalb Jahrzehnten für mich nie an Bedeutung verloren, und das ist der kreative Raum, der sich durch die Abwesenheit aufgetan hat. Zu wissen, dass ein fertiges Buch seinen Weg macht, ohne von meiner physischen Person begleitet zu werden, zu wissen, dass nichts von mir, dem konkreten, bestimmten Menschen, je neben dem gedruckten Exemplar erscheinen wird – als wäre es ein Hündchen und ich sein Frauchen –, hat mir etwas bisher Unbekanntes über das Schreiben aufgezeigt. Es fühlte sich an, als hätte ich die Worte von mir losgelöst.

Hast du dich vor deiner Entscheidung für die Anonymität im Schreiben selbst zensiert?

Nein, mit Selbstzensur hat das nichts zu tun. Ich habe lange geschrieben, ohne die Absicht, zu veröffentlichen oder andere meine Texte lesen zu lassen, das war eine gute Übung gegen die Selbstzensur. Mir geht es darum, die Möglichkeiten des Schreibens auszuleuchten. Den Autor – wie die Medien ihn verstehen – dem Resultat seines Schreibens zu entziehen eröffnet einen neuen kreativen Raum. Seit *Tage des Verlassenwerdens* meinte ich zu erkennen, dass die Leere, die durch meine Abwesenheit entstanden war, durch das Schreiben selbst ausgefüllt wurde.

Kannst du das näher erläutern?

Ich will es aus dem Blickwinkel der Leser erklären, wie ihn Meghan O'Rourke im *Guardian* treffend zusammengefasst hat. O'Rourke schreibt, das Verhältnis des Lesers zur Autorin, die sich selbst radikal von ihrem Buch entfernt, sei dasselbe wie sein Verhältnis zu einer Figur im Buch. Wir meinen die Figur zu kennen, aber wir kennen nur ihre Sätze, ihre Gedanken, ihre Phantasie. Das klingt nicht nach viel, aber für mich ist es sehr bedeutsam. Heute wird es für selbstverständlich gehalten, dass der Autor als ein bestimmtes Individuum zwangsläufig außerhalb des Textes existiert und dass wir, wenn wir mehr über das Gelesene wissen wollen, uns an dieses Individuum wenden und alles über sein mehr oder weniger banales Leben in Erfahrung bringen müssen. Entziehen wir dem Publikum diese Individualität, geschieht das, was Meghan O'Rourke beschreibt. Wir merken, dass der Text viel mehr in sich hat, als wir uns vorstellen. Er hat Besitz von der Person ergriffen, die ihn schreibt. Wenn wir sie suchen wollen, ist sie dort und zeigt sich auf eine Weise, wie vielleicht nicht einmal sie selbst sich kennt. Bietet man sich dem Publikum im reinen, bloßen Akt des Schreibens dar – das Einzige, was wirklich zählt –, wird die Anonymität Teil der Erzählung oder der Verse, Teil der Fiktion.

Während also die Medien die Leerstelle mit Klatsch ausfüllen, braucht sich der Leser nur an das Buch zu wenden? Meinst du es so?

Ja. Aber ich will damit auch sagen, dass sich die Aufgabe des Schreibenden in dem Fall erweitert. Wenn es da in der sozialen oder Medienwelt eine Leerstelle gibt, die ich der Form halber Elena Ferrante nenne, dann kann und muss ich, Elena Ferrante, mich darum bemühen – meine Neugier als Erzählerin und der Drang, mich auszuprobieren, zwingen mich dazu –, diese Leerstelle *im Text* zu füllen. Wie? Ich muss dem Leser die Mittel an die Hand geben, mit denen er mich vom erzählenden Ich, das ich Elena Greco nenne, unterscheiden kann. Er muss mich aber auch in der Geschichte der Erzählerin und in der Lebendigkeit und Authentizität der Prosa finden können. Die Autorin, die außerhalb des Textes nicht existiert, ist also im Text vorhanden, *sie fügt sich selbst ganz bewusst der Geschichte hinzu* und arbeitet darauf hin, wahrhaftiger zu sein, als sie es auf einem Foto in einer Illustrierten je sein könnte oder bei einer Lesung in einer Buchhandlung, auf einem Literaturfestival, in irgendeiner Fernsehsendung oder beim Spektakel der Buchpreisverleihungen. Dem leidenschaftlichen Leser muss ermöglicht werden, aus jedem Wort, jedem grammatikalischen Regelverstoß und jedem syntaktischen Scharnier *auch* die Physiognomie der Autorin herauszulesen, genauso wie er die Romanfiguren, eine Landschaft, ein Gefühl, eine Handlung liest. So rückt das Schreiben noch mehr in den Mittelpunkt, sowohl für die Autorin als auch für den Rezipienten. Das scheint mir viel wichtiger zu sein, als mit netten Floskeln Bücher zu signieren.

Reden wir über die Tetralogie *Meine geniale Freundin*. Man hat das Gefühl, dass die Beziehung zwischen Lila und Elena keine Fiktion ist, dass sie auch nicht mit den üblichen Techniken erzählt wurde, sondern direkt aus dem Unbewussten kommt.

Die vier neapolitanischen Romane mussten sich nicht erst wie die anderen Geschichten einen Weg durch die *frantumaglia* bahnen. Von Anfang an hatte ich das für mich vollkommen neue Gefühl, dass alles bereits an seinem Platz war. Vielleicht lag das an der Verbindung zu *Frau im Dunkeln*. Dort hat etwa die Figur der Nina, der jungen Mutter, die Leda so fasziniert, schon eine zentrale Stellung.

Aber ich glaube, es nützt wenig, hier die mehr oder weniger bewussten Verbindungen aufzulisten, die ich zwischen meinen Büchern sehe. Das Thema der Frauenfreundschaft hat sicher mit einer Jugendfreundin von mir zu tun, über die ich bereits, einige Jahre nach ihrem Tod, im *Corriere della Sera* geschrieben habe: Das ist die erste schriftliche Spur der Freundschaft zwischen Lila und Elena. Außerdem habe ich eine kleine Privatsammlung von zum Glück unveröffentlichten Erzählungen über unbeugsame Mädchen und Frauen, deren Männer und deren Umwelt vergeblich versuchen, sie zu unterdrücken, von kühnen und doch zermürbten Frauen, die immer kurz vor dem mentalen Zusammenbruch sind und die alle in der Figur der Amalia zusammenfließen, der Mutter aus *Lästige Liebe*. Amalia trägt schon viele Züge von Lila, auch die Auflösung der Konturen.

Wie erklärst du es dir, dass sich die Leser mühelos sowohl mit Elena, also Lenù, als auch mit Lila identifizieren können, obwohl die beiden so unterschiedlich sind? Hat das mit der Verschiedenheit der beiden zu tun?

Die Verschiedenheit von Elena und Lila beeinflusst nicht wenige Erzählentscheidungen, die aber alle auf die sich verändernde Lage der Frauen zurückzuführen sind, die im Zentrum der Geschichte steht. Nehmen wir nur die Bedeutung des Lesens und Lernens. Elena ist sehr diszipliniert, erarbeitet sich emsig Schritt für Schritt die Instrumente, die sie braucht, schildert ihren intellektuellen Werdegang mit verhaltenem Stolz, stellt heraus, wie intensiv sie sich mit der Welt auseinandersetzt, und betont gleichzeitig, wie sehr Lila zurückbleibt, ja sie weist immer wieder darauf hin, dass sie sie abgehängt hat. Doch manchmal bricht ihre Erzählung ab, und Lila wirkt plötzlich viel aktiver als Elena und scheint sich vor allem viel wilder – ich würde sogar sagen: viel abgründiger, viel leidenschaftlicher – einzumischen. Um sich dann endgültig zurückzuziehen, das Feld komplett der Freundin zu überlassen. Es ist ein Hin und Her, ein Schwanken, das tief in der Beziehung der beiden Figuren verankert ist und auch in der Struktur von Elenas Erzählung. Deshalb können sich vor allem Leserinnen – aber ich glaube, auch Leser – sowohl in Elena als auch in Lila hineinversetzen. Gäbe es dieses Schwanken nicht, wären sie Doppelgängerinnen, sie würden abwechselnd als innere Stimme auftreten, als Spiegelbild oder so ähnlich. Doch so ist es nicht. Wenn Lila zu weit geht, hält sich der Leser an Elena. Und wenn Elena ins Schleudern gerät, vertraut er auf Lila.

Du hast das Verschwinden erwähnt. Das ist ein wiederkehrendes Thema bei dir.

Ich kenne dieses Gefühl sehr gut, ich glaube, jede Frau kennt es. Immer, wenn eine Seite an dir aufscheint, die nicht dem entspricht, was gemeinhin von einer Frau erwartet wird, spürst du, dass diese Seite dir und anderen unangenehm ist und du gut daran tätest, sie schnell wieder verschwinden zu lassen. Oder wenn du eine Kämpfernatur bist wie Amalia oder Lila, wenn du dich nicht fügst, wenn du dich nicht verbiegen lässt, kommt Gewalt ins Spiel. Gewalt hat ihre eigene, bezeichnende Sprache, zumindest im Italienischen.

»Jemandem die Fresse einschlagen« oder »die persönlichen Merkmale verändern« – beides steht für »verprügeln« und verweist auf die gewaltsame Manipulation von Identität, auf ihre Auslöschung. Entweder bist du so, wie ich es dir sage, oder ich verändere dich, indem ich dich verprügele, totprügele.

Aber manche deiner Figuren löschen sich auch selbst aus. Amalia hat sich vielleicht das Leben genommen. Lila ist verschwunden. Warum? Haben sie aufgegeben?

Man kann aus vielen Gründen verschwinden. Das Verschwinden von Amalia oder von Lila ist vielleicht eine Kapitulation, ja. Aber auch ein Zeichen ihrer Unbeugsamkeit. Doch da bin ich nicht ganz sicher. Beim Schreiben habe ich immer das Gefühl, fast alles über meine Figuren zu wissen, aber dann merke ich, dass ich viel weniger weiß als meine Leser. Das Besondere am geschriebenen Wort ist, dass es naturgemäß ohne deine Gegenwart auskommt und in vielerlei Hinsicht auch ohne deine Absichten.

Die Stimme ist Teil deines Körpers, sie braucht deine Anwesenheit, du sprichst, unterhältst dich, korrigierst dich, gibst zusätzliche Erklärungen. Doch das geschriebene Wort braucht nur einen Leser. Dich braucht es nicht.

Wie stehst du zur Handlung, zur Story? Und wie sehr hat sie sich in der Tetralogie während des Schreibens verändert?

Die Handlung entsteht zum größten Teil, während ich schreibe. Ich weiß zum Beispiel, dass Olga in ihrer Wohnung eingeschlossen bleibt, ohne Telefon, mit dem kranken Sohn, ihrer Tochter und dem vergifteten Hund. Aber ich weiß nicht, wie es dann weitergeht. Dann reißt mich das

Schreiben mit – und es muss mich wirklich mitreißen, muss mich packen, mich aufwühlen – von dem Augenblick an, da die Tür sich nicht öffnen lässt, bis zu dem Augenblick, da sie sich öffnet, als wäre sie nie verschlossen gewesen. Natürlich stelle ich vor und während des Schreibens Vermutungen über den weiteren Verlauf an, aber nur im Kopf, sie bleiben verschwommen, bereit sich zu verflüchtigen, wenn die Erzählung weitergeht.

Einige von ihnen verlieren einfach deswegen an Substanz, weil ich mich nicht beherrschen kann und einer Freundin davon erzähle. Die mündliche Erzählung macht sofort alles zunichte. So bemerkenswert die Entwicklung, die mir vorschwebte, auch gewesen sein mag, von dem Moment an scheint es mir nicht mehr der Mühe wert zu sein, sie aufzuschreiben.

Manche deiner Geschichten haben die Gangart eines Thrillers, werden dann aber doch zu Liebesgeschichten oder etwas anderem.

Ich habe natürlich eine Story, eine Handlung, aber ich kann mich nicht an die Genreregeln halten. Ein Leser, der in der Hoffnung auf einen Thriller, eine Lovestory oder einen Bildungsroman etwas von mir liest, wird sicherlich enttäuscht. Mich interessiert nur der Fortgang der Ereignisse. In der Tetralogie kam die Handlung ohne jeden Käfig aus festen Regeln und Konventionen aus.

Dabei ist die Tetralogie ein sehr komplexes Werk.

Ich habe das nicht so empfunden. Als ich vor fast sechs Jahren mit der Niederschrift begann, hatte ich die Geschichte genau im Kopf. Sie sollte allerdings nicht länger sein als *Lästige Liebe* oder *Frau im Dunkeln*. Ich musste nicht erst lange nach dem Kern der Erzählung suchen. Sobald ich mit dem Schreiben begann, schien der Text zu fließen.

Was unterscheidet das flüssige Schreiben vom weniger flüssigen?

Die Aufmerksamkeit, die ich jedem einzelnen Wort, jedem einzelnen Satz widme. Ich habe unveröffentlichte Erzählungen in der Schublade, an deren Form ich mit größter Sorgfalt gearbeitet habe. Ich kam nicht weiter, solange mir nicht jede bereits geschriebene Zeile perfekt zu sein schien. Wenn das geschieht, ist die Seite zwar gut geschrieben, aber die Erzählung ist unecht. Oft genug ist das so: Die Geschichte kommt voran, sie gefällt mir, ich bringe sie im Großen und Ganzen zum Abschluss, doch eigentlich macht mir das Erzählen keinen Spaß. Das Vergnügen – wie mir dann klar wird – bestand darin, etwas gut zu formulieren und wie besessen an den Sätzen zu feilen. Je höher die Aufmerksamkeit für den einzelnen Satz, desto zähflüssiger die Erzählung. Der Zustand der Gnade beginnt, wenn das Schreiben nur noch der Geschichte dient. Bei *Meine geniale Freundin* hat das sofort funktioniert, und es ging auch so weiter. Die Monate vergingen, die Geschichte entwickelte sich schnell, ich las nicht einmal mehr durch, was ich schon geschrieben hatte. Zum ersten Mal erlebte ich, dass mir mein Gedächtnis und meine Phantasie eine stetig größer werdende Menge an Material lieferten. Und anstatt die Geschichte zu überfrachten und mich zu verwirren, ordnete es sich in einer Art friedlichem Gedränge und war sofort brauchbar.

Und in diesem Zustand der Gnade fließt das Schreiben einfach so, ohne Korrekturen und Überarbeitungen?

Nein, das Schreiben nicht, aber die Geschichte schon. Das geschieht, wenn sie im Kopf lärmt und du immer weiterschreibst, wie nach Diktat, auch beim Einkaufen oder beim Essen, sogar im Schlaf. Dann braucht die Geschichte – solange sie fließen will – keine Umgestaltung. Während der gesamten eintausendsechshundert Seiten der Tetralogie *Meine geniale Freundin* hatte ich kein einziges Mal das Bedürfnis, Ereignisse, Figuren, Gefühle, Zäsuren oder Wendepunkte umzuarbeiten. Trotzdem – und ich staune selbst darüber, denn schließlich ist es eine Geschichte mit vielen Figuren, die sich über einen langen Zeitraum hinweg entwickeln – war ich in keinem Moment auf Notizen, Chronologien oder irgendwelche Pläne angewiesen. Ich muss allerdings einräumen, dass das nichts Außergewöhnliches ist, ich konnte Vorarbeiten noch nie leiden. Wenn ich mich doch dazu durchringe, vergeht mir die Lust am Schreiben, und ich habe das Gefühl, mich selbst nicht mehr überraschen oder begeistern zu können. Dann kommt der Moment, da ich eine Atempause brauche. Also höre ich auf, lese Korrektur und feile mit Vergnügen am Schreibstil. Doch während das bei den vorangegangenen Büchern nach, sagen wir, drei, vier oder höchstens zehn Seiten geschah, konnte ich bei *Meine geniale Freundin* fünfzig oder sogar hundert Seiten schreiben, ohne sie nochmals durchzulesen.

Die Beachtung der Form scheint für dich eine ambivalente Bedeutung zu haben, sowohl eine positive als auch negative.

Ja. Die Schönheit der Form kann, wenigstens nach meiner Erfahrung, zu einer Obsession werden, die komplexere Probleme verbirgt: Die Geschichte funktioniert nicht, es gelingt mir nicht, den richtigen Weg zu finden, ich verliere die Überzeugung, erzählen zu können. Dann gibt es den

Fall, wo es nur noch darauf ankommt, die Geschichte hinzuschreiben. Das ist der schönste Moment, wenn ich mir sicher bin, die Geschichte läuft, und ich muss nichts tun, als sie immer besser fließen zu lassen.

Wie machst du das in dem Fall?

Ich lese, was ich bisher geschrieben habe. Entferne Redundanzen, fülle aus, was mir bisher nur vage angedeutet erscheint, und vor allem schlage ich Wege ein, die nun der Text selbst mir vorgibt. Wenn die Geschichte abgeschlossen ist, kommt das akribische Durcharbeiten des Textes. Danach gibt es verschiedene Fassungen und Korrekturen, Überarbeitungen und neue Passagen, bis kurz vor Drucklegung. In dieser Phase achte ich besonders auf jedes Detail im Alltag. Ich sehe ein bestimmtes Licht und schreibe es auf. Ich sehe auf einer Wiese eine kleine Pflanze und versuche, sie mir einzuprägen. Ich lege Wörterlisten an, notiere Sätze, die ich auf der Straße höre. Ich arbeite sehr viel, auch noch in den Druckfahnen, und es gibt nichts, was nicht noch im letzten Moment in die Geschichte einfließen könnte. Das Detail einer Landschaft, ein anderes Wort für einen Vergleich, eine Metapher, ein neuer Dialog oder ein weder abgedroschenes noch exzentrisches Adjektiv, nach dem ich gesucht habe.

Kann die Geschichte, während du an ihr schreibst, die Richtung ändern, einen anderen Verlauf nehmen?

Im Grunde ja. Es ist eine Erleichterung, einige Seiten in der Hand zu haben, wo vorher nichts war. Die Orte sind Orte, die Personen sind Personen, was sie tun oder lassen, ist schon da, es geschieht. Und all das verlangt, wenn man es noch einmal durchgeht, nach Vervollkommnung, will immer noch lebendiger und authentischer werden. Ich beginne also mit einem überarbeitenden Lesen. In dieser Phase, das ist immer wieder mein Eindruck, spielt das Handwerkliche eine große Rolle. Es ist wie eine zweite Welle, aber weniger atemlos, weniger ungeduldig, und trotzdem – wenn mich das Geschriebene nicht enttäuscht – noch mitreißender.

Was war so anders beim Schreiben von _Meine geniale Freundin_?

Zunächst einmal hatte ich nie vor, eine so lange Geschichte zu schreiben. Zweitens war es für mich unvorstellbar, eine derart lange, wechselvolle historische Periode mit ihrem ganzen Gewicht so detailliert in das Leben meiner Figuren einzuarbeiten. Drittens hätte ich mir niemals träumen lassen, mit einer solchen Vielzahl von Nebenfiguren umgehen zu können. Viertens wollte ich, aus einer persönlichen Abneigung heraus, nie von gesellschaftlichem Aufstieg erzählen, von der Eroberung eines kulturellen und politischen Standpunktes, von der Unbeständigkeit erworbener Überzeugungen, von der bleibenden Last der sozialen Herkunft. Meine Themen und meine Talente schienen mir anderswo zu liegen. Aber in diesem Fall dann manifestierte sich die historische Epoche wie von selbst in den Handlungen, Gedanken und Lebensentscheidungen der Figuren. Und jede der Nebenfiguren schien auf ganz natürliche Weise ihren guten oder schlechten Moment im Leben der Protagonistinnen zu haben und dann wieder in den Hintergrund zu treten. So wie man sich selbst, im Rückblick auf das eigene Leben, an fast nichts erinnert von den vielen Menschen, denen man im Lauf der Zeit begegnet ist. Jenseits meines Widerwillens gegen Politik und Soziologie entdeckte ich, dass sie mir eine Art Leinwand boten, hinter der ich das

Vergnügen entdeckte – ja, wirklich das Vergnügen –, eine Geschichte von weiblicher Ausgeschlossenheit und Teilhabe zu erzählen.

Ausgeschlossenheit und Teilhabe in welcher Hinsicht?

Elena und Lila standen für mich außerhalb der historischen Ereignisse mit allen ihren politischen, sozialen, ökonomischen und kulturellen Entwicklungen und waren doch mit jedem Wort, mit jeder Handlung ungewollt mittendrin. Diese Ausgeschlossenheit und zugleich Teilhabe schien in kein Raster zu passen und schwer erzählbar zu sein, weshalb ich natürlich beschloss, es doch zu versuchen. Der historische Hintergrund sollte weitgehend undefiniert bleiben, aber aus den Veränderungen aufscheinen, die in das Leben der beiden hereinbrachen, aus Unsicherheiten, aus Entscheidungen, aus Handlungen und aus der Sprache. Natürlich hätte schon der kleinste Verdacht eines falschen Tons genügt, um mich auszubremsen. Doch das Schreiben floss weiter, und ich hatte fast immer – ob zu Recht oder zu Unrecht – die Gewissheit, dass der Ton stimmte und den kleinen Ereignissen in *Meine geniale Freundin* jene Wahrheit verlieh, die eine weniger abgedroschene und überstrapazierte Darstellung der großen Ereignisse ermöglicht.

Eine letzte Frage: Lilas Schreiben ist in der Erzählung sehr präsent und beeinflusst Elena seit ihrer Kindheit. Was ist typisch für Lilas Schreiben?

Wir werden nie erfahren, ob die wenigen Texte von Lila wirklich die Kraft haben, die Elena ihnen zuschreibt. Wir wissen aber, dass sie zu einer Art Vorbild werden, dem Elena ihr Leben lang nacheifert. Von diesem Vorbild erzählt sie uns auch, aber nicht das ist wichtig. Wirklich wichtig ist, dass es Elena ohne Lila als Schriftstellerin nicht geben würde.

Aus dem Italienischen von Karin Krieger

Elena Ferrante, The Art of Fiction No. 228,
The Paris Review, 212 / Frühling 2015

Die vorliegende Übersetzung folgt dem Transkript des auf Italienisch geführten Gesprächs.

Rachel Cusk

WO TÄUSCHUNG IST,
IST AUCH SELBSTENTBLÖSSUNG.

Mit Sheila Heti (2017–2019)

Rachel Cusk kam in Kanada als Tochter britischer Eltern zur Welt, die mit ihren Kindern zunächst nach Los Angeles und später dann nach England zogen, wo Cusk bis heute lebt. Ihre ersten Bücher veröffentlichte sie mit Mitte zwanzig, kluge und stilsichere Romane über Männer und Frauen, die mehr oder weniger erfolglos versuchen, in einer verwirrenden und feindseligen Welt ihr haltloses Leben zu meistern. Nachdem sie in kurzem zeitlichem Abstand zwei Töchter bekommen hatte, fing sie an, in essayistischer Form über ihr Leben zu schreiben. Ihr Memoir *Lebenswerk: Über das Mutterwerden*, im Original 2001 erschienen, befasste sich offen mit den existenziellen, sozialen und intellektuellen Mühen der frühen Mutterschaft. Das Buch wurde für seine Ehrlichkeit und Intelligenz gelobt, gleichzeitig aber auch für seinen vermeintlichen Solipsismus und seine Negativität angegriffen.

Mit *Lebenswerk* schien Cusk sich als Künstlerin neu erfunden zu haben, doch es sollte noch fast ein Jahrzehnt dauern, bis sie sich abermals der Form des Memoir zuwandte. In der Zwischenzeit erschienen vier weitere Romane, gefolgt von *The Last Supper* (2009), der Schilderung einer Familienreise durch Italien, und *Danach: Über Ehe und Trennung* (2012). Doch allmählich deuteten sich Cusk die Grenzen des Memoir an, insbesondere für Autorinnen, und sie machte sich auf die Suche nach einer neuen Form. Ab 2014 entstand die bahnbrechende Romantrilogie *Outline*, *In Transit* (2016) und *Kudos* (2018), mit der Cusk eine Prosa von zeitgemäßer, flüchtiger und »cleaner« Anmutung erschuf. Die Figuren erzählen anekdotisch Momente aus ihrer Vergangenheit, statt sie in einer sich entfaltenden Gegenwart zu erleben. Die Bücher sind ebenso von der Psychoanalyse motiviert wie post-psychoanalytisch; ihre Figuren sind durch eine Kultur geprägt, die das Individuum gelehrt hat, sich als Darsteller in einer sinnhaften Geschichte wahrzunehmen. Für ihre aufregend neue Umgestaltung der Romanform wurde die Trilogie einhellig gelobt – ein wunderbarer Erfolg, möglicherweise aber auch eine Bestätigung von Cusks Verdacht, dass die Leute einer konkreten weiblichen Erzählstimme eine abwesende immer noch vorziehen.

Dieses Interview wurde im Laufe von anderthalb Jahren bei vier verschiedenen Treffen geführt. Das erste Gespräch fand auf der Bühne des Banff Centre in den kanadischen Rocky Mountains statt, das zweite in den Londoner Räumlichkeiten von Random House. Beim dritten, telefonischen, war Rachel Cusk in ihrem Haus an der Küste von Norfolk, wo sie mit ihrem Mann lebt, dem Maler Siemon Scamell-Katz. Unsere letzte Unterhaltung ergab sich bei einem Eistee an einem heißen Sommernachmittag in Denver, Colorado, wo sie eine Woche lang unterrichtete. Ihre Haltung war tadellos aufrecht, ein Bein untergeschlagen. Cusks Intelligenz ist strahlend, witzig und postulierend. Sie ist schnell dabei, Kritik zu üben und Selbstzweifel zu äußern, spricht aber trotzdem mit Nachdruck und Autorität und scheint jede ihr gestellte Frage längst bis zu Ende durchdacht zu haben.

Die Veröffentlichung von *Kudos* fiel in diese achtzehn

Monate, und um für das Buch zu werben, reiste Rachel Cusk um die Welt. Im Laufe unseres Austauschs äußerte sie sich zunehmend ratlos darüber, was mit der Sprache geschieht, wenn eine Schriftstellerin älter wird, und auch darüber, dass sie sich beim Schreiben immer öfter verliere. Jetzt, da ihre Töchter Albertine und Jessye ausgezogen sind, spürt sie eine seltsame Freiheit, ist aber unverändert irritiert von der Frage, was es bedeutet, als Frau die eigene Person und das eigene Leben in den Dienst anderer zu stellen, die schließlich doch fortgehen. Dieses Unbehagen schlug sich in ihrem Nachdenken über das Schreiben nieder; sie war unsicher, ob sie auf ihr »Spätwerk« zusteuert oder auf eine Zeit jenseits aller Werke. Doch die Energie und Intensität, mit der sie spekulierte, überzeugte mich davon, dass sie jenseits von gar nichts ist und dass eine weitere aufregende, innovative formale Wendung kurz bevorsteht.

Mir gefällt die Zeile in *Saving Agnes* (1993), in der die Protagonistin ein altes Buch findet und darin etwas liest, was sie im Alter von sechs Jahren selbst geschrieben hat: »Es ist gut, sich zu verstecken und zu schweigen.«

(*Lacht.*) Ein Rat, den ich persönlich nie befolgt habe … Auch wenn es besser gewesen wäre. An *Saving Agnes* kann ich mich kaum erinnern. Ich habe es seit vielen Jahren nicht mehr gelesen. Ich glaube, ich könnte das nicht. Es ist schon seltsam, wenn man seit so langer Zeit veröffentlicht. Es fühlt sich an, als hätte ich mich auf der Zellebene komplett verändert, was wohl auf jede Erinnerung an sich selbst mit fünfundzwanzig zutrifft. Und das geht weit über irgendein Foto von mir hinaus, auf dem ich als Fünfundzwanzigjährige eine komische Frisur habe, denn ein Roman ist ein sehr komplexes Zeitdokument.

Können Sie sich daran erinnern, wie Sie das Buch geschrieben haben?

Ja.

Wie war das? Wie hat alles angefangen?

Oh, es war die glühende Erfahrung, mich selbst zu formen, und eine sehr gründliche Einführung in Disziplin. Ich habe etwas getan, was für eine Person in meinem damaligen Alter, also mit zweiundzwanzig oder dreiundzwanzig, eher ungewöhnlich ist. Ich habe mich von allen Menschen in meinem Leben abgewendet, und von den Dingen, die alle anderen so gemacht haben. Ich habe mich in die absolute Isolation begeben. Ich wusste nicht genau, warum, aber ich fühlte mich dazu verpflichtet.

Was war das damals für ein Leben?

Also, ich war in London. Ich habe den Uni-Abschluss gemacht und bin dann wie alle anderen nach London gegangen. Wir haben alle in London gewohnt. Ich habe in dem Job gearbeitet, den ich in *Saving Agnes* schildere, und abends habe ich an einem Roman geschrieben und ihn tatsächlich fertiggestellt, das war mein Einstieg. Und dann dachte ich mir einen anderen, richtigen Roman aus, ich verließ das Leben, wie *Saving Agnes* es beschreibt, und zog in mein Elternhaus in der englischen Provinz. Ich habe mich nicht besonders gut mit meinen Eltern verstanden, der Aufenthalt dort war eher unangenehm, aber es war der einzige Ort, den ich hatte, und sie sagten, ich könne dort bleiben, bis alles vorbei wäre und ich mein Vorhaben, eine Schriftstellerin zu sein, irgendwann aufgegeben hätte. Ich bin also dorthin und war völlig allein in einem riesigen Haus – sie wohnten eigentlich gar nicht da, sie waren meistens woanders –, und viele meiner Erinnerungen an die Arbeit an dem Buch kreisen um meine körperliche Angst, um das Gefühl, allein im Nirgendwo zu sein, sich körperlich zu fürchten und trotzdem weitermachen zu müssen. Ich blieb etwa neun Monate dort und schrieb und schrieb und schrieb und schrieb. Andere Menschen habe ich nie gesehen, oder fast nie. An den Wochenenden kamen meine Eltern. Ich hatte kein Geld. Ich schrieb den ganzen Tag und den ganzen Abend, und dann schrieb ich alles noch mal um, auf einer Schreibmaschine und mit Tipp-Ex. Also ja, das war eine glühende Erfahrung.

Waren Sie zufrieden mit dem Ergebnis?

Ja. Ich hatte keine gute Meinung von mir selbst und kein Selbstvertrauen oder Selbstwertgefühl. Ich dachte, ich wäre in nichts gut. Ja, ich war in Oxford gewesen, das erste Schöne, was mir je passiert war, aber das war draußen in der Welt. Bis dahin war ich im Leben immer nur kritisiert worden, und schreiben zu lernen – denn anscheinend war es das, was ich gerade tat – war vergleichbar mit Latein lernen. Ich habe es richtig und von Grund auf gelernt. Ich glaube, damals hatte ich zum ersten und einzigen Mal im Leben das Gefühl, etwas zu meistern. Natürlich darf man nie damit aufhören, denn Schreiben ist etwas Organisches, das immer weiter wächst, aber in dem Moment war es mir definitiv gelungen. Und das Seltsame ist, dass ich aufgrund meines Alters eigentlich nicht wusste, woher ein Buch kommt, so wie ein Kind nicht weiß, woher ein Baby kommt. Ich wusste also nicht, ob jemals wieder eins kommen würde oder wie ich es anlocken könnte. Mein nächstes Buch fühlte sich in der Hinsicht ganz anders an.

The Temporary (1995)?

Ja. Es fühlte sich falsch an.

Warum?

Das ist ehrlich gesagt sehr interessant. Ich könnte eine Linie durch mein Leben ziehen, die die echten Dinge von jenen trennt, die die Realität nur imitieren und synthetisch oder nicht authentisch sind, und von dem furchtbaren Schmerz, in einem synthetischen Leben oder einer synthetischen Beziehung zu stecken, die ein bisschen dem ähnelt, was man wollte, es aber nicht ist. So verhielt es sich mit diesem Buch. Gleichzeitig war es sehr ernüchternd, weil die Veröffentlichung von *Saving Agnes* eine so außergewöhnliche Erfahrung gewesen war. Zum ersten Mal hatte ich Aufmerksamkeit bekommen, es wurde viel über das Buch geschrieben, was ich kaum fassen konnte. Über *The Temporary* wurde zwar auch viel geschrieben, aber es war nicht dasselbe. Ich glaube, in dem Moment habe ich verstanden, dass Schreiben wie eine Beziehung funktioniert und dass ich mein Leben und mein Sein dem Schreibprojekt widmen muss, damit ein echtes Buch herauskommt. Das hatte ich beim zweiten Mal nicht getan. Ich hatte mit dem Kopf geschrieben und versucht, mir eine Erzählung oder eine Geschichte auszudenken. Es war nicht aus meinem Inneren heraus entstanden. Das habe ich damals begriffen. Der nächste Roman war *Aufs Land* (1997), ein echtes Buch.

Ich möchte noch mal einen Schritt zurückgehen: Wie war es, die Rezensionen von *Saving Agnes* zu lesen?

Sie wurden mir in einem Umschlag zugeschickt. Da waren

Fotokopien der einzelnen Zeitungsrezensionen, ich saß im Garten meiner Eltern auf der Treppe, und es war wie Therapie. Eine erstaunliche, heilsame Spiegelung.

Eine Spiegelung Ihres Selbst?

Ja. Das ist mir nur beim Schreiben passiert. Nirgendwo sonst im Leben.

Wann in Ihrer Kindheit oder Jugend haben Sie gemerkt, dass Sie später einmal schreiben wollen?

Nun, ich wusste nicht, dass man sich dafür entscheiden kann. Ich glaube, ich habe zu der Zeit keine zeitgenössische Literatur gelesen und hatte keine Ahnung, dass so ein Leben möglich ist. Aber im Grunde habe ich das von frühester Kindheit an getan, schon in L.A., und da war ich noch keine acht Jahre alt.

Sie haben geschrieben.

Ja. Ich glaube, es war eine Reaktion auf meine Umgebung – auf das Gefühl, missverstanden und in einem familiären Umfeld zu sein, mit dessen Auffassung vom Leben ich uneins und nicht einverstanden war. Ich glaube, eine meiner ersten Fragen war: Ist meine Auffassung wahr, oder irre ich? Schon sehr früh habe ich im Schreiben einen Weg erkannt, der Wahrheit auf die Spur zu kommen, und auch eine Möglichkeit, die Wahrheit zu verteidigen. Die Tatsache, dass sie niedergeschrieben – gesagt – werden kann, wo sie nicht ausgesprochen werden darf, zumindest nicht von mir, in meinem familiären Umfeld, erzeugte in mir ein sehr starkes Gefühl von Dualität.

Welche Erinnerungen haben Sie daran, in L.A. zu sein und zu schreiben?

Mit fünf hatte ich den Gedichtwettbewerb in meiner Schule gewonnen, daran kann ich mich noch gut erinnern. Mein Gedicht war ziemlich kompliziert und beschrieb eine Art Traumwelt, in der alle möglichen seltsamen und schönen Dinge passieren. Ich hatte abgeschrieben, eigentlich nur eine Zeile, ich hatte etwas Ähnliches gelesen und fand es toll und dachte mir, es würde sich in meinem Gedicht gut machen. Ich erinnere mich an meine Angst, ich könnte auf-fliegen, vor allem, nachdem ich gewonnen hatte. Irgendwie hatte ich das Gefühl, dass ich es nicht verdient hatte zu gewinnen, aber ich wusste nicht, ob ich irgendwem davon erzählen sollte.

Haben Sie als Kind viel gelesen? Gehörte das auch dazu?

Also, ich habe eine zwei Jahre ältere Schwester. In unse-rer Kindheit wollte sie nichts mit mir zu tun haben, aber ich habe sie nachgeahmt. Ich glaube, Nachahmung ist ein wirklich wichtiger Teil des Werdens – vor allem des künstlerischen Werdens. Jedenfalls war sie ein richtiger Bücherwurm, und ich habe mich an ihren Gewohnheiten orientiert. Mein jüngerer Bruder, mit dem ich gut auskam und der in der Kindheit mein bester Freund war, war hoff-nungslos fernsehsüchtig. Anders als in England liefen da-mals in Amerika den ganzen Tag lang Zeichentrickfilme. Also sah er fern. Er war derjenige, mit dem ich die meiste Zeit verbrachte, deswegen saß ich oft neben ihm, langweilte mich und wartete darauf, dass er den Fernseher ausschaltet.

Ich finde sehr interessant, dass Sie als kleines Kind das Gefühl hatten, Ihre Familie würde gewissermaßen in

einem Scheinbild der Wahrheit leben. Was haben Sie gesehen, was hat Sie so gestört?

Wahrscheinlich hatte es damit angefangen, dass ich von meinen Eltern nicht akzeptiert wurde. Das zählt zu meinen frühesten Erinnerungen. Wir waren vier Kinder, und meine Eltern waren jung, also herrschten bei uns eine gewisse Ruppigkeit und Nachlässigkeit. Aber die Frage der unglücklichen Kindheit kann ich bis heute nicht losgelöst von den Tatsachen betrachten, oder davon, wie sich mein Leben seither entwickelt hat. Sie erscheint mir größer und rätselhafter, je älter ich werde. Ich hatte immer schon den Eindruck, dass sich in der ödipalen Situation – man wird durch Dinge geprägt und angetrieben, deren Namen man nie erfahren wird, weil die Menschen, die Bescheid wissen, einem nichts verraten – vieles von der Art und Weise widerspiegelt, wie ich mein Dasein in der Welt wahrgenommen habe. In meiner Kindheit habe ich Sachen erlebt, die man heute als traumatisierend bezeichnen würde, aber ich hatte nie eine Ausdrucksform dafür. Ich habe sie mit mir herumgeschleppt, und sie haben mich entstellt, und in der Folge fand ich mich immer wieder in die alte Schreibsituation meiner Kindheit zurückgeworfen – auf mein Bedürfnis, die wahre Version zu etablieren.

Haben Sie ein enges Verhältnis zu Ihren Geschwistern?

Ja. Mit meinen Brüdern und meiner Schwester verbindet mich eine tiefe Freundschaft, wir lecken sozusagen gemeinsam unsere Wunden. Meine Geschwister haben mir eine besondere Fürsorge zukommen lassen, die mich in Hinblick auf mein früheres Leben noch nachdenklicher macht. Das Hauptmerkmal unserer Familienkultur war eine Art häuslicher Totalitarismus, ein absolutes Brechen und Umfunktionieren der Wahrheit durch die Eltern. Es gibt also keine Möglichkeit, in der Zeit zurückzugehen und die Geschichte zu betrachten, denn sie wurde eingeäschert. Die Funktion von Geschichte als ideale Autorität, als Zuhause für das Individuum, hat mich immer sehr interessiert.

Hatten Ihre Geschwister, als Sie klein waren, ebenfalls das Gefühl, dass Ihre Eltern Sie nicht akzeptieren konnten? Rührte ihre Fürsorge daher?

Nun, ich war von Geburt an und bis zu unserem Wegzug aus L. A. sehr oft krank. Später in England war ich immer noch ein kränkliches Kind. Ich litt an chronischem Asthma und verbrachte viel Zeit im Krankenhaus. Für Kinder ist das wirklich ärgerlich, ein krankes Geschwister zu haben. Die Aufmerksamkeit bewegt sich in schiefen Bahnen, das Leben wird gestört und kann sogar entgleisen, und immer sieht es so aus, als würde das kranke Kind alles verderben. Ich kann mich nicht genau erinnern, aber heutzutage würde man das auf jeden Fall so sehen.

Was haben Ihre Eltern beruflich gemacht?

Mein Vater war Geschäftsmann. Meine Mutter saß zu Hause und ließ ihre Phantasien fermentieren. (*Lacht.*) Sie haben einen soliden Mittelstandshintergrund, sind aber gebildeter als ihre Geschwister. Also stiegen sie kulturell auf. Später gingen sie in die Oper, sie lasen. Sie waren abenteuerlustig, sie reisten, sahen Neues und machten Erfahrungen, die ihren Horizont erweitert haben.

Sie sind also im Alter von acht Jahren mit Ihrer Familie nach England gezogen?

Nach Suffolk. In ein kleines Dorf. Wir wurden alle ins Internat geschickt. Mit elf kam ich auf ein Internat und blieb dort, bis ich achtzehn wurde. Der Umzug von L. A. in dieses Dorf war die erste Verlusterfahrung, aber dann auch noch weggeschickt zu werden – das hat mir im Grunde den Rest gegeben.

Es hat Ihnen den Rest gegeben? Inwiefern?

Es hat meinen Geist gebrochen. Das Internat war furchtbar, ich gehörte da nicht hin. Ich habe es gehasst, dort zu sein, jede einzelne Minute, vom ersten bis zum letzten Tag. Im Grunde war es eine Übung im Zählen. Sieben Jahre lang habe ich die Tage gezählt, bis es endlich vorbei war.

Wohin sind Sie danach gegangen?

Nach Oxford. Das war eine Offenbarung für mich. Eine Befreiung. Auf einmal war ich mit Menschen zusammen, die waren wie ich. Mein Elternhaus war weit weg. Zum ersten Mal lebte ich an einem Ort, an dem ich ein gewisses Selbstwertgefühl entwickeln konnte, denn es handelte sich um eine Institution mit hohem Status. Anscheinend hielt die Welt mich für in Ordnung. Von da an haben sich das Gute und das Schlechte etwas normaler in meinem Leben verteilt.

Was haben Sie studiert?

Englische Literatur. Ich war besessen von Henry James, und von Lyrik. Yeats. Der Lehrplan in Oxford ist sehr altmodisch. Man macht Mittelenglisch, lernt Angelsächsisch und ackert sich durch Spenser und Pope. Und wenn man schließlich bei *Middlemarch* ist, hat man das Gefühl, in der Gegenwart angekommen zu sein.

Hat Ihre Liebe zu Henry James Ihnen eine Ahnung davon vermittelt, wie Sie selbst schreiben könnten?

Ja. Vor allem die Idee von einer Festung der Empfindsamkeit, von Sprache als undurchdringlichem Medium, das gewissermaßen für sich allein stehen kann. Sprache als eine unbewegliche, stabile Struktur – das hat mich sehr angesprochen. Ich hatte das Gefühl, in eine satirische Position gedrängt zu werden, die als Ventil für meinen Schmerz diente – einen spezifisch englischen Schmerz. Nicht nur bei Henry James, auch bei Evelyn Waugh. Es geht darum, über das zu lachen, was einen verletzt.

Welchen »spezifisch englischen Schmerz« meinen Sie?

Den Schmerz der Klasse. Der sozialen Herkunft. Und die Grausamkeit menschlicher Beziehungen innerhalb dieser Struktur. Als wir aus L. A. zurückkamen, wurden meine Eltern einer eiskalten Überprüfung unterzogen, einer Zerfleischung durch Sprache. Wie die Leute mit ihnen redeten, sie herabsetzten, sie schnitten ... Ich konnte es hören und sehen, es geschah vor meinen Augen. Ich weiß nicht, ob meine Eltern sich dessen bewusst waren, aber es hat sie verändert und unglücklich gemacht. Und in der Schule sammelte ich mit den englischen Kindern meine eigenen Erfahrungen, auch dort gab es eine Menge Grausamkeit. Es war ziemlich schockierend, und ich habe erst spät erkannt, wie sehr mein früher Stil vom Umgang mit dieser Grausamkeit geprägt war. Möglicherweise war ich auch grausam zu mir selbst, was ich ja irgendwie immer noch bin. Beckett zu lesen ist eine Erleichterung für mich, denn auch dort geht es um den Schmerz, der daraus entsteht, wie Menschen miteinander reden. Aber der Schmerz bei Beckett ist intensiv, seine Grausamkeit ist halluzinatorisch und dekonstruiert, weil das im Drama möglich ist. Vermutlich könnte man das in der Belletristik auch machen, Thomas Bernhard wäre ein Beispiel. Aber in gewisser Weise würde es in eine Sackgasse führen, diese Art von Buch zu schreiben. Man könnte sich genauso gut umbringen. Ein Roman muss irgendwie mit dem Leben verknüpft bleiben. Er sollte das Terrain des Lebens nicht verlassen.

Ist es das, was Sie an D.H. Lawrence, den Sie mit Ende zwanzig gelesen haben, so lieben? Was hat die Lektüre von Lawrence Ihnen gegeben?

Oh, die englische Sprache, befreit von der Stimme des Privilegs. Ich war auf einem guten Weg, Schriftstellerin zu werden, und plötzlich habe ich gemerkt, dass es noch völlig andere Abzweigungen gibt, eine völlig andere Art, die Sache anzugehen, Sätze, die eine sehr merkwürdige Richtung einschlagen und sich meilenweit von dem Punkt entfernen, an dem sie begonnen haben. Es ist eigenartig, aber ich glaube, dass noch viele andere Schriftstellerinnen durch Lawrence ihre Stimme gefunden haben. Das liegt wahrscheinlich daran, dass er aus der Arbeiterklasse stammte. Wenn man eine Stimme hört, die zwar männlich, doch nicht privilegiert ist, wird einem bewusst, dass man selbst eine Stimme hat.

Sie haben eben gesagt, *Aufs Land* und *Saving Agnes* fühlten sich an wie ein echter Ausdruck, hervorgebracht durch ein echtes Selbst, aber Sie sagten auch, dass Sie die von Ihnen gewählte Form, die Satire, von anderen übernommen hatten. Wenn ich mir ansehe, was Sie seither geschrieben haben, scheinen Sie immer auf der Suche nach einer Form gewesen zu sein. Ich wüsste gern, wie Sie Ihren echten, eigenen Schmerz in einer

von anderen geborgten Form authentisch ausdrücken konnten.

Die Antwort ist wohl, dass ich mich bis zu dem Moment, als ich *Saving Agnes* schrieb, vor allem als formlos wahrgenommen habe. Ich wusste nichts über meine Form, meine Identität oder mein Wesen. Ich wusste nicht, wer ich war. Heute ist mir klar, dass mir etwas fehlte, was die meisten anderen Menschen in irgendeiner Form mitbekommen, nämlich Liebe. Nennen wir es Liebe. Etwas, das sie befähigt, ihre eigene Form zu erkennen. Mir fehlte das, aus welchen Gründen auch immer. Zu einer Form zu finden verlieh mir ein Dasein. Plötzlich hatte ich eine Form, und ich konnte mich darin ausdrücken. Manchmal denke ich, wenn ich keine Kinder bekommen hätte, wäre ich niemals in der Lage gewesen, weiterhin zu schreiben. Anscheinend war es so, dass ich manche Dinge durchleben und von ihnen verändert werden musste, dass ich erst durch sie eine Gestalt und eine Identität erhielt. In den ersten Jahren als Mutter war meine Suche nach Form deshalb eine sehr schwierige und zermürbende Angelegenheit. Nach *Lebenswerk* hatte ich versucht, zu meinem alten Stil zurückzukehren, aber in meinem Leben hatte sich zu viel verändert, plötzlich war ich verheiratet und hatte Kinder, und das Ganze schien nicht mehr zu funktionieren.

Was genau? Die Romane oder das Leben?

Beides. In der Vergangenheit hatte ich durch Satire unterhalten. Mit *Lebenswerk* erfolgte eine Art Kehrtwende, und ich verstand nicht, warum die Leute plötzlich sagten, meine Bücher wären böse oder grausam, oder warum sie mich eine Unruhestifterin nannten. Ich wusste nicht, ob das einfach nur der politische Umgang mit Weiblichkeit und Mutterschaft war, oder ob ich etwas ausgesprochen hatte, was ausgesprochen werden musste und was die Leute verärgerte, weil sie lieber in der Lüge leben wollten, oder ... ich weiß es nicht. In einem bestimmten Bereich von Weiblichkeit dominiert eine Mentalität des Selbstbetrugs, zumindest dort, wo es um das Großziehen von Kindern geht, wo eine Fassade oder ein Erscheinungsbild verteidigt werden müssen; und da ist es das Einfachste, man sucht sich einen Sündenbock. Im richtigen Leben passiert das ständig, und meinem Buch ist es ebenfalls passiert. Ich finde, in der Weiblichkeit ist das Individuum einer ganzen Reihe von moralischen Bedrohungen ausgesetzt, denn dort sind das Bild, die Rolle und das Gruppendenken übermächtig. Darüber gibt es einiges zu sagen.

Können Sie etwas über die Veränderung erzählen, die sich zwischen Ihren ersten drei Romanen und *Lebenswerk* ergab? Wie Sie dazu kamen, es zu schreiben, auf diese Weise?

Das Ganze war nicht meine Idee. Reagan Arthur war meine amerikanische Lektorin, sie hatte *Aufs Land* herausgebracht. Wir sind gleich alt und haben unsere Kinder zur gleichen Zeit und im selben Abstand bekommen, fünfzehn Monate. Wir tauschten uns per E-Mail über unser Leben und unsere Kinder aus, und irgendwann sagte sie: »Ich archiviere deine Mails in einem Ordner und zeige sie meinen schwangeren Freundinnen.« Ich glaube, sie hatte die Idee. Oder es war meine englische Lektorin, die zur gleichen Zeit Mutter geworden war wie Reagan und ich. Ich hatte also mit zwei Lektorinnen zu tun, die exakt dasselbe durchmachten wie ich und darüber sprechen wollten, und sie fanden das, was ich zu sagen hatte, auf die eine oder andere Weise relevant. Unsere Mails waren sehr humorvoll, ich glaube, das hat gewissermaßen den Ton gesetzt. Reagan machte also den Vorschlag, und ich dachte: Oh, das könnte ich nie. Über dieses Thema kann ich nicht schreiben!

Warum nicht?

Weil es das nicht wert war! Und weil die literarische Karriere, an der ich bis dahin gearbeitet hatte, zu weit von so persönlichen, häuslichen und – wie mir schien – wenig intellektuellen Themen entfernt war. Aber worüber hätte ich sonst schreiben sollen?

Lebenswerk ist ein lustiges Buch. Ich hatte den Eindruck, dass ich eine Geschichte erzähle, um die Leute zum Lachen zu bringen, so nach dem Motto: Hey, mir ist was Lustiges passiert, ich habe ein Baby bekommen! Doch dann kam noch etwas anderes hinzu, was meiner Meinung nach mit der Mutterschaft selbst zusammenhing, ein neues Gefühl von Verantwortung und Autorität. Und diese Autorität zeigte sich in einer unverhohlenen, öffentlichen Ehrlichkeit.

Wie haben die Reaktionen auf das Buch sich auf Sie ausgewirkt? Als Sie in dieser Weise über Mutterschaft schrieben, waren Sie Ihrer Zeit weit voraus. Viele der Kritiken waren vernichtend und gegen Sie persönlich gerichtet.

Es war mit das Schlimmste, was mir je passiert ist. Zu schreiben hatte mir Gemeinschaft und Ebenbürtigkeit gebracht, etwas, was ich vorher im Leben nicht hatte, und plötzlich wurde daraus ein Angriff auf mich. Es war unerträglich. Trotzdem habe ich nie geglaubt, dass das Buch ein Fehler war oder dass ich es nicht hätte schreiben sollen. Ich habe nie gedacht, ich könnte im Unrecht sein. Aber es war furchtbar, etwas zu verlieren, was gerade erst anfing, mir irgendwie zu helfen und mich zu heilen. Dabei hatte ich es so oder so verloren, denn mein Mann und ich waren ans Ende der Welt gezogen, nach Exmoor, und ich war völlig raus aus der literarischen Welt. Ich war allein mit meinen noch sehr kleinen Kindern in dieser abgelegenen Landschaft. Die Reaktionen kamen von einem anderen Ort, und ich hatte das Gefühl, ich könnte nie wieder dorthin zurück.

Sie haben einmal gesagt, Sie hätten sich dem autobiographischen Schreiben zugewandt, als Ihnen die formalen Schwierigkeiten bei der Darstellung weiblicher Erfahrung im Roman auffielen. Worin bestehen diese formalen Schwierigkeiten, und warum kann der traditionelle Roman das Leben der Frauen nicht mehr angemessen abbilden? Was hatten Sie erkannt?

Dass ich mir die weibliche Erfahrung unmittelbar aneignen musste. Es brauchte dafür ein autobiographisches »Ich«, was manchmal einschränkend und bedrückend war, denn aus sich selbst herauszutreten, aus dem »Ich«, bringt ein moralisches, psychologisches und künstlerisches Problem mit sich: Es markiert den Moment, in dem der Bezug zur Wahrheit der eigenen Erfahrungen verloren geht. Nehmen wir die Mutterschaft als Beispiel: Ich schrieb *Lebenswerk*, weil ich ein Kind bekommen hatte und dann noch eins. Doch erst als ich zum zweiten Mal schwanger war, habe ich mich daran erinnert, wie es war, ein Kind zu bekommen. Es war erst ein Jahr her, aber die Erinnerung, die Sprache und damit die Fähigkeit, meine Erfahrungen zu beschreiben, hatten sich überraschend schnell wieder aufgelöst, und da wusste ich, dass ich sofort alles aufschreiben musste. Wie hätte das als Roman funktionieren sollen? Es hätte die Grundlagen meiner Erinnerung verraten.

Weil Romane aus einem gewissen Abstand heraus entstehen?

Nun, ein Roman wird *konstruiert*. Man baut ihn wie ein Gebäude, und er bleibt stehen, wenn man ihn verlässt. Ein Memoir ist eine andere Sorte Bauwerk. Man stellt sich zur Verfügung, man selbst ist das Gebäude, und dann kommen die anderen und halten sich eine Weile darin auf. Manche Erfahrungen, eine Entbindung beispielsweise, sind von dem Gefühl geprägt, man wäre der einzige Mensch, der jemals so etwas erlebt. Es ist absolut unmöglich, in dem Moment universell zu denken oder zu glauben, es könnte sich um eine geteilte kulturelle oder allgemein weibliche Erfahrung handeln. Ich wünschte, es hätte eine andere Form als das Memoir gegeben, aber es schien mir die einzig mögliche zu sein.

Die Bücher zwischen *Lebenswerk* und der Trilogie sind für mich irgendwie rätselhaft, als hätte keines davon aus den vorherigen gelernt.

Ja. Wenn Sie sich meine missliche Lage in jenen Jahren vorstellen können, lag das teilweise daran, dass ich die Illusion unseres Familienlebens verteidigt habe. Ich habe die Illusion meiner Ehe und ihres Funktionierens verteidigt. In unserem Fünfpersonenhaushalt war ich die Alleinverdienerin. Mein Mann hatte ein Kind aus einer früheren Ehe mitgebracht, das ich unterstützt habe, dazu ihn und unsere beiden gemeinsamen Kinder. Ich musste uns alle mit meinen Büchern ernähren. Da musste ich schreiben, auch wenn ich nicht wollte. Ich hatte nicht immer etwas zu sagen. Ich finde diese Bücher trotzdem gut; als ich *Arlington Park* (2006) schrieb, dachte ich, ich würde nie wieder etwas so Gutes schreiben.

Halten Sie es immer noch für Ihr bestes Buch?

Zu der Zeit und in dem Leben, wie ich es führte, erschien es mir wie der bestmögliche Ausdruck meiner selbst. Damals suchte ich nach alten Formen, die ich verwenden könnte. Ich hatte immer noch keine Ahnung, wie meine Erfahrungen selbst etwas gestalten sollten.

Aber bald merkte ich, dass die Form des Memoir nicht wirklich funktionierte – es lag einfach zu nah, alles darin wörtlich zu nehmen. Die Ambivalenz, die ich in *Lebenswerk* beschrieben habe, bewies sich mühelos selbst, weil sie bestimmte Leserinnen darauf aufmerksam machte, dass das, was ich sage, in ihnen selbst existiert. Und sie haben es verleugnet und zurückgewiesen, indem sie sagten: »Na ja, wenn sie so empfindet, stimmt wohl irgendwas mit ihr nicht, denn ich empfinde ganz bestimmt nicht so.« Mit *Danach* war es noch schlimmer. Ich hatte mich beim Schreiben wirklich sehr um Objektivität und Universalität bemüht, aber das hat an den Reaktionen nichts geändert. Aus den Memoirs habe ich gelernt, dass das, was »Ich« sagte, dem in die Quere kam, was ich sagen wollte. In der Trilogie so mit einer weiblichen Figur umzugehen war eine große Sache für mich, es war etwas, das ich schon lange hatte tun wollen. Ich habe mich einfach hingestellt und gesagt: »Sie ist nicht mehr da. Ich stelle mir einfach vor, sie wäre nicht mehr da.«

Belletristik zu schreiben hat immer auch mit Verstellung zu tun, deswegen muss man sich entscheiden, auf welche Art von Verstellung man sich einlässt und auf welche nicht.

Ja. Das war der Kern des Problems – die Verstellung in der zeitgenössischen Belletristik, das stillschweigende Einverständnis zwischen Leserschaft und Autorin, das Erzählte wäre bis zum Moment seiner Erzählung unbekannt gewesen; ein einvernehmliches Vortäuschen, das dem kindlichen »als ob« sehr nahekommt oder sogar der pornographischen Situation, in der eine Phantasie als spontan erlebte Realität inszeniert wird. Mein Problem – oder besser gesagt eines meiner vielen Probleme – war, dass der »Bühnenaufbau« der fiktiven Situation direkt in die Identitätspolitik führt, zu der Schwierigkeit, eine gemeinsame Identitätsbasis zu schaffen, die breit genug ist, um die objektive Offenlegung von Informationen zu ermöglichen. Und wo Täuschung ist, ist auch Selbstentblößung. Indem man eine Täuschung präsentiert, gibt man sehr viel von sich preis, denn man zeigt seine Phantasien vor, das unbewusste Selbst.

Aus *Outline* habe ich das »bekannte Unbekannte« entfernt – das, was der Roman nicht zu wissen vorgeben muss, um das Drama inszenieren zu können. Es war interessant zu sehen, wie dieses verborgene Vorwissen sich auf der Satzebene zeigt, und was passiert, wenn man es aus den Sätzen herausnimmt. Aus der Eliminierung der Autoreninstanz, des Vorwissens, entsteht eine neue Art von Erzählung. Alles in dem Buch könnte von einer Person bezeugt werden, die vollkommen unwissend und unvoreingenommen ist. Ich wollte jede einzelne Information an ihren rechtmäßigen Besitzer zurückgeben, und in der Folge entstand der Eindruck, mich kein bisschen selbst ausgedrückt zu haben. Ich hatte etwas erschaffen, was völlig getrennt von mir existierte, und die moralische Klarheit dieses Gefühls war extrem befriedigend.

In diesen Büchern ist das Selbstvertrauen sehr auffallend, die Klarheit und Unerschütterlichkeit des Tons, und Ihre Sicherheit in Bezug auf das, was Sie tun. Auf die Richtigkeit.

Nun, ich habe wirklich an die Form geglaubt. Bevor ich anfing, hatte ich lange darüber nachgedacht. Solange ich mich an meine eigenen Regeln hielt, brachten die Sätze mich immer schneller an einen neuen Ort, den ich wahrscheinlich als einen genuin weiblichen Raum bezeichnen würde. Dorthin wollte ich gelangen. Nicht in einen feministischen Raum, nicht mal in einen geschlechtsspezifischen, sondern an einen Ort, der Virginia Woolfs Vorstellung aufgreift, es könnte irgendwo da draußen einen weiblichen Satz, einen weiblichen Absatz, ein wahrhaft weibliches Schreiben geben, das mehr ist als eine Reaktion auf die Männer oder die Art und Weise, wie Frauen konstruiert werden. Es ist auch nicht durch Wut oder Ungerechtigkeit oder etwas anderes motiviert. Es ist irgendwie spirituell.

Die Erzählerin Faye hört und bezeugt. Sie ist fast wie ein Aufnahmegerät. Ich konnte nicht anders, als mich zu fragen, ob die Geschichten, die sie zu hören bekommt, Ihren Begegnungen mit echten Menschen entsprungen sind oder Ihrer Phantasie. Welche Alchemie bringt die Geschichten hervor, die Faye von den Leuten erzählt bekommt?

Wahrscheinlich hatte ich erkannt, dass bestimmte fremde Lebenswelten quasi schon für mich vorbereitet worden waren. Dass manche Menschen die Fähigkeit besitzen, ihre Erfahrungen auf eine Art und Weise zu schildern, die ich wirklich hilfreich fand. Das klingt ein bisschen so, als hätte ich andere die Arbeit für mich machen lassen, aber ich dachte mir einfach: Eigentlich könntest du diese angeborene Gabe fürs mündliche Erzählen nutzen. Wenn man mit dem Schreiben beginnt, glaubt man, es handele sich um Magie oder um ein großes Geheimnis, man ist sich nie sicher, ob man jemals ein weiteres Buch schreiben wird, und so beginnt man zu erforschen, wo man sich das Leben unnötig schwer macht.

Als ich die Bücher geschrieben habe, war ich vor allem auf der Suche nach einem Ton. Ich bin mir der Momente des Übergangs sehr bewusst, wenn Menschen in die Lage versetzt werden, mit ihrer eigenen Stimme zu sprechen. Über die Bücher wurde unter anderem gesagt, echte Menschen würden so nicht reden. Doch, tun sie. Vielleicht nicht immer, aber sie tun es. Die Leute, die ich in meinen Büchern sprechen lasse, tauchen für einen Augenblick auf wie aus dem Meer, sie stehen eine Minute lang auf einem Felsen, schauen sich um und erkennen aus irgendeinem Grund, wo sie sich befinden. Sie können sich selbst sehen, und auch ihre Umgebung, und sie sagen, was ist. Wahrscheinlich ergibt sich die Gelegenheit dazu nicht oft im Leben. Ich habe die Möglichkeit eines ikonischen Ausdrucks erahnt, und das ist etwas, worauf man, wenn man auf eine bestimmte Weise lebt, mit zunehmendem Alter immer öfter zugreifen kann.

Was ist das für eine Lebensweise?

(*Lacht*.) Die richtige. Die wahrhaftige.

Die Bücher kommen mir zutiefst moralisch vor, und ich finde, dass Ihnen zwei der wichtigsten Dinge in der zeitgenössischen Literatur gelingen. Sie bleiben so dicht am Leben, dass die Linie zwischen Erfindung und Leben verschwimmt; gleichzeitig scheinen Sie Ihre Familie, Ihre Freunde und Ihre eigene Privatsphäre zu keinem Zeitpunkt zu verraten. Es ist, als hätten Sie den Heiligen Gral gefunden. Wie schaffen Sie es, in der Trilogie so lebensnah zu schreiben, ohne jemanden bloßzustellen?

Um das herauszufinden, habe ich fünfundzwanzig Jahre gebraucht. Aber ja, es ist eine moralische Frage. Ich glaube, ich konnte mich nur deswegen so dicht und ausdauernd an der Linie entlangarbeiten, weil ich mein ganzes Leben den menschlichen Austausch unter ethischen Gesichtspunkten studiert und hinterfragt habe. Mein Mangel an Ego und subjektivem Selbstwertgefühl war mir in der Hinsicht sehr nützlich, selbst wenn er meine Erfahrungen natürlich schmerzhafter gemacht hat als vielleicht nötig. Aber er versetzte mich in die Lage, mich ganz unvoreingenommen selbst als Beispiel zu verwenden. Er eröffnete mir die Möglichkeit, in den konkret vorliegenden Umständen das Universelle zu entdecken.

Mich interessiert, warum die Figurensprache, in der die Geschichten erzählt werden, so einheitlich ist.

Das war genau meine Absicht. *Outline* so zu schreiben war relativ einfach, denn viele der Figuren sind Griechen, die Englisch sprechen. Nach einer Weile merkte ich, wie gut mir diese Prosa gefiel. Wie für fast alle Europäer ist Englisch auch für meine Figuren eine Zweitsprache. Und an der Schnittstelle wird Englisch zur Währung, ein sauberes, korrektes Englisch, das nicht mit England oder Amerika oder irgendeinem anderen Ort gleichzusetzen ist.

Der erste Entwurf von *Kudos* hatte dieselbe Struktur wie der letzte, nur dass er in England und Schottland spielte. Aber ich konnte es einfach nicht ertragen. Alles Gesprochene klang unecht, wie geschauspielert. Mir wurde klar, dass ich diese Lackschicht, die alles überzog, abkratzen musste. Also habe ich das Buch umgeschrieben, bis es fast ausschließlich von Leuten handelte, für die Englisch die zweite Sprache ist. Ich glaube, ich werde nie wieder ein Buch schreiben, in dem die Figuren ihre Muttersprache sprechen. Ich kann mir nicht vorstellen, zu Sätzen zurückzukehren, in denen so viel bereits vorherbestimmt ist, weil sie für ein Land sprechen. Für eine Klasse.

Die Krise im Zentrum der Trilogie scheint die Krise des mittleren Alters zu sein. Sie bahnt sich an, nachdem man sich jahrzehntelang ein Leben aufgebaut hat, man hat eine Familie gegründet, Karriere gemacht, Sinn gefunden. Und dann kommt plötzlich die Krise und unterbricht das alles. Können Sie darüber ein bisschen mehr erzählen?

Falls sich im mittleren Alter so etwas wie eine Bilanz zeigt, dann ist es wohl die tragische Ahnung, dass man von irgendwelchen Dingen geprägt und herumkommandiert wurde. Man ließ sich von ihnen verrückt machen, in ihrem Dienste ist man durchs Haus gejagt, dabei waren sie nicht mal real. Sie waren nur das Ergebnis von Erziehung, Konditionierung, Geschlecht und gesellschaftlicher Herkunft. Und ich glaube, ab einem bestimmten Punkt lockert sich der Griff dieser Dinge. Es ist, als würde das Bühnenbild bröckeln, man sieht, wie es wackelt, und wenn man sich drauf einlässt, kann man in dem Moment einige wirklich verblüffende und auch beängstigende Einblicke in die eigene Identität bekommen. Der Gedanke, dass man im Dienste von etwas, das gar nicht wirklich existiert, sein ganzes Leben verplempert und in einem Gefängnis gesessen hat, dessen Tür in Wirklichkeit offen stand, und trotzdem saß man die ganze Zeit dort ... Vieles von dem, was ich in der Trilogie geschrieben habe, kreiste genau darum.

Ich glaube, von allen zeitgenössischen Romanschriftstellern hat Michel Houellebecq das düsterste Bild vom Menschen, auch wenn er sehr witzig sein kann. Ich sehe

Sie in seiner Nähe. Es ist die Vorstellung vom Leben als Anhäufung von Verlusten oder als Anhäufung von Erkenntnissen über das eigene Scheitern. Haben Sie versucht, vielleicht nicht gerade den Nihilismus, aber doch die Vergeblichkeit dessen einzufangen, was Menschen im Leben erreichen können?

Ich bin überrascht, dass Sie das sagen. So würde ich auf keinen Fall über meine Weltsicht denken. Ich finde, mein Schreiben bringt eine grundsätzlich positive Sicht auf das Leben zum Ausdruck. Für mich ist Schreiben ... ich ringe darum, etwas Schönes zu machen. Das ist eine positive Haltung. Und ich denke, dass meine Bemühungen in der Sache ebenso ästhetisch wie moralisch sind, und das sind doch positive Werte. Die Frage nach der Wahrheit, insbesondere der weiblichen Wahrheit, ist eine, in der ich wirklich gelebt habe, ich bin darin herumgereist, habe daran gelitten und bin dabei geblieben. So etwas braucht viel Zeit. Die Gefühle einer Frau, die ein sechs Monate altes Baby hat und allen erzählen muss, wie sehr sie es genießt, verglichen damit, wie sie zwanzig Jahre später über den Schwindel denkt, dem sie aufgesessen ist oder auch nicht ... Ich glaube tatsächlich, dass die Menschen sich im Laufe ihres Lebens eine schwere moralische Last aufbürden, und mich interessieren die Menschen am meisten, die, wenn sie einen kurzen Blick auf sich selbst erhaschen, die Wahrheit wissen wollen. Deswegen sind meine Bücher sozusagen das Gegenteil von negativ, ich versuche, die Menschen in dem Moment zu erfassen, wenn sie die Wahrheit sagen.

Ein weiterer entscheidender Aspekt der Bücher ist, dass darin junge Leute auftreten, die Kinder der Erzählerin. An ihnen zeigt sich, dass die Erzählerin eine konzertierte Anstrengung unternimmt, die sogenannte Kette zu durchbrechen und die Kinder aus ihrem Gefängnis zu befreien.

Nicht nur Menschen im mittleren Alter dürfen sich äußern, Kinder dürfen es auch, und sie ist ihre Zeugin. Das ist ein entscheidender Aspekt dessen, was ich ausdrücken wollte. Die eigene Freiheit, wenn sie denn kommt, bedeutet nichts, wenn man unfreie Menschen zurücklässt. Die Bücher enden mit einer klaren Vorstellung davon, dass nicht nur die Erzählerin frei ist. Ihre Kinder sind es auch.

Eben sagten Sie, Sie fühlten sich allmählich von geschlechtlichen Zuschreibungen befreit, vom Frausein. Wie wird sich das Ihrer Meinung nach auf Ihre zukünftige Arbeit auswirken? Immerhin haben Sie sehr viel über die Schwierigkeiten des Frauseins geschrieben.

Das ist eine riesige Frage. Ich habe das Gefühl, als Frau gelebt zu haben. Ich habe das Frausein auf die grundlegendste und in der Tat beschwerlichste Weise durchlebt. Aber jetzt fühle ich mich nicht an Geschlecht gebunden. Ich würde zu gern wissen, was nach dem Geschlecht kommt. Möglicherweise werde ich an dieser Stelle dafür belohnt, dass ich meine Erfahrungen machen und darüber schreiben musste. Nicht alle müssen das tun. Man kann auch seine Erfahrung machen und über etwas ganz anderes schreiben, aber ich habe beides getan, und nun frage ich mich, was sich mir offenbaren wird.

Eine Frau zu sein bedeutet, zahlreiche körperliche Veränderungen und Verwandlungen durchzumachen. Einer Frau widerfährt alles Mögliche. Vermutlich sind Männer viel beständiger als Frauen. Ein Mann neigt dazu, durchgehend dasselbe zu sein. Ich habe immer geglaubt, ein Mann zu sein wäre besser, ich wollte mein Leben lang ein Mann sein und habe in meinem Frausein nie einen Vorteil gesehen. Zu jedem Zeitpunkt wurde mir vermittelt, dass der Mann wertvoller ist als die Frau. Das hat man mir von Anfang an gesagt, und es war ohrenbetäubend laut. Im Moment geht es für mich wohl darum, mir diesen Vorteil der Beständigkeit zu sichern.

Was nach dem Familienleben kommt, ist noch nicht entschieden. Die Menschen tun alles Erdenkliche, um diesem Lebensabschnitt einen Sinn zu geben, aber ich bezweifle, dass darin sein eigentlicher Sinn besteht. Ich würde gerne wissen, wie weibliche Spiritualität aussieht, die ohne eine Yogamatte auskommt. (*Lacht.*) Wahre Spiritualität. So wie es Männern immer schon erlaubt war, zu leben und dem Pfad ihrer Spiritualität bedingungslos zu folgen. Ich würde gern zum Ende dessen gelangen, was es bedeutet, eine Frau zu sein, zum Ende der Geschichte, was auch immer das bedeutet.

Und wissen Sie schon, wie sich Ihr Weg dorthin formal gestalten wird?

Nun ja, im vergangenen Jahr habe ich nicht viel geschrieben. Aber ich habe endlich begriffen, dass das Schreiben eine eigene Integrität hat, ein eigenes Wesen. Mal scheint es verloren, mal ist es das, was mich aus dem Zustand der Verlorenheit herauszieht. Im Moment kann ich es nicht sehen, aber es hat mir immer wieder bewiesen, dass es noch da ist.

Versuchen Sie, wenn Sie gerade nicht schreiben, durch etwas Ähnliches in Kontakt damit zu bleiben, durch Notizen beispielsweise?

Ich benutze Notizbücher, ja, aber ich merke immer öfter, dass ich mich gegen die Notizen sträube. Ich will diese Unordnung, diese willkürlichen Beobachtungen nicht. Ich möchte etwas destillieren, und dazu ist es nötig, meine Aufmerksamkeit über einen längeren Zeitraum hinweg auf ein bestimmtes Konzept oder eine bestimmte Idee zu richten. Manchmal verblasst die Idee, manchmal wird sie klarer und gewinnt an Festigkeit. Wenn das geschieht, fange ich an, sie zu erkennen und mit ihr in Verbindung zu treten, und dann ergibt sich die Möglichkeit, darüber zu schreiben. Wenn ich bereit bin, hat das Schreiben etwas von einer Performance – es ist eigentlich nur die Ausführung dessen, was ich lange geprobt und vorbereitet habe, und entweder mache ich es dann gut oder nicht. Wenn ich das Falsche schreibe, muss ich es wegwerfen und von vorn beginnen. Auf jeden Fall möchte ich ein Schreiben entwickeln, das der bildenden Kunst nahesteht. Ich habe eine Phase durchgemacht, in der ich mich oft gezeichnet habe, weil ich den Unterschied zwischen Selbstporträt und Autobiographie erforschen wollte. Aus irgendeinem Grund überschreiten die Leute, wenn man eine Autobiographie schreibt, die Grenzen und meinen, alles Mögliche über einen zu wissen; aber wenn ein Maler ein Selbstporträt anfertigt, können die Leute mit der Selbstentblößung besser umgehen. Woran liegt das? Wenn ich das nur wüsste ...

Außerdem glaube ich, dass die bildende Kunst in diesem späteren Lebensabschnitt Räder hat, während die Literatur jeden Moment mit einer Panne am Straßenrand liegen bleiben kann.

Eine Panne am Straßenrand?

Ja. Ich glaube, es kann passieren, dass man im Alter an Sprachmächtigkeit verliert. Das ist nur eine Vermutung, aber wenn ich derzeit ein bestimmtes Thema habe, dann ist es wohl diese Vorstellung vom Spätwerk. Die Vorstellung vom Spätwerk eines bildenden Künstlers als Ei, das zerbricht und das wahre, visionäre Selbst offenbart. In der Sprache kann so etwas nicht passieren, denn im Alter wird die Sprache verräterisch. Sie verrät, wie alt man ist. Von vornherein hat sie alles Mögliche über die eigene Identität verraten, nicht zuletzt die soziale Herkunft. Aber wenn man altert ... Es lässt sich beobachten, dass manche Schriftsteller im Alter ein bisschen peinlich werden oder den Bezug zur Erzählung des Lebens verlieren. Sie hören auf, es richtig zu verstehen.

Wie kommt es dazu? Warum werden Schriftsteller ein bisschen peinlich?

Nun, es liegt am Medium Sprache. Jeden Tag erlebt man das. Man kann nicht mehr mithalten, man benutzt das falsche Wort, oder man verändert sich in der Sprache nicht mehr. Die bildende Kunst hingegen regelt das gelebte Leben nicht auf dieselbe Weise wie Sprache. Sie ist nicht die Währung des gelebten Lebens. Ein Bild muss nicht auf die gleiche Weise verständlich sein wie ein Satz. Eine Geschichte zu erzählen bedeutet, die Bedingungen der Realität nachzubilden, um sie anschließend zu manipulieren oder zu verändern. Ein Bild kann post-real sein – die Realität ist an seinem Ausgangspunkt bereits vorausgesetzt.

Denken Sie dabei an bestimmte Künstler?

Ich habe recht viel über Kunst und Künstler geschrieben und einen ziemlich großen Neid entwickelt. Jenseits von Sprache zu arbeiten ist anscheinend die nachhaltigere Tätigkeit. Gleichzeitig ist und war die Malerei immer so männlich. Die Geschichte von Frauen in der Kunst ist brutal. Ein Maler und Schriftsteller hat mich in den letzten Jahren besonders interessiert, Lovis Corinth, er hat im Deutschland des frühen 20. Jahrhunderts gearbeitet. Ich bin auf ihn aufmerksam geworden, weil er mit dreiundfünfzig einen

Schlaganfall erlitt, also fast in dem Alter, in dem ich jetzt bin. Er konnte seine Malhand nicht mehr benutzen. Mich interessierte vor allem, wie diese körperliche Katastrophe ihn aus seiner Identität herausgebrochen und ihn von seiner Lebensgeschichte und seinen schmerzhaften Kindheitserinnerungen befreit hat. Er begann, die Welt anders zu malen – er malte eine verklärte, nicht mehr von Identität bestimmte Version der Welt.

Wahrscheinlich hinterfragt jeder Mensch die Struktur seines Ich, und warum sie so konstruiert wurde, wie sie jetzt ist, aber ich glaube, im Schmerz des Selbst gefangen zu sein, im Trauma oder der Unveränderlichkeit des Selbst, ist noch einmal etwas ganz anderes. Genau das habe ich zeit meines Lebens gefühlt, und ich erkenne es in diesem Maler wieder. Er hat nicht nur gemalt, sondern auch eine mehrbändige Autobiographie geschrieben, aber nichts davon änderte etwas an seinem Ausgangsproblem. Das Einzige, was etwas verändern konnte, war dieser katastrophale körperliche Zusammenbruch.

Haben Sie etwas erlebt, was mit diesem »katastrophalen körperlichen Zusammenbruch« vergleichbar wäre und Ihnen möglicherweise eines Tages gestattet, an einen Ort jenseits von Identität durchzudringen?

Ich lebe sehr körperlich, vielleicht weil ich als Kind so krank war und Körperlichkeit sich wie meine Wahlheimat anfühlt. Ich fürchte mich vor der Aussicht, die Lektionen der Krankheit erneut lernen zu müssen. Und mir leuchtet zunehmend ein, dass so etwas wie Selbstakzeptanz das transformierende – das katastrophale – Ereignis sein könnte; ich fürchte aber, sie wird sich mir entziehen. Es gibt in der Welt so viel zu bekämpfen, zu verbessern und zu verteidigen – ich kann mich gar nicht so sehr um mich selbst kümmern, es sei denn, es würde ein Licht auf das werfen, was außerhalb von mir ist.

Gibt es irgendwelche Autorinnen oder Autoren, von denen Sie momentan das Gefühl haben, sie könnten Sie weiterbringen? Die Sie inspirieren oder die Sie mit besonderem Interesse lesen?

Was mich betrifft, ist dies die Zeit von Hannah Arendt und Gitta Sereny. Und Sophokles. Ich wünschte, ich hätte die nötige Ruhe, um Gedichte zu lesen, aber mein moralisches Empfinden ist in ständiger Alarmbereitschaft. Anscheinend kann ich gerade nur waffentaugliche Texte lesen. Ich möchte dicht an der Geschichte bleiben, an der Befragung des Bösen. Ich muss mich an die Unzuverlässigkeit der Justiz erinnern. Zu diesem Zeitpunkt erscheint die Kultur so überwältigend weiß und so grundsätzlich männlich, dass ich keinen Drang verspüre, mich damit zu beschäftigen. Oder gar selbst dazu beizutragen. Aber in letzter Zeit habe ich gern japanische und koreanische Literatur gelesen, oft gemeinsam mit meinen Töchtern – neulich haben wir Kawabatas *Ein Kirschbaum im Winter* gelesen. So etwas ist ein großes Vergnügen!

Jetzt, wo Ihre Trilogie abgeschlossen ist und so viel Anerkennung gefunden hat, Ihre Kinder erwachsen sind und Sie sich mit dem Altern befassen – wo stehen Sie gerade? Wo sehen Sie sich in Bezug auf das, was Sie erlebt und geschrieben haben?

Nun, wenn wir schon von Schicksal sprechen – ich habe das Gefühl, ich habe meins überwunden. Ich könnte tot sein. Ich könnte jetzt in diesem Augenblick sterben, und es wäre in Ordnung. Eine Person, die Kinder bekommen und versorgt hat, und dann gehen die Kinder weg – ich glaube, die empfindet genau das, was ich jetzt empfinde, nämlich ein Gefühl der Nicht-Existenz, die in Wahrheit reine Existenz ist. Man wird abermals in die reine Existenz entlassen.

Ich befinde mich also auf einem großen Schneefeld. In einer absoluten Leere. Und dahin zu kommen hat mich viel Zeit gekostet. Ich beneide alle Künstler, die in einem weniger strukturierten Umfeld angefangen haben. Mein Leben war von Beginn an durch Konventionen, Religion und Klasse belastet, ganz zu schweigen von der seltsamen zeitgenössischen Konstellation von Weiblichkeit in gebildeten oder ehrgeizigen Elternhäusern, wo den Mädchen verwirrend widersprüchliche Botschaften darüber vermittelt wurden, wie sie zu sein haben – sie sollten fleißig sein und sich anstrengen, aber dann sollten sie plötzlich ein weißes Kleid anziehen und jede Menge Kinder bekommen … Ich wünschte mir, ich wäre von Anfang an freier gewesen. Was ich jetzt finden möchte, auch wenn es lächerlich klingt, ist eine schuldlose Art des Schreibens. Der Egoismus der Sprache ist von so viel Schweigen umgeben, und die Tatsache des Existierens von so viel Nicht-Existenz. Ich würde gern etwas erschaffen, das keine augenfälligen Spuren der Identität mehr trägt. Ich zermartere mir das Gehirn, wie das gelingen könnte.

Aus dem Englischen von Eva Bonné

Rachel Cusk, The Art of Fiction No. 246,
The Paris Review, 232 / Frühling 2020.

Jamaica Kincaid

ICH HABE DIE FATALE
EIGENSCHAFT, DINGE FÜR SELBST-
VERSTÄNDLICH ZU HALTEN.

Mit Darryl Pinckney (2013 / 2021)

Jamaica Kincaid wurde 1949 als Elaine Potter Richardson auf Antigua geboren. Als sie sechzehn war, unterbrach ihre Familie ihre Ausbildung und schickte sie nach New York, wo sie als Kindermädchen arbeiten sollte. Rechtzeitig schlug sie einen anderen Weg ein. Nachdem sie zunächst Abendkurse an der New School in Manhattan besucht hatte, wechselte sie ans Franconia College in New Hampshire und arbeitete bei Magnum Photos und dem Teenagermagazin *Ingenue*. Mitte der siebziger Jahre begann sie für die *Village Voice* zu schreiben, aber erst beim *New Yorker*, wo sie regelmäßig Kolumnen für die Rubrik *Talk of the Town* verfasste, änderte sich ihr Leben grundlegend. Ihre frühen literarischen Arbeiten, von denen ein Großteil im *New Yorker* erschien, wurden in *Am Grunde des Flusses* versammelt, im Original 1986 publiziert, einem Buch, das wie ihre *Talk Stories* ihre Themen, ihren Stil und die schier unheimliche Makellosigkeit ihrer Prosa ankündigte. Sie veröffentlichte die Romane *Annie John* (1985), *Lucy* (1990), *Die Autobiographie meiner Mutter* (1996), *Mister Potter* (2002) und *Damals, jetzt und überhaupt* (2013). Ein Kinderbuch, *Annie, Gwen, Lilly, Pam and Tulip*, erschien 1986. Neben den gesammelten *Talk Stories* (2001) schrieb sie auch Sachbücher wie *Nur eine kleine Insel* (1988), eine Abrechnung mit dem kolonialen Erbe Antiguas, *Mein Bruder* (1997), ein Memoir über die Tragödie ihres aidskranken Bruders, sowie zwei Gartenbücher: *Mein Garten(Buch)* (1999) und *Die Blumen des Himalaya* (2005).

Kincaid pendelt zwischen Cambridge, Massachusetts, wo sie Professorin für afroamerikanische Studien an der Harvard University ist, und Bennington, Vermont, wo sie in einem großen, braunen, von Bäumen beschatteten Schindelhaus mit gelben Fensterrahmen lebt. Sie hat zwei Kinder aus ihrer Ehe mit dem Komponisten Allen Shawn, dem Sohn von William Shawn, dem früheren Chefredakteur des *New Yorker*. Im Wohnzimmer stellt sie auf einem Tisch – stolz und apologetisch – Produkte aus den Bastelkursen zur Schau, an denen ihr Sohn und ihre Tochter teilgenommen haben. Ihr Arbeitszimmer ist ein sonnendurchfluteter Raum mit Fenstern auf drei Seiten. Die Terrasse, die an der Hintertür beginnt, endet in einer Steineinfassung; der mit Tausenden von Narzissen bepflanzte Rasen fällt zu einem beschatteten Bach hin ab. In der Nähe befinden sich ein Gemüsegarten, der durch einen Gitterzaun vor Wildtieren geschützt ist, und ein Häuschen, in dem Trevor lebt, ihr bärtiger junger Assistent. Im Lauf von etwa zwanzig Jahren hat Kincaid etwas geschaffen, was mein Lebensgefährte, der Dichter James Fenton, den »Garten eines Pflanzenmenschen« nennt, einen Garten voll seltener Arten. Hunderte von Pflanzen sind zu einer zwanglosen Komposition angeordnet, Ausdruck ihrer eleganten Ästhetik und unbeschwerten Exzentrik. Sie hat Pflanzen, die sie wegen ihres Aussehens, ihres Verhaltens oder ihrer Geschichte berühren.

Dieses Gespräch begann bei einer öffentlichen Veranstaltung in der 92nd Street Y im Jahr 2013 und wurde acht Jahre später, im Sommer 2021, in ihrer Küche in Vermont wieder aufgenommen, als die sozialen Beschränkungen während der Corona-Pandemie eine Zeit lang gelockert wurden. Jamaica Kincaid ist eine großzügige Gastgeberin. Sie kocht mit Verve. Ihre große breitrandige Brille erinnert an die italienischen Filmstars der sechziger Jahre. Die Jahre sind ins Land gegangen, aber sie ist immer noch groß. Ihre Stimme ist so melodisch wie eh und je, hell, mit einem bezaubernden anglokaribischen Tonfall. Sie ist sehr präsent, alles wird lebendig, wenn sie spricht. Als Person und auf den Seiten eines Buchs besitzt Kincaid eine literarische Stimme. Ein solches literarisches Werk zu schaffen, kühn und frei, war ihr nicht in die Wiege gelegt. Ein ambivalentes Privileg, dessen sie sich bewusst war.

Warum hat Ihre Familie Sie nach Amerika geschickt? War nicht London Mitte der sechziger Jahre immer noch die Hauptstadt des Empire, das kulturelle Zentrum des Commonwealth?

Wenn sie jemand in London gekannt hätten, wäre ich sicher dorthin geschickt worden. Aber sie hatten keinen längerfristigen Plan. Es war nicht beabsichtigt, dass ich mich dort etablieren und dann meine übrige Familie nachkommen lassen würde. Ich wurde einfach weggeschickt, um sie zu unterstützen. Mein Vater – mein Stiefvater – war krank geworden, und meine Eltern hatten drei kleine Söhne. Die Geburt meines jüngsten Bruders stürzte uns in eine Armut, wie wir sie noch nie erlebt hatten. In Bauernfamilien war es üblich, das älteste Kind zu opfern. Ich erinnere mich, wie dunkel es um mich war, als ich weggeschickt wurde – pures Elend, ich wusste nicht, dass es so etwas gab. Bis dahin kannte ich Heimweh nur aus Büchern. Ich glaube, ich habe davon zum ersten Mal bei einer der Brontës gelesen.

Es war also kein bisschen spannend?

Kein bisschen, denn ich ging ja als Dienstmädchen dorthin. Ich weiß noch, wie ich in der heißen Sonne zu einem der amerikanischen Stützpunkte auf Antigua ging – vorbei am *crazy house,* wie wir die Irrenanstalt nannten, und am *dead house,* wo die Toten, die im Krankenhaus gestorben waren, verwahrt wurden, bis sie der Bestatter abholte –, um mit der Frau eines amerikanischen Soldaten ein Vorstellungs-gespräch zu führen. Ich war sehr verbittert, denn alles sah danach aus, als hätte ich eine erfolgreiche Zukunft vor mir. Ich hätte auf die University of the West Indies gehen kön-nen. Ich hätte ein Stipendium bekommen. Auch andere Leute fanden es grausam, denn ich galt als das, was bei uns ein »aufgewecktes Kind« genannt wird. Nein, da gab es keinen Grund zum Feiern, auch wenn meine Mutter mir ein Kleid nähte und mich zum Flughafen brachte.

Heimweh – diese Art unterbrochener Liebe – ist ein wichtiges Thema in Ihrem Werk.

Ja, vielleicht, aber ich habe mich nie irgendwo zugehörig gefühlt, nicht einmal auf Antigua, selbst als ich noch klein war. Meine Mutter stammte aus Dominica, und bei diesen kleinen Inseln ist es so, dass die Leute von der einen Insel die von der anderen nicht mögen. In Antigua war sie eine Außenseiterin, und sie sah anders aus. Sie hatte karibi-sche Vorfahren, und man nannte sie *red woman,* die rote Frau.

Ich glaube, ich trauere in all meinen Werken um etwas, um das verlorene Paradies – nicht um das Paradies, das nach dem Tod kommt, sondern um das, das man vorher hatte. Es mag kindisch sein, aber ich denke oft, die Zeit vor der Geburt meiner Brüder war dieses Paradies: eine Zeit, in der meine Mutter und ich immer beisammen waren. Wenn meine Mutter und ich damals schwimmen gingen und sie für eine Sekunde verschwand, habe ich mir manchmal vorgestellt, dass die Tiefe sie einfach verschlungen hat, dass sie tiefer und tiefer sinkt und ich sie nie wiedersehe ... Und dann tauchte sie irgendwo anders wieder auf. Diese Erinnerungen sind für mich die ständige Quelle eines seltsamen Glücksgefühls.

Ich wurde aus der Schule genommen, um auf meinen jüngsten Bruder aufzupassen, während meine Mutter zur Arbeit ging, und als sie merkte, dass ich, statt mich um ihn zu kümmern, Bücher las, sammelte sie alle Bücher ein, die ich im Lauf der Jahre aus der Bücherei gestohlen hatte, und verbrannte sie. Wahrscheinlich merkt man meinen Texten an, dass ich von den Begriffen Gerechtigkeit und Ungerechtigkeit besessen bin – von dem, was falsch ist und nie wiedergutgemacht werden kann.

Wenn ich heute Heimweh bekäme, dann nach Vermont, was seltsam ist. Aber vielleicht ist es doch auch verständlich – ich bin an einem Ort aufgewachsen, an dem ich jeden Tag das Meer sah, und jetzt, gegen Ende meines Lebens, lebe ich an einem Ort, an dem es kein Wasser mehr gibt.

Ist *Lucy* aus dem Gefühl heraus entstanden, dass Sie Ihre Ankunft in Amerika irgendwie einordnen mussten – um sich damit auseinanderzusetzen oder die Sache hinter sich zu lassen?

Nicht so sehr, um etwas einzuordnen, sondern um zu berichten, was mir widerfahren ist. Bei *Lucy* geht es um das Erwachsenwerden eines Menschen. Man kann darin die Empfindsamkeit von Jane Eyre erkennen, das Gefühl: Ich bin ganz allein auf der Welt, und ich bin ganz ich selbst. Ihr wollt vielleicht dies, ich mache aber jenes.

Lucy schickt ihren Lohn nicht mehr nach Hause, und ich habe meinen auch nicht mehr geschickt. Ich habe immer noch die Kleider, die ich bei Bonwit Teller gekauft habe. Ich war das bestangezogene Kindermädchen, das man je gesehen hat.

Haben Sie sich neu erfunden?

Ich liebte es, mich fein zu machen und auszugehen. Vielleicht war das der Einfluss meiner Mutter. Als mein jüngster Bruder geboren wurde, war ihr Leben in die Brüche gegangen, aber als ich jung war, war sie eine sehr elegante Frau. Ich schämte mich immer, mit ihr gesehen zu werden, weil sie so sexy war – Männer jeden Alters blieben stehen und sprachen sie an. Ich erinnere mich, dass sie ihr Haar in einem französischen Dutt trug und einen sogenannten Humpelrock anhatte.

In New York habe ich für Leute wie Steven Meisel gemodelt. Natürlich hatte ich eine von diesen Essstörungen, aber das war mir nicht bewusst. Ich wusste nicht, dass es irgendetwas an mir gab, das einen Namen hatte, das diagnostiziert werden konnte. Schließlich rauchte ich Lucky Strikes, einfach weil mir der Look, die Geste gefiel. Aus irgendeinem Grund ließ ich mir die Haare abschneiden und blond färben. Ich zog alte Klamotten an, Klamotten aus Secondhandläden.

Ich stylte mich so, dass ich wie niemand sonst aussah. Und ich wusste auch, dass ich wie niemand sonst schreiben wollte. Als ich beim *New Yorker* anfing, *Talk*-Beiträge zu schreiben, versuchte ich, von dem anonymen »wir« wegzukommen, das sie gebrauchten. Sie hatten sehr gute Autoren, aber das waren eben diese alten, gestandenen weißen Männer. Ich hasste dieses »wir«. Ich empfand eine solche Verachtung für eine bestimmte Art des Schreibens, die ich heute als »weiß« bezeichnen würde. Es war so langweilig und manieriert.

Ich habe erst kürzlich erfahren, dass Sie an der New School Fotografie studiert haben.

Ja, ich hatte beschlossen, Fotografin zu werden. Tagsüber arbeitete ich als Kindermädchen, abends besuchte ich die New School, und so sammelte ich einige Leistungspunkte. Dann bekam ich einen Job bei Magnum Photos als Empfangsdame, aber manchmal schickte man mich ins Archiv, sie hatten so viele Anfragen von *Time* und *Newsweek*, und ich konnte mir alle diese phantastischen Fotos von Henri Cartier-Bresson und Eve Arnold anschauen. Ich lernte sogar Inge Morath und Bruce Davidson kennen. Danach arbeitete ich bei *Forbes* als Bildrechercheurin. Dann bekam ich ein Stipendium für das Franconia College in New Hampshire. Dort habe ich zum ersten Mal *La jetée* gesehen und Alain Robbe-Grillet gelesen. Beides erweckte bei mir aus irgendeinem Grund den Wunsch, Schriftstellerin zu werden. Vielleicht glaubte ich auch schon damals, dass ich es schaffen könnte, weil ich meine Fotografien vorher beschrieb.

Was meinen Sie damit?

Ich mietete ein Zimmer in einem Bauernhaus in der Nähe von da, wo Robert Frost gelebt hat, und arbeitete in allen möglichen Jobs – als Köchin in einem Schnellrestaurant, als Zimmermädchen, in einer Schuhfabrik. Ich hasste die Jobs, aber ich liebte das Land, ich lebte inmitten von Bäumen und kurvigen Straßen. Ich ging ins Freie, um zu fotografieren, aber bevor ich das Haus verließ, notierte ich etwas – eine Szene, könnte man vielleicht sagen –, und dann spazierte ich herum, bis ich etwas fand, das so aussah wie das, was ich beschrieben hatte. Irgendwann stellte sich heraus, dass es beim Schreiben nicht um die Bilder ging, die ich machte. Es war so etwas wie der Versuch, Gedichte zu schreiben, aber ich konnte mich nicht dazu durchringen, zu glauben, ich könnte Gedichte schreiben.

Warum nicht?

»I Wandered Lonely As a Cloud.« Jeder Mensch in meinem Alter, dem ich je begegnet bin, alle aus dem ganzen Empire mussten das lernen.

Lucy hat eine starke Abneigung gegen William Wordsworth und gegen Narzissen.

Die Leute, die den kolonialen Bildungsplan entworfen haben, sind alle in Eton gewesen. Allem, was wir in der Schule lernten – die englischen Könige, die Schlacht von Hastings, Wordsworth –, stand ich feindselig gegenüber. Warum sollten wir diese Gedichte und Lieder über Orte und Dinge, die wir nie zu Gesicht bekommen würden, auswendig lernen? »The White Cliffs of Dover«? Ich habe nie eine Narzisse gesehen, bevor ich neunzehn war, in New York, und ich hätte sie nicht erkannt, wenn mich nicht jemand auf sie hingewiesen hätte.

Als ich sieben war, musste ich zur Strafe die Bücher eins und zwei von *Paradise Lost* von Hand abschreiben. Schon damals fühlte ich mich als Rebellin, und deshalb identifizierte ich mich natürlich vollkommen mit Luzifer. Ich erinnere mich an eine Illustration, die ihn geteert und gefedert zeigte, mit einem Fuß auf einer verkohlten Weltkugel stehend – sehr elegant, sehr graziös. Und seine Haare waren Schlangen. Was ich auch abschreiben musste, war:

»Wo Unwissenheit Glückseligkeit ist, ist es töricht, weise zu sein.« Tausend Mal.

Ist es nicht ziemlich ungewöhnlich, einem siebenjährigen Kind *Paradise Lost* vorzusetzen und zu sagen: »Schreib das ab?« Wie viel haben Sie davon verstanden?

Wie könnte man Leute besser verdummen, als sie zu zwingen, Dinge abzuschreiben oder auswendig zu lernen, die sie nicht verstehen können? Man hat uns nicht Shakespeare oder Milton beigebracht, damit wir unsere eigene Situation besser verstanden – es hieß, sie seien die Juwelen in Königin Victorias Krone. Bei dem ganzen kolonialen Unternehmen ging es darum, die Leute in Schach zu halten. Uns sollte eingeimpft werden, wie großartig England war, dass die Menschen, die diese Werke schaffen konnten, eine höhere Sorte Mensch seien.

Sie gehen mit England und seiner Kultur immer wieder sehr hart ins Gericht. Und dennoch ist dieses literarische Erbe für Sie sehr wichtig.

O ja, und wie! Aber warum sollte es nicht kompliziert sein? Ich habe begriffen, dass ich Shakespeare und den ganzen Rest von Disraeli und Horatio Nelson trennen muss, dass das Britische Empire das eine und die Literatur das andere ist. Ich nehme alles außer Kipling. Wordsworth wäre sehr verärgert gewesen, hätte er gewusst, dass seine wunderbaren Gedichte als Waffen des Empire eingesetzt würden. Deshalb habe ich, sobald ich einen eigenen Garten hatte, zwanzigtausend Narzissen auf dem Rasen gepflanzt. Ich wollte eigentlich bei zehn aufhören, aber sie waren einfach so schön, dass ich weitermachte. So habe ich mich, glaube ich, mit Wordsworth versöhnt.

Wann haben Sie angefangen, sich mit Büchern zu befassen?

Schon sehr früh, wegen meiner Mutter. Sie holte sich ihre Bücher aus der Bücherei auf Antigua, die war in Saint John's über dem Finanzamt – wir fuhren mit dem Bus in die Stadt. Sie las so viel, dass sie mich gar nicht wahrnahm, und dann versuchte ich, sie abzulenken. Also brachte sie mir das Lesen bei, und zwar mit einer Biographie über Louis Pasteur, und sie erklärte mir, was es mit der Milch auf sich hatte, die ich trank, wie sie erhitzt werden musste und wie das mit den Kühen und der Tuberkulose ist. Mit dreieinhalb konnte ich schon richtig lesen, die Noddy-Bücher von Enid Blyton und so weiter. Aber das Lesenlernen hat mich nicht davon abgehalten, sie zu nerven, ich war einfach eine Nervensäge. Deshalb schickte man mich in die Schule – ihr waren die Bücher ausgegangen, mit denen sie mich beschäftigen konnte. Sie sagte, ich solle meinen Lehrern sagen, ich sei fünf.

Viele Bücher, die ich las, wurden mir zur Strafe gegeben. Ich hatte ein Talent entwickelt, Dinge zu tun, die die Klasse zum Lachen brachten, und einmal hatte ich den Französischunterricht so gestört, dass die Lehrerin mir *Jane Eyre* hinknallte und sagte, ich solle mich in die Ecke setzen und lesen. Danach tat ich so, als wäre ich Jane Eyre oder Charlotte Brontë oder beides, und ich verkleidete mich als Charlotte, was zur Folge hatte, dass ich viel zu viele Kleider anzog, ich wusste nämlich vom Klappentext des Romans, dass sie in Belgien gelebt hatte und daher sehr gefroren haben musste.

Haben Sie auch Schwarze Autoren gelesen, als Sie jung waren?

Ich wusste nicht, dass es Schwarze Schriftsteller gab. Als ich Derek Walcott kennenlernte, nachdem ich meinen ersten Roman geschrieben hatte, war er entsetzt, dass ich noch nie einen westindischen Schriftsteller gelesen hatte, und schickte mir eine Anthologie. Alle Autoren darin waren natürlich Männer. Als ich nach Amerika kam, fing ich an, Schwarze Autoren zu lesen, aber es waren politische Autoren – Eldridge Cleaver, LeRoi Jones (Amiri Baraka). Das erste Buch, das ich mir in den USA aus einer Bibliothek holte, war *An American Dilemma. The Negro Problem and Modern Democracy* von Gunnar Myrdal. Ich verstand das »Rassenproblem« in Amerika überhaupt nicht. Ich glaube, das war das letzte Buch, das ich in einer Bücherei gestohlen habe.

Lucy bekommt Simone de Beauvoir von der Mutter der Familie, bei der sie arbeitet.

Ja, ich habe mit neunzehn zum ersten Mal anspruchsvolle Literatur aus dem 20. Jahrhundert gelesen, als ich bei der zweiten Familie wohnte, bei der ich Kindermädchen war. Ich habe meine beiden Jobs als Kindermädchen in *Lucy* verarbeitet. Die erste Familie, die, für die ich nach Amerika kam, wohnte in Scarsdale. Ich mochte diese Leute nicht besonders und habe auch keinen Kontakt mehr mit ihnen. Dann antwortete ich auf eine Anzeige, in der stand: »Gesucht: Junge Frau, die schwimmen und Auto fahren kann.« Ich konnte weder das eine noch das andere, aber Ann Arlen, eine Filmemacherin und Künstlerin, stellte mich ein. Sie war damals mit Michael Arlen verheiratet, einem Redakteur beim *New Yorker*.

Die Arlens waren sehr belesen, überall standen Bücher. Ann liebte Nabokov. Sie erkannte etwas in mir – sie war die Mutter, die ich hätte haben sollen. Sie machte mich bekannt mit dem *Anderen Geschlecht*, mit Virginia Woolf, mit *Mastering the Art of French Cooking*, mit Hemingway, den ich damals nicht mochte und auch heute noch nicht mag. Auf einmal war ich mit all dem konfrontiert. Ich glaube, es war Ann, die mir vorschlug, Abendkurse an der New School zu besuchen. Sie half mir, das Badezimmer der Kinder in eine Dunkelkammer zu verwandeln. Was für ein Glück, dass ich durch eine Anzeige in der *New York Times* so einen Menschen kennengelernt habe.

Haben Sie jemals erfahren, was die Arlens von *Lucy* hielten?

Als Ann erfuhr, dass ich über diese Zeit schrieb, war sie zuerst sehr verärgert. Als das Buch dann aber erschien, sagte sie zu mir: »Ich bin dir so dankbar, dass du das geschrieben hast. Es sind die einzigen Aufzeichnungen, die ich über meine Ehe habe.«

Kinder spielen in *Lucy* keine so große Rolle. Wie war es, damals Kindermädchen zu sein?

Als ich *Lucy* schrieb, war ich nicht sehr an der Erfahrung als Kindermädchen interessiert. Ich fühlte mich nicht verpflichtet, zu sagen: »Da war das Baby, ich habe ihr die Windeln gewechselt. Ich habe den Kindern das Frühstück gemacht.« Ich interessierte mich dafür, wie Lucy sich fühlt. Ich war nicht besonders an den Unterschieden zwischen der Familie und mir interessiert. Interessiert hat mich meine eigene Entwicklung, mein Erwachsenwerden oder wie immer man es nennen mag.

Als ich in Scarsdale lebte, fuhr ich immer mit einer Freundin, die tatsächlich Patty Puff hieß, mit dem Zug zum Grand Central. Sie sah aus wie eine der Ronettes. Sie nahm mich mit zu Janis Joplin im Anderson Theatre. Wir waren 1968 bei Jimi Hendrix im Hunter College. Damals gab es überall diese kleinen rosa Dinger, wie hießen die noch gleich, dieses Beruhigungsmittel? Seconal, das war wunderbar.

Ich war bei den Arlens, als Martin Luther King Jr. starb. Ich war bei ihnen, als Bobby Kennedy erschossen wurde. Als ich bei ihnen anfing, war Michael als Reporter in Vietnam unterwegs. Es gab vier kleine Mädchen im Haus, und ich nannte Ann beim Vornamen. Als er zurückkam, bestand er auf »Mr Arlen«, und so wurde sie zu »Mrs Arlen«. Ist das nicht komisch mit den Männern?

Als ich bei den Arlens war, freundete ich mich mit Leuten an, die das Wochenende upstate verbrachten, nicht weit entfernt von Kingston. Wir schliefen in Hühnerställen und machten allerhand Hippie-Sachen, rauchten Marihuana und nahmen LSD. Kindermädchen zu sein war, wie wenn man auf Durchreise war, ich war sozusagen auf Besuch. Ich hatte nicht das Gefühl, dass ich auf Dauer so leben würde.

Wie war das, aus einem mehrheitlich Schwarzen Umfeld nach Amerika zu kommen?

Ich wollte schon immer Afroamerikanerin sein – das kam daher, dass ich als Kind alte Ausgaben der Zeitschrift *Ebony* las. Mein Stiefvater bewunderte die Amerikaner und besonders die Vitalität der Schwarzen in Amerika, wie er sie aus der Karibik kannte. Er sagte zu mir: »Wenn ein Amerikaner dich fragt, ob du etwas machen kannst, und du kannst es nicht, dann sag nicht, du kannst es nicht. Sag: Ich versuch's.« Aber als ich zum ersten Mal Afroamerikanern begegnete, waren sie sehr herablassend zu mir, weil ich so brav wirkte. Ich konnte nicht tanzen, weil ich streng methodistisch erzogen worden war, und ich redete komisch. In ihren Augen habe ich nicht wie eine

Schwarze gesprochen. Sie dachten, ich würde wegen der Weißen so sprechen.

Auf Antigua hatten die Engländer sehr genaue Vorstellungen davon, wer zu den Weißen zählte. Und jetzt traf ich auf einmal alle diese Leute, Leute aus dem Libanon oder aus Polen, Italiener, Spanier, die sagten, sie seien Weiße, und ich konnte sie einfach nicht ernst nehmen. Und ich verstand auch nicht, dass die Leute in Amerika mich als Schwarze ansahen, sodass ich nie wusste, wann sich jemand mir gegenüber rassistisch verhielt. Ich dachte einfach, sie seien schlecht erzogen. Ich bin mir sicher, dass ich mit allen Arten von Diskriminierung konfrontiert gewesen bin, aber wenn ich mich damals hätte beschreiben sollen, hätte ich nicht gesagt: Ich leide so sehr, weil ich nicht aus diesem Wasserhahn trinken darf, sondern ich hätte gesagt, ich leide darunter, dass mein Mutter mich nicht liebt.

Ich bin so arrogant, dass die Vorstellung, es könnte Orte geben, zu denen ich keinen Zutritt habe … Ich erinnere mich, wie ich mich bei *Mademoiselle* beworben habe und die Stelle nicht bekam und meine Freundin sagte: »Sie stellen eben keine Schwarzen Mädchen ein.« Ich habe mir keine Gedanken darüber gemacht und mich stattdessen bei *Ingenue* um eine Stelle beworben. Zuerst sagten die Redakteure dort, sie wollten keine festen Autoren, aber wenn ich eine Idee für einen Artikel hätte, würden sie ihn sich ansehen. Also ging ich nach Hause, rief bei der Zeitschrift *Ms.* an und sagte: »Ich möchte gerne mit Gloria Steinem sprechen.« Sie nahm ab, und ich sagte ihr, dass ich sie gerne interviewen würde. Sie sagte: »Ja, gern.« Ich war ein Nobody, aber das war echte Solidarität unter Frauen. Im Interview fragte ich sie, wie sie mit siebzehn Jahren war, im Alter der Leser von *Ingenue*. Die Redaktion war begeistert, veröffentlichte das Gespräch und machte daraus eine ganze Serie mit dem Titel »Als ich siebzehn war«.

Haben Sie immer unter dem Namen Jamaica Kincaid geschrieben?

Ich glaube, es gibt keinen einzigen Text, den ich als Elaine Richardson veröffentlicht habe. Ich habe eine ganze Anzahl Kombinationen ausprobiert, immer eine Insel und dazu einen schottisch klingenden Nachnamen. Jamaica Kincaid hörte sich für mich gut an. Ich rechtfertigte mich damals vor mir selbst damit, dass meine Eltern nicht erfahren sollten, dass ich schrieb, denn wenn ich versagen würde, würden sie mich auslachen. Außerdem schrieb ich über meine Mutter, und ich wollte nicht, dass sie es erfuhr. Aber jetzt kenne ich den tieferen Grund, warum ich meinen Namen geändert habe, nämlich weil Elaine nicht über Elaine schreiben konnte, Jamaica über Elaine aber schon.

War es für Sie ganz selbstverständlich, Reportagen zu schreiben?

Anfangs trieb ich mich einfach so herum, ich schlief bei Leuten auf der Couch, bis sie mich satthatten, und dann schrieb ich diese kleinen Texte über meine Erlebnisse. Ich wurde George W. S. Trow vorgestellt, der für den *New Yorker Talk-of-the-Town*-Beiträge schrieb, und er nahm mich überallhin mit. Ich kannte eine Menge Leute im Umkreis der Factory. Eine Zeit lang war ich Backgroundsängerin für Holly Woodlawn, wir hatten einen Auftritt im Reno Sweeney, und ich spielte Tamburin. Beim *New Yorker* verließ sich Mr Shawn darauf, dass seine Reporter ihm sagten, was gerade los war, und George und Sandy – Ian Frazier – und ich erzählten ihm besonders gern Dinge, die er nicht wusste. Mein erster *Talk*-Beitrag handelte von der West Indian American Day Parade – ich bin so durchschaubar, man merkt, dass ich immer noch sehr an meiner Heimat hing.

Ich schrieb einen Artikel über den Ali-Foreman-Kampf, den Mr Shawn gern veröffentlicht hätte, aber ich hatte ihn schon der *Village Voice* versprochen.

Mr Shawn sagte einmal zu mir, der einzige Reporter, der noch schlechter sei als ich, sei George. Ich glaube, er meinte das als eine Art Kompliment. George und ich machten keine richtigen Reportagen, wir haben das, was wir sahen, interpretiert. Ich habe mir immer Notizen gemacht, aber die Notizen wurden ausnahmslos stark überarbeitet. Alles entsprach der Wahrheit, alles war überprüft, aber die Fakten bekamen eine besondere Nuance, eine andere Anordnung.

Heute erkenne ich, dass einige der Strategien, die ich später in meinen Romanen entwickelt habe – und eigentlich sogar die Keimzellen von *Nur eine kleine Insel,* die winzigen, mohnsamengroßen Details –, in meinen *Talk Stories* enthalten sind. Es stellt sich heraus, dass die Phantasie irgendwie ein Ganzes ist. Vielleicht bin ich jemand, der nur eine einzige Note spielt, aber ich sehe eine Kontinuität in meinem Denken, darin, wie ich meine Ideen entwickelt und formuliert habe. In diesen *Talk*-Artikeln experimentierte ich mit der Form. Mein Lieblingstext handelte von der Präsentation eines Buchs von Milton Friedman, dessen Ideen ich hasste, und ich schrieb ihn in Form einer Spesenabrechnung für die Veranstaltung. Ich rief sogar die Eigentümer des Gebäudes an, in dem die Sache stattfand, und fragte sie nach dem Wert des Gebäudes. Sie sagten es mir, und ich zählte alles zusammen.

Im *New Yorker* muss damals eine ziemliche elitäre Kultur geherrscht haben. Kam Ihnen das merkwürdig vor?

Stimmt, damals war ich die einzige Schwarze beim *New Yorker* und die zweite Schwarze Reporterin. Die erste war

Charlayne Hunter-Gault – das ist die Frau, die sich nach der Aufhebung des Gesetzes zur Rassentrennung als eine der ersten Schwarzen an der University of Georgia immatrikulierte. Ich habe die fatale Eigenschaft, Dinge für selbstverständlich zu halten. Ich habe den Stellenwert des *New Yorker* im amerikanischen Leben nicht verstanden, und wenn ich ihn verstanden hätte, hätte ich mich wahrscheinlich nie mit Mr Shawns Sohn eingelassen. Ich war gerade vom Bananenboot gekommen, und auf einmal befand ich mich mitten in der literarischen Elite.

Ich erinnere mich an junge weiße Frauen im Büro, Mädchen, die am Radcliffe- und am Vassar-College studiert hatten – sie waren keine Reporterinnen, sie waren hauptsächlich Sekretärinnen und Sachbearbeiterinnen –, die mich ständig fragten, wie ich an meinen Job gekommen sei. Ich sagte dann immer: »Ich bin George begegnet, und er hat mich William Shawn vorgestellt, bla, bla, bla ...«, und sie fragten: »Nein, wie bist du an diesen Job gekommen?«

Als ich George erzählte, dass das immer wieder vorkam, lachte er und sagte: »Sag ihnen einfach, dass deinem Vater die Zeitschrift gehört.«

An dem Tag gab es bestimmt ein großes Palaver in der Damentoilette. Die kurze Antwort auf ihre Frage wäre gewesen, dass Sie geschrieben haben.

Ich wurde von George protegiert, der schwul und kauzig war, und er, Sandy und ich bildeten dieses Triumvirat von Bohemiens, von Außenseitern. Mr Shawn war sehr nachsichtig mit uns. Als ich als festes Mitglied der Redaktion anfing, gab es die Regel, dass man Mr Shawn einen Vorschlag machte, worüber man schreiben wollte, und dann gab er sein Okay oder auch nicht. Und ich weiß noch, dass ich zu ihm sagte: »Ich kann keinen Vorschlag machen, weil ich noch nicht weiß, was ich schreiben werde« – und so wurde diese Vorschrift für uns alle drei abgeschafft.

War es einfach, mit dem Schreiben von Belletristik anzufangen? Ihre *Talk*-Beiträge hatten ja schon eine Menge Dramatik und ein Gespür für Charaktere.

Jedes Jahr nahm ich mir zu Neujahr vor, mit dem Schreiben von Belletristik anzufangen. Bei meinen ersten Versuchen schrieb ich aus irgendeinem Grund über Menschen in Harlem. Ich kannte niemand in Harlem. Allen und ich wohnten in einem kleinen einstöckigen Haus in der Hudson Street 284 im West Village, für das wir 275 Dollar im Monat zahlten. Jemand hatte uns *Geography III* von Elizabeth Bishop geschenkt. Es war ein schmales, wunderschönes Buch, gestaltet von Cynthia Krupat. Irgendwann schlug ich es auf und las das erste Gedicht, »In the Waiting Room«. Es war Februar in New York, und die Tage wurden gerade wieder länger. Es hieß, Joni Mitchell würde in einem Gebäude gegenüber an der Ecke Spring und Varick wohnen, und ich erinnere mich an das Sonnenlicht, das von dem Gebäude reflektiert wurde, irgendwie erikafarben, malvenfarben. Ich las das Gedicht ein einziges Mal, dann setzte ich mich an meine Schreibmaschine und schrieb *Girl*.

Was, meinen Sie, hatte das mit »In the Waiting Room« zu tun?

Es hatte damit zu tun, dass man den Schmerzensschrei der Tante hört, wie er aus dem Wartezimmer des Zahnarztes in die Welt hinausdringt. Es war, als hätte mir jemand die Tür geöffnet und gesagt: Komm herein. Irgendetwas bei Bishop gab mir das Gefühl, dass ich schreiben konnte – nicht wie sie, aber auf meine Art. Ich konnte schreiben, wie ich wollte. Und ich habe nie einen Rückzieher gemacht, trotz aller Kritik, die ich wegen meiner langen Sätze abgekriegt habe.

Die Art und Weise, wie sich Ihre Sätze in die Länge ziehen und abbrechen, wie Sie etwas konstatieren, neu definieren, wie Sie weitergehen. Sie fragen: Wo stehen wir jetzt? Neu definieren, weitergehen ...

Wenn man denkt, dann geschieht das als langer Satz von miteinander verbundenen Dingen, und man hält nicht inne und sagt: Das ist ein neuer Gedanke. Man denkt einfach. Die Länge meiner Sätze geht wahrscheinlich auch darauf zurück, dass ich als Kind die Bibel gelesen habe. Die Bibel ist voll von Konjunktionen, nicht von Anfängen, Mittelteilen und Enden. Das war einer der stärksten Einflüsse auf den Stil von *Mister Potter*.

Wie bauen Sie einen Satz auf?

Nun, ich schreibe ständig – selbst wenn ich denke oder rede, schreibe ich. Ich neige dazu, im Kopf an einem Satz zu arbeiten, manchmal monatelang, und dann ist das Niederschreiben nur der letzte Schritt.

Überarbeiten Sie sehr viel?

Nein, ich kann kaum noch einmal lesen, was ich geschrieben habe. Bei allem, was ich schreibe, habe ich das Gefühl, der Welt abschließend gesagt zu haben, was ich wirklich denke, obwohl ich gehofft hatte, das nie zu tun. Vielleicht ist das einer der Gründe, warum ich mich so sehr zur griechischen Mythologie hingezogen fühle – weil das, was ich schildere, wie ein Schicksal ist. Ich will das nicht sagen, aber mein Schicksal, meine Strafe ist es, dass ich es sagen muss. Und wenn ich es einmal gesagt habe, ertrage ich nicht, es noch einmal zu sehen.

Geht Ihnen das Schreiben oft so leicht von der Hand wie bei _Girl_?

Nein, überhaupt nicht. Bei _Mein Bruder_ ging es sehr langsam – ich konnte erst nach Einbruch der Dunkelheit und mit etlichen Gläsern Gin über ihn schreiben. Selbst als ich die Geschichte _Am Grunde des Flusses_ schrieb, kam sie mir so lang vor wie die _Ilias_. Schließlich fuhr ich aufs Land, um sie zu Ende zu schreiben, und gab mir dafür sechs Monate Zeit. Ich war irgendwie zum Homesitter von Philip Roth und Claire Bloom geworden, wenn sie den Winter in London verbrachten. Das Haus war in Cornwall, Connecticut, und Francine du Plessix Gray wohnte ganz in der Nähe. Sie und Philip stritten sich ständig. Ich erinnere mich, dass ich einmal mit ihnen im Auto unterwegs nach New York war. Francine sprach über die Beziehung zwischen Studenten und Professoren, und Philip sagte: »Also, der einzige Grund zu unterrichten ist, Mädchen zu ficken«, und Francine explodierte. Er sagte immer etwas, nur um sie in Rage zu bringen.

Ich fuhr jedenfalls aufs Land, um diese Kurzgeschichte abzuschließen. Jeden Tag sah ich mir an, was ich geschrieben hatte, und dachte: Ich schau es mir gleich noch mal an. Und dann legte ich es beiseite und las stattdessen _The Prelude_. Ich nehme an, dass ich mich damals auf dem Weg nach Damaskus befand, was Wordsworth betrifft. Wie auch immer, ich hatte nach sechs Monaten _The Prelude_ zu Ende gelesen und wusste, dass meine Geschichte abgeschlossen war, auch wenn ich kein einziges Wort hinzugefügt hatte.

Zum Schreiben verließ ich immer New York, und irgendwann wurde mir klar, dass ich nicht in New York leben konnte, wenn ich Schriftstellerin sein wollte. Damals habe ich immer gedacht, wenn ich Schriftstellerin sein will, kann ich keine blonden Haare haben. Niemand wird mich ernst nehmen. Wenn ich Schriftstellerin sein will, kann ich keine Kinder haben …

Aber Sie haben doch Kinder bekommen und scheinen produktiver denn je gewesen zu sein, als die noch klein waren. Wie erklären Sie sich das?

Ich habe viele Leben auf einmal gelebt. Ich teilte mir die Dinge ein – ich stand früh am Morgen auf, lief fünf Kilometer, kam rechtzeitig zurück, um meinen Kindern Frühstück und Mittagessen zu machen, zündete ein kleines Feuer an, damit sie vor dem Ofen essen konnten, wärmte ihre Kleider im Trockner und fuhr sie zum Schulbus, und solange sie in der Schule waren, setzte ich mich hin und schrieb. Ich schrieb in einem kleinen, vielleicht zwei oder drei Quadratmeter großen Raum. Oft schaffte ich es erst fünfundvierzig Minuten bevor ich sie abholen musste, etwas zu schreiben, und dann musste ich mich beeilen, um noch rechtzeitig da zu sein. In *Damals, jetzt und überhaupt* gibt es diese Stelle, wo es heißt, dass Mrs Sweet immer zu spät kommt.

Aber, wissen Sie, anfangs war nicht klar, ob ich überhaupt Kinder bekommen konnte, denn in all den wilden Tagen, als ich mit jedem Sex hatte, den ich kennenlernte, bin ich nie schwanger geworden. Ich wurde mit Annie schwanger, während ich *Annie John* schrieb. Wir wohnten in dem Haus in der Hudson Street. Es war so alt, dass wir Strom- und neue Rohrleitungen einbauen lassen mussten, und dann kauften wir eine riesige Badewanne, in die wir beide reinpassten. Allen und ich nahmen morgens gemeinsam ein Bad, und ich erzählte ihm, was ich an diesem Tag schreiben wollte, die ganze Geschichte. Dann ging ich nach oben in das Zimmer, das nach der Geburt von Annie ihr Zimmer wurde, und dort schrieb ich. Als ich beim letzten Kapitel war, war ich so schwanger, dass ich das Buch fast nicht zu Ende bringen konnte, weil ich auf einmal diese Verantwortung für das Kind spürte, das ich in mir trug. Ich spürte, dass sich mein Zugehörigkeitsgefühl verlagert hatte, und es wurde sehr schwierig, die Klagen der Erzählerin über ihre Mutter zu ertragen.

Annie John erschien zuerst im New Yorker, nicht wahr? Hatten Sie den Eindruck, dass die Leser den Roman als Teil dieses grandiosen Aufbruchs der Literatur von Frauen in den siebziger Jahren verstanden?

Ja, Mr Shawn hat das ganze Buch publiziert, jedes Kapitel. Ich bekam Briefe von Frauen, unterschrieben zum Beispiel mit »Mrs Walter Pankhurst«. Sie waren alle weiß – bei meinen ersten Lesungen war ich froh, wenn wenigstens eine einzige Schwarze im Publikum saß –, und sie schrieben: Das ist genau wie bei mir, ich habe das auch erlebt, ich hatte auch so eine Freundin wie sie. Sie verstanden das latent Lesbische des Roten Mädchens. Ich weiß nicht, ob es an der Veröffentlichung im New Yorker lag, dass sie das alles akzeptiert haben. Ich sage an keiner Stelle, dass Annie John Schwarz ist, aber es ist offensichtlich – zu sagen, sie ist eine Schwarze, wäre in dieser Situation so, als würde man erklären, dass der Asphalt schwarz ist.

Ich weiß, dass Ihre Romane aus Ihren Erfahrungen hervorgehen, aber sie vermitteln wenig von dem Gefühl

einer autobiographischen Form von Wissen – bei *Annie John* geht es um etwas anderes.

Ich kannte Annie Johns Leben schon immer. Ich kannte es, denn ihr Leben verlief wie mein eigenes, zumindest bis sie nach England geschickt wird, was so ist, als würde man sie in ein Mausoleum schicken. Annie geht nach England, und dort stirbt sie. Lucy geht nach Amerika, und dort lebt sie. Lucy beginnt zu schreiben, aber Annie John ist so sehr von allem abgeschottet. Sie geht sich selbst verloren.

Ich habe versucht, auf meine unbeholfene junge Art etwas herauszufinden – jung natürlich nicht in Bezug auf das Alter, denn ich war Anfang dreißig, sondern jung in Bezug auf die Fähigkeit, darüber nachzudenken, was die Dinge bedeuteten, als sie passiert sind. Schaut man sich *Annie John* genauer an, ist es eine Schilderung der kolonialen Verhältnisse. Je älter Annie John wird, desto reduzierter wird ihr Leben, bis sie nur noch ein Schatten ihrer selbst ist. Die Mutter wird zum Feind von Körper und Geist ihrer Tochter.

Ich lese das Buch auf eine viel konventionellere Art, nämlich so, dass dies der Preis des Kolonialismus ist – diese beschädigten elementaren Beziehungen.

Das ist nicht so weit weg von dem, was ich sagte.

Verwenden Sie immer eine autobiographische Form oder Stimme, um mehr als nur ein einzelnes Leben zu schildern? Oder enthält ein Leben immer mehr als eine einzige ungeteilte Erfahrung?

Beides. Man kann die Welt in jedem einzelnen Menschen finden. In Harvard gebe ich einen Kurs über Literatur und Erinnerung, und wir lesen gerade Julius Cäsars *Gallischen Krieg*. Für mich ist es ein Memoir. Man könnte Cäsars Werk mit, sagen wir mal, der *Erziehung des Henry Adams* vergleichen. Beide Autoren verwenden dieselben Techniken. Sie schreiben über das, was sie getan haben, in der dritten Person, als würden sie über jemand anders schreiben. *Der Gallische Krieg* fasziniert mich auch deshalb, weil diese Menschen, die Cäsar bezwingt und tötet und mit Abscheu betrachtet – die »wilden« Briten und Kelten –, tausend Jahre später die Welt regieren werden. Sie haben Menschen wie mich verkauft und die moderne Welt geschaffen.

Um eine moralische Sicht auf die Welt zum Ausdruck zu bringen, müssen diese beiden Größen aufeinanderprallen – der Einzelne und die Großmacht. Die Großmacht kann nicht über sich selbst Rechenschaft ablegen, aber ein Einzelner kann einem sagen, was sie war.

Ich kenne Christoph Kolumbus nur aus der Lektüre und dem Unterricht, aber in gewisser Weise habe ich das Gefühl, dass meine Welt im Jahr 1492 begann – am 3. August 1492. Ich flechte ständig meine Erinnerungen in all das ein, was ich gelernt habe, wie wenn man ein Ei in den Teig rührt. Es gibt eine Episode, über die ich in *Annie John* geschrieben habe – ich erinnere mich an ein wunderbares Bild in unserem Geschichtsbuch, auf dem Kolumbus am Ende seiner dritten Reise in Ketten auf dem Boden eines Bootes sitzt, als er nach Spanien zurückgeschickt wird. Meine Mutter hatte vor Kurzem einen Brief von ihrer Schwester erhalten, in dem stand, dass ihr Vater krank war und nicht einmal mehr auf die Toilette gehen konnte, und ich hörte meine Mutter sagen: »Oh, der große Mann kann nicht mehr aufstehen und scheißen.« Ich schrieb diesen Satz unter das Bild von Kolumbus und wurde dafür bestraft. Ich muss die beiden Männer miteinander in Verbindung gebracht haben, weil Kolumbus auch eine Vaterfigur war. Er war der Begründer des Geschlechts, zu dem ich gehöre.

Wäre ich eine andere Art Schriftstellerin, würde ich die Geschichte etwa eineinhalbtausend Jahre zurückverfolgen. Aber ich glaube zutiefst an die einzelne Stimme, und darum bin ich nicht gut darin, ein ganzes Volk zu schildern. Ich glaube auch, ein Schriftsteller muss außerhalb seines Volkes stehen, und dass die eigenen Leute, wenn man ein großer Schriftsteller ist, einen steinigen werden. Wenn sie einen hingegen umarmen, dann steht der Niedergang bevor.

Nur eine kleine Insel, das Buch, das mit einer Tirade gegen den Tourismus beginnt, schockierte die Leser mit seiner Direktheit. Sie müssen gedacht haben: Wo ist meine Rücktrittsklausel?

Ich war 1985 mit Annie nach Antigua zurückgekehrt. Ich dachte, ich sollte mich mit meiner Mutter wieder vertragen – sie sollte meine Tochter kennenlernen. Ich war entsetzt, wie korrupt Antigua war, und zwar ganz ungeniert. Mir war klar, dass es eine erstaunliche Kontinuität des Bewusstseins gibt, wie die Menschen diese Orte betrachten, ein Bewusstsein, das bis zu Kolumbus zurückreicht. Wenn man das Tagebuch seiner ersten Reise liest, stellt man fest, dass es eine Art Schöpfungsgeschichte ist. Er erschafft eine Welt aus dem Chaos in seinem Kopf. Er trifft auf diese neue Landschaft und beginnt, sie zu beschreiben und ihr Namen zu geben. Diese Paradiese, die er beschreibt, zerstört er dann natürlich. Auch heute noch fahren die Menschen nach Paris und Wien, sie wollen ihren Horizont erweitern. Aber wenn sie in die Karibik reisen, wollen sie sich selbst vergessen. Allein schon die Art und Weise, wie sie dort sein wollen, ist destruktiv.

Mein leiblicher Vater – sein Name, Richardson, steht auf

meiner Geburtsurkunde – hatte ein Geschäft, das vom Tourismus lebte, und nachdem *Nur eine kleine Insel* erschienen war, begegnete er meiner Mutter auf der Straße und sagte zu ihr: »Dein Gör ist dabei, mein Geschäft zu ruinieren.« Sogar Mr Shawn war irgendwie schockiert von *Nur eine kleine Insel*. Er hat es mir nie selbst gesagt, aber Lillian Ross hat mir erzählt, dass er das Buch so wütend fand. Er hatte nicht erwartet, dass ich die Dinge auf diese Weise analysieren könnte. Ich habe nicht oft so vom Leder gezogen.

Ich glaube, in den siebziger Jahren haben die älteren Weißen, die jungen Schwarzen Schriftstellerinnen und Schriftstellern bei ihrem Einstieg in die literarische Welt halfen, nicht damit gerechnet, dass sie auf die Weißen wütend sein könnten.

Das stimmt, und ich war nicht irgendeine Autorin, die ein Manuskript einreichte, ich war ja ein Mitglied seiner Familie.

Die Schriften Fanons sind heutzutage so angesagt, und die Entkolonialisierung des Denkens wird fast schon überstrapaziert als Imperativ – aber es kommt mir so vor, als hätten Sie diese Art Theorie nie besonders nötig gehabt.

Ich vermute, dass ich diese Skepsis von meiner Mutter mitbekommen habe, die ständig in Gedanken mit irgendjemand haderte. Ihr Vater, ein Polizist, war sehr korrupt. Sie hat sich mit ihm so gestritten, dass sie mit sechzehn von zu Hause weglief und nach Antigua ging, so alt war ich auch, als sie mich wegschickte. Sie engagierte sich in der Antigua Labor Party, die als Befreiungsbewegung zur Unterstützung der Zuckerrohrarbeiter gegründet worden war, die auf dem Kronland lebten und kaum besser als Sklaven behandelt wurden. Vor einiger Zeit las ich über die politischen Aktivitäten auf Antigua und stieß auf ihren Namen. Anscheinend hatte jemand Bomben gezündet, um die Leute einzuschüchtern, und sie hatte den Täter gefunden, indem sie sich als alter hinkender Mann verkleidet in einem Kanalschacht versteckt hatte.

Sie hatte nicht die Worte, um sich als Antikolonialistin zu bezeichnen, aber sie erzählte mir einiges über die Engländer: »Oh, von denen musst du dich fernhalten. Sie stinken nach Fisch.« Sie hielt die Engländer für unzivilisiert. Sie war die Erste, die mich darauf hinwies, wie seltsam es doch war, dass sie freiwillig unter Menschen lebten, die sie selber nicht mochten. Falls meine Mutter je in einer Situation gewesen wäre, in der sie Weißen das Gefühl hätte geben können, minderwertig zu sein, hätte sie das auf jeden Fall getan. Sie sagte mir immer: »Du musst die Hand beißen, die dich füttert.« Damit meinte sie, man darf nicht so unterwürfig sein, dass man nicht mehr selbstständig denken kann.

Man kann *Die Autobiographie meiner Mutter* eigentlich nicht als eine Autobiographie Ihrer Mutter lesen, denn die Protagonistin hat ja keine Kinder.

Mit diesem Roman habe ich versucht, mir das frühere Leben meiner Mutter vorzustellen und wie ihr Leben ohne uns Kinder ausgesehen hätte, wenn sie mehr Eigenständigkeit gehabt hätte. Ich fing an, darüber nachzudenken, weil sie etwas sagte, als sie uns 1987 in Vermont besuchte, kurz nach der Geburt meines Sohnes. Wir hatten Yvonne eingestellt, eine ältere Frau, die sich um die Kinder kümmerte, und ich sagte zu meiner Mutter, wie jugendlich Yvonne war, obwohl sie schon neun Kinder hatte. Und meine Mutter, streitbar wie immer, sagte: »Oh, ich bin auch jugendlich und habe neun Kinder bekommen.« Dabei waren wir nur zu viert. Da wurde mir klar, dass ich nicht die Erste war – ich war nur die Erste, die überlebt hatte. Ich fragte mich also, was das für ein Gefühl für sie gewesen war, nicht durch Kinder belastet werden zu wollen, besonders nicht durch ein Kind mit einem Charakter wie dem meinen.

Schon als Kind wusste ich, dass meine Mutter mindestens einmal abgetrieben hatte, bevor mein erster Bruder geboren wurde, und ich wusste, dass sie versucht hatte, bei meinem jüngsten Bruder eine Fehlgeburt zu provozieren. Als er erwachsen war und krank wurde, waren er und ich einmal am Strand schwimmen, und er erzählte mir, dass er *Lucy* gelesen hatte. Er fragte, ob er Lucys Bruder sei, mit dem Lucys Mutter nicht schwanger sein wollte. Sie versucht drei Mal, eine Fehlgeburt herbeizuführen, aber alle Mittel schlagen fehl. Ich sagte zu ihm: »Ach weißt du, ich schreibe Romane.« Aber er wusste Bescheid.

Die Leute hören es nicht gerne, aber die Kontrolle über die Gebärmutter war ein ganz wichtiger Teil davon, wie die Frauen auf Antigua ihr Leben gestalteten. Ich erinnere mich, dass meine Mutter und ihre Freundinnen eine entscheidende Zutat für ihren Abtreibungstrank hatten: eine tropische Pflanze namens Weißspitzenkraut mit winzigen weißen Blüten. Man konnte ein Büschel davon sammeln und damit den Hof fegen, und seltsamerweise konnte man damit auch die Gebärmutter ausfegen.

Die Autobiographie meiner Mutter **hat etwas Magisches an sich. Interessieren Sie sich selbst für Voodoo?**

Nein, überhaupt nicht. Ich war so froh, das hinter mir zu lassen. In meiner Jugend war Voodoo in unserem Haus allgegenwärtig. Mein Stiefvater sah sehr gut aus und hatte Kinder mit verschiedenen Frauen, und die versuchten ständig, uns umzubringen. Einmal mussten meine Eltern jemand rufen, um meinen jüngsten Bruder zu exorzieren, der angeblich von bösen Geistern besessen war. Aus irgendeinem Grund hieß es, dass Urin die Geister abwehrt, deshalb hat meine Mutter immer Urin um das Haus herum verteilt und Kerzen angezündet, und dann waren da noch die Nelken ... Es war einfach grässlich. Einmal, ich war schon in Amerika, sprachen alle über irgendein Verbrechen – eine Frau war getötet worden, und die Nachbarn hatten ihre Schreie gehört, aber nicht die Polizei geholt, so etwas in der Art. Ich weiß noch, dass ich dachte: Na ja, wenigstens wurde sie von etwas getötet, das sie *sehen* konnte.

In Ihren Büchern über Antigua vermitteln Sie auch das Gefühl, wie gefährlich der Alltag, wie gefährlich das Leben »so nah am Boden« ist.

Wir machen immer etwas aus uns, scheint mir, aus dem Ort, von dem wir glauben zu stammen. Frederick Douglass' *Narrative* war das erste Stück Literatur, das ich als Erwachsene las, das mich auf den Einfluss der Landschaft auf den Charakter aufmerksam machte, den individuellen und den nationalen. Douglass brachte mich dazu, alle möglichen Überlegungen anzustellen über die Art und Weise, wie ein Individuum das Land, das es vor sich hat, erlebt und ins Mythische überhöht.

Eines der größten Hindernisse für die Freiheit eines Sklaven war die Landschaft. Die Wälder waren trügerisch. Kam man an einen Fluss, war er zugefroren oder reißend. Mir wurde deutlich bewusst, wie besessen ein Mensch, der zu fliehen versucht, von der Unberechenbarkeit der Landschaft ist. Und dann wurde ich mir dessen bewusst, wenn ich irgendeine beliebige Erzählung las. Vor allem in Amerika kann man den Einfluss der Landschaft sehen – Menschen, die nahe am Meer leben, träumen davon, dass etwas von dort kommt, wo das Wasser auf den Himmel trifft, oder stellen sich vor, dass jemand von irgendwo am Horizont kommt und sie rettet oder verwandelt.

War das einer der Gründe, warum Sie über das Gärtnern schreiben wollten?

Ich habe Sandy ständig von meinem Garten in Vermont erzählt, und das konnte er bald nicht mehr hören. Er sagte: »Hör mal, warum schreibst du nicht einfach darüber? Du lässt mich ja nie mehr zu Wort kommen.« Und dann fragte mich Tina Brown, ob ich nicht über den Garten von Robert Hughes schreiben wollte, und ich sagte Nein. Ich wollte auf meine eigene Weise über Gartenarbeit schreiben, als transgressives Projekt. Schließlich beginnt die große Transgression im Garten Eden, wo der Baum des Lebens und der Baum der Erkenntnis stehen. Den Baum des Lebens verstehe ich als Symbol für die Landwirtschaft, den Baum der Erkenntnis als Symbol für die Gartenkultur. Immer wenn die Menschen genug zu essen haben, legen sie einen Garten an, aus reinem Vergnügen. Wer hungrig ist, baut keine Zierbaumwolle an.

Einer der Widersprüche in meinem Leben ist, dass ich das Britische Empire verachte, aber diese sehr britische Idee des Amateurs liebe – diesen neugierigen Menschen, der aus reinem Vergnügen herumwerkelt. Diese Liebhaberei hat nichts Dogmatisches. Dazu gehören Freude und das Gefühl, dass Wissen auch etwas Spielerisches haben kann. Viele der besten Gärtner Großbritanniens sind Amateure. Beim Bauerngarten, der heute zum Kanon der Gartenkultur gehört, fing es damit an, dass der Arbeiter Pflanzen aus dem Garten seines Herrn stahl und zusammen anpflanzte.

Wie sind Sie bei der Recherche für Ihre Gartenkolumnen vorgegangen?

Ich lese viel, ohne ein bestimmtes Ziel vor Augen zu haben – nicht so zielgerichtet, dass man es Forschung nennen könnte. Es ist fast so, als würde mich etwas anderes leiten. Als ich mit dem Gärtnern anfing, behandelte ich im Unterricht die Tagebücher von Kolumbus und Bartolomé de Las Casas' *Kurzgefassten Bericht von der Verwüstung der Westindischen Länder*. Nachdem ich den *New Yorker* verlassen hatte, befasste ich mich noch intensiver mit der Beziehung zwischen dem Britischen Empire, der Landwirtschaft und dem Gartenbau und damit, dass ein Großteil des Reichtums des Empire aus dem Pflanzenreich stammte. Bei der Konquista der Spanier ging es dagegen um Mineralien.

Ich lernte viel über Gärten von William H. Prescott, der über die Geschichte von Mexiko und Peru schrieb. Ich habe auch Frank Smythe gelesen, der Pflanzen sammelte, um seine Leidenschaft für das Bergsteigen zu finanzieren. Er ist ein glänzender Schriftsteller. Dann fing ich an, die Arbeiten von Pflanzensammlern zu lesen – Ernest Henry Wilson, der schließlich Leiter des Arnold Arboretum wurde, und Frank Kingdon-Ward, der den blauen Mohn entdeckt hat.

Auch Thomas Jefferson lernte ich erst durch das Gärtnern kennen. Er führte ein Farmtagebuch und ein Gartentagebuch – man denke an den Baum des Lebens und den Baum der Erkenntnis! Es sind zwei ganz verschiedene Bücher. Im Farmbuch stehen nur die Namen von Sklaven und so was, und im Gartenbuch stehen die Namen von denen, die im Garten arbeiteten, gar nicht drin.

Ich habe mit dem Gärtnern angefangen, als meine Kinder klein waren – ich habe ihnen beigebracht, Martinis zu mixen und sie mir in den Garten zu bringen –, und nach dem Ende meiner Ehe habe ich begonnen, komplexer zu schreiben, vor allem über die Gartenarbeit.

Danach hat sich die Welt in gewissem Sinn geöffnet. Als ich anfing, die Pflanzenjäger zu lesen, hatte ich keine Ahnung, dass ich selbst einmal auf Pflanzenjagd gehen würde. Viele Pflanzensammler waren in Gebirgsregionen unterwegs, was mich dazu brachte, Bergsteigerbücher zu lesen, die Berichte von Edmund Hillary und Tenzing Norgay. Zwei der besten Bergsteigerschriftsteller sind britische Alpinisten, die mit Chris Bonington auf einer Expedition waren und verschollen sind. Wir kennen sie durch ihre Tagebücher. Eine Frau hat ein Buch geschrieben über ihren Versuch, den K2 zu besteigen, den zweithöchsten und gefährlichsten Berg der Welt. Als ich dort war und Samen sammelte, konnte ich diese Berge sehen. Auf einmal war ich nicht mehr in diesem kleinen Raum am Schreiben, ich war auf dem Dach der Welt.

Sie haben einmal gesagt, dass Sie sich beim Schreiben jung und wunderbar fühlen. Trifft das immer noch zu?

Ja! O ja! Ich habe das Gefühl, dass die Welt mir gehört, als wäre ich neu geboren. Das hängt bestimmt mit dem Erlebnis von Robert Johnson zusammen, der an einem Kreuzweg jemand gesucht hat. Jedes Mal, wenn ich mich hinsetze, um zu schreiben, denke ich: Werde ich jemand am Kreuzweg finden? Und manchmal werde ich fündig, und ich fühle meine Seele. Wenn nicht, bin ich enttäuscht.

Was sind für Sie die idealen Umstände für das Schreiben?

Die idealen Umstände wären, keine Verpflichtungen gegenüber irgendjemand oder irgendetwas zu haben. Einfach nur nachdenken, einfach nur lesen können. Ich vermute, ich bin Schriftstellerin geworden, um meine Lesegewohnheiten zu legitimieren.

Wie sieht derzeit Ihr Tagesablauf beim Schreiben aus?

Tagesablauf kling zu sehr nach Arbeit, und ich arbeite eigentlich nicht gerne, obwohl ich sehr viel arbeite. Alles, was man als Arbeit bezeichnen könnte, ist bei mir in Wirklichkeit eine Art Spiel. Selbst wenn ich meine Laken bügle – ich kann nicht in ungebügelten Laken schlafen, ich bügle sogar meine Pyjamas –, träume ich vor mich hin, vielleicht erinnere ich mich daran, wie ich als Kind gelernt habe, die Unterwäsche meines Vaters zu bügeln. Anfangs habe ich nur seine Unterwäsche gebügelt, denn wenn ich da geschlampt hätte, hätte es keiner gesehen.

Es gibt also keinen festen Tagesablauf. Es ist mal so, mal so. Inzwischen schreibe ich am liebsten im Bett. Manchmal schreibe ich tagelang in denselben Klamotten – ich schlafe und esse und arbeite und schreibe und schlafe –, und auf einmal merke ich, dass meine Klamotten stinken und ich sie wechseln sollte. Ich habe mich immer über Schriftsteller gewundert, die einen festen Tagesablauf haben. Das sind anscheinend vor allem Männer.

Aus dem Englischen von
Anna Leube und Wolf Heinrich Leube

Jamaica Kincaid, The Art of Fiction No. 252,
The Paris Review, 239 / Frühling 2022.

KAMPA SALON

Der Ort für die vielseitigsten Gespräche
Mit Ikonen von gestern und großen
Persönlichkeiten von heute

Hier finden auch die inspirierendsten
weiblichen Stimmen Gehör